utb.

UTB 3217

Eine Arbeitsgemeinschaft der Verlage

W. Bertelsmann Verlag · Bielefeld
Böhlau Verlag · Wien · Köln · Weimar
Verlag Barbara Budrich · Opladen · Toronto
facultas · Wien
Wilhelm Fink · Paderborn
A. Francke Verlag · Tübingen
Haupt Verlag · Bern
Verlag Julius Klinkhardt · Bad Heilbrunn
Mohr Siebeck · Tübingen
Ernst Reinhardt Verlag · München
Ferdinand Schöningh · Paderborn
Eugen Ulmer Verlag · Stuttgart
UVK Verlagsgesellschaft · Konstanz, mit UVK/Lucius · München
Vandenhoeck & Ruprecht · Göttingen
Waxmann · Münster · New York

Dieter Röh

Soziale Arbeit in der Behindertenhilfe

2., völlig überarbeitete Auflage
Mit 6 Abbildungen und 10 Tabellen
Mit Antworten zu den Übungsfragen als Online-Zusatzmaterial

Ernst Reinhardt Verlag München

Prof. Dr. *Dieter Röh* lehrt Sozialarbeitswissenschaft an der Hochschule für Angewandte Wissenschaften in Hamburg, Fakultät Wirtschaft + Soziales, Department Soziale Arbeit.

Bibliografische Information der Deutschen Nationalbibliothek

Die Deutsche Nationalbibliothek verzeichnet diese Publikation in der Deutschen Nationalbibliografie; detaillierte bibliografische Daten sind im Internet über <http://dnb.d-nb.de> abrufbar.

UTB-Band-Nr.: 3217
ISBN 978-3-8252-4876-5
2., völlig überarbeitete Auflage

Printed in Germany
Einbandgestaltung: Atelier Reichert, Stuttgart
Satz: Reemers Publishing Services GmbH, Krefeld

Ernst Reinhardt Verlag, Kemnatenstr. 46, D-80639 München
Net: www.reinhardt-verlag.de E-Mail: info@reinhardt-verlag.de

Inhalt

Online-Material

Die Antworten zu den Übungsfragen zum Buch können Leserinnen und Leser auf der Homepage von UTB (www.utb.de) und des Ernst Reinhardt Verlags (www.reinhardt-verlag.de) herunterladen.

Vorwort zur 2. Auflage

Aufgrund der anhaltend großen Nachfrage nach diesem Grundlagenwerk wird hiermit eine zweite, überarbeitete Auflage vorgelegt. Die Änderungen sind auch deshalb nötig geworden, weil der Diskurs um den Gegenstand und die Funktion sowie um die Wissenschaft der Sozialen Arbeit fortgeschritten ist. Zudem haben sich auch bezüglich des Handlungsfeldes der Behindertenhilfe wesentliche Veränderungen ergeben: So können wir heute das Phänomen der „Behinderung“ nur noch interaktionell verstehen, da es sich sowohl in seiner Entstehung, nämlich aus dem Zusammenwirken von individueller Beeinträchtigung und Kontextfaktoren, als auch in seiner Auswirkung vor allem als „Teilhabebehinderung“ definieren lässt. Auch die rechtlichen und konzeptionellen Änderungen galt es zu berücksichtigen. Zuletzt waren verschiedene, in der Zwischenzeit erschienene Publikationen zu integrieren.

In der Einleitung zur ersten Auflage hieß es: „Ich hoffe sehr, dass der Versuch, eine systematische Beschreibung des Beitrages der Sozialen Arbeit als neue Wissenschaft und als Profession für die Arbeit mit Menschen mit Behinderungen darzulegen, die weitere Diskussion um die Professionalisierung ebenso wie um die Beteiligung der Sozialen Arbeit anregen wird.“ Die vielen positiven Rückmeldungen zur ersten Auflage haben gezeigt, dass dies gelungen ist. Nun liegt mit der überarbeiteten Auflage eine aktualisierte Fassung vor, von der ich mir das Gleiche erhoffe.

1 Einleitung

Dieses Buch beschäftigt sich mit der Sozialen Arbeit als Profession im Bereich der sogenannten Behindertenhilfe. Soziale Arbeit wird hier als Emergenz von Sozialarbeit und Sozialpädagogik verstanden. Mit dem Begriff Behindertenhilfe ist die Gesamtheit an professionell ausgeübten Tätigkeiten für Menschen mit Beeinträchtigungen, die in ihrer Teilhabe an der Gesellschaft „ge- bzw. be-hindert“ werden, also ein Arbeitsfeld gemeint, welches in vielfältiger Weise von SozialpädagogInnen und SozialarbeiterInnen, jedoch gleichsam auch von anderen Professionen bestimmt wird.

Die Soziale Arbeit etabliert sich seit ca. 20 Jahren in zunehmenden Maße hinsichtlich ihrer professionellen und disziplinären Verortung. Gegenstand und Funktion werden gleichermaßen lebhaft diskutiert und unterliegen dem beständigen wissenschaftlichen Diskurs, der ebenso wie in anderen Fächern auch in der Sozialen Arbeit stetig belebt werden muss, damit diese sich in Wissenschaft und Praxis weiterentwickeln kann. Zuletzt ist diese Entwicklung dank neuerer Monografien (u. a. Sommerfeld et al. 2011; Röh 2013; Lambers 2013; Böhnisch / Schröer 2013; Deller / Brake 2014; Engelke et al. 2014 u. Engelke 2016) und diverser Sammelbände (u. a. Borrmann et al. 2016; Mührel / Birgmeier 2009 und 2011; Scheu / Autrata 2011; Erath / Balkow 2016; Hammerschmidt et al. 2017; May 2010) ein gutes Stück vorangekommen.

Für die Behindertenhilfe – neben der Jugendhilfe, der Psychiatrie und dem Gesundheitswesen ein weiteres rein quantitativ bedeutsames Handlungsfeld für die Soziale Arbeit – fehlt bislang eine deutliche Konturierung des professionellen und disziplinären Beitrages der Sozialen Arbeit (siehe als Ausnahme Loeken / Windisch 2013; Weinbach 2016). Sicherlich sind dafür Anleihen aus anderen disziplinären Zugängen, wie etwa der Behinderten-, Sonder-, Inklusionspädagogik oder auch der Heilpädagogik, notwendig. Jedoch reichen diese nicht aus, um das Kompetenzprofil der Sozialen Arbeit hinreichend zu kennzeichnen und es für Studierende wie Praktiker in diesem Feld professions- und handlungstheoretisch nutzbar zu machen.

Dieses Buch möchte jene Lücke schließen und mithilfe einer umfassenden Beschreibung der disziplinären wie professionellen Grundlagen Sozialer Arbeit in der Behindertenhilfe beitragen. Dies kann zwar nur als eine kompilierende Verknüpfung wesentlicher Informationen, Themen, Theorien und Konzepte geschehen, allerdings mit dem Anspruch, das Profil Sozialer Arbeit in der Behindertenhilfe zu schärfen.

Sollte es nicht anders ersichtlich sein, wird der Gegenstand dieses Buches vor allem in der Arbeit mit *Menschen mit geistigen Beeinträchtigungen* bestehen. In einigen Teilen wird auch auf die Situation von Menschen mit körperlichen Beeinträchtigungen eingegangen, dies aber nur dann, wenn diese gleichzeitig mit einer geistigen Beeinträchtigung auftreten bzw. die verfügbaren Daten zur Beschreibung der Lebenslage keine Differenzierung hergeben. Menschen mit psychischen Beeinträchtigungen werden kaum berücksichtigt. Obwohl sich bzgl. der Teilhabeeinschränkungen diverse Überschneidungen ergeben, etwa hinsichtlich der sozialen Lage oder des sozialen Netzwerkes, muss eine Berücksichtigung an dieser Stelle unterbleiben und auf die einschlägigen Werke verwiesen werden (z. B. Bischkopf et al. 2017; Sommerfeld et al. 2016). Auch die internationale Bestimmung von „social work“ sowie internationale Entwicklungen und Konzepte der Behindertenhilfe bleiben bis auf wenige Ausnahmen unberücksichtigt. Dies hat etwas mit dem institutionellen Feld zu tun, da durch die sozialpolitische Einbettung der Behindertenhilfe in Deutschland in das System der sozialen Sicherung und geprägt durch eine spezifische Bildungspolitik, die Behindertenhilfe eine ganz besondere, international wenig vergleichbare Position bekommt.

In dieser Einleitung kann nur kurz skizziert werden, warum statt „Behinderung“ bislang von „Beeinträchtigung“ gesprochen wurde (Kap. 3.1). Behinderung bezeichnet nach meinem Verständnis und in Übereinstimmung mit der ICF und VN-BRK das vorläufige (bzw. mehr oder weniger dauerhafte) Ergebnis eines „Be-hinderungsprozesses“, der die soziale Reaktion auf eine Beeinträchtigung physischer, kognitiver oder psychischer Art darstellt. Wie in Kapitel 3.1 und 3.2.5 noch weiter ausgeführt wird, ist „Behinderung“ mit gesellschaftlicher Nicht-Teilhabe gleichzusetzen. „Behinderung“ in dieser Schreibweise wird immer dann auftauchen, wenn entweder auf die konventionelle Weise der Rezeption in der Literatur oder in meiner eigenen Argumentation reflexiv-distanzierend auf die eben genannte Definition Bezug genommen wird. Von Beeinträchtigung wird dann geschrieben, wenn es um die eigentliche körperliche oder geistig-psychische Funktionsbeeinträchtigung oder individuelle Einschränkung geht und von „behinderten Menschen" immer dann, wenn der soziale Prozess der Teilhabeeinschränkung gekennzeichnet werden soll.

Zu den eben erwähnten Limitationen kommt hinzu, dass in diesem Buch die angeborenen und früh erworbenen *geistigen und körperlichen Beeinträchtigungen im Vordergrund stehen*, um nicht in die thematische Nähe zur Rehabilitation im Ganzen zu kommen. Ich werde – sofern nicht anders gekennzeichnet, zu den „Menschen mit geistigen Beeinträchtigungen" auch solche zählen, die nach landläufiger, medizinischer Definition als lernbeeinträchtigt definiert werden. Geistig beeinträchtigt meint damit in der Lesart der Selbsthilfevertretungen „Lernschwierigkeit". Wenngleich die Gruppe der Menschen, die diese Art der Beeinträchtigung aufweisen, in Bezug auf die Gesamtzahl derer, die in der Bundesrepublik Deutschland als „behindert" bzw. „schwerbehindert" gelten, nur einen Anteil von ca. 5 % ausmacht, stellt sie doch einen Großteil jener Personen dar, mit denen es die Soziale Arbeit in der Behindertenhilfe zu tun hat. Dies aus mehreren Gründen:

1. Menschen, die aufgrund eines Unfalls oder einer chronischen Erkrankung als amtlich anerkannte (Schwer-)Behinderte gelten, haben häufiger im Rahmen der sozialpolitischen Absicherung – etwa durch Sozialversicherungen (Erwerbs- oder Berufsunfähigkeitsrente, Rehabilitationsmöglichkeiten usw.) – eine gute Chance, ein selbstbestimmtes Leben ohne fortwährende Begleitung oder Betreuung zu leben.
2. Menschen, die aufgrund einer geistigen, körperlichen oder sogar mehrfachen Beeinträchtigung (noch) nicht auf dem allgemeinen Arbeitsmarkt einen Renten- oder Rehabilitationsanspruch erwerben konnten, sind häufig auf die Ersatzsysteme der Eingliederungshilfe angewiesen.
3. Traditionell waren und sind Menschen mit einer geistigen und/oder körperlichen Beeinträchtigung von fremder Hilfe abhängig. Zukünftig soll sich diese Situation durch Selbstbestimmung und Gleichbehandlung in Richtung einer stärkeren Teilhabe an gesellschaftlichen Prozessen und in verschiedenen Lebensbereichen verändern.
4. Auf dem Weg dorthin benötigen sie eine kompetente, professionelle Unterstützung, die ihre Rechte auf Selbstbestimmung ebenso achtet wie ihre Entwicklung und Teilhabe fördert.

Dieses Buch soll als Lehr- und Studienbuch für die Ausbildung von SozialarbeiterInnen und SozialpädagogInnen dienen und enthält daher neben theoretischen Erörterungen auch praxisrelevante Beispiele sowie Aufgaben und Lösungen für bestimmte Fragestellungen. Letztere sind auf der Website des Verlags zu finden.

Dabei wird gezeigt, dass die Soziale Arbeit sich in profunder Weise von anderen verwandten Professionen, wie etwa der Heil- oder Sonderpädagogik, durch einen eigenen fachwissenschaftlichen Zugang unterscheidet, der als „Expertise für die Zusammenhänge zwischen Individuum und Gesellschaft" bezeichnet werden kann. Mit dieser Expertise ist ein (handlungs-)theoretisches Modell verbunden, welches eigene Konzepte für die Arbeit mit Menschen mit Beeinträchtigungen vorhält.

Dieses Modell wird durch das biopsychosoziale Behinderungsmodell der Weltgesundheitsorganisation (WHO 2001; DIMDI 2005), der International Classification of Functioning, Disability and Health (ICF), gestützt, welches auf bemerkenswerte Weise eine „ganzheitliche Sicht" von Krankheit, Behinderung und Partizipation bzw. Teilhabe ermöglicht. Es verbindet medizinische, individual- und sozialpsychologische und schließlich sozialwissenschaftliche Sichtweisen auf Behinderung in einer Art und Weise, die als multidimensionaler Blick der Sozialen Arbeit schon lange bekannt ist, etwa in der sozialökologischen Perspektive des Person-in-Environment-Modells.

Die vorliegende Publikation will diese Perspektive aufnehmen und in drei Schritten bearbeiten. Zunächst soll die Soziale Arbeit in ihren Grundzügen dargestellt werden. In Kapitel 2 werde ich einleitend einen kurzen Abriss der Geschichte Sozialer Arbeit in der Behindertenhilfe liefern, dann eine wissenschaftstheoretische Verortung der Sozialen Arbeit vornehmen sowie deren Gegenstand und Funktion skizzieren, weiterhin ethisch-moralische Grundlagen beschreiben und schließlich Aussagen zur allgemeinen Methoden- bzw. Handlungstheorie treffen.

In Kapitel 3 wird die Behindertenhilfe als Handlungsfeld beschrieben, wobei sowohl der Behinderungsbegriff diskutiert als auch sozialethische Grundlagen sowie die Lebenslage und insbesondere die damit verbundenen möglichen sozialen Probleme von Menschen mit Beeinträchtigungen sowie die professionellen Antworten hierauf dargestellt werden müssen, um daran anschließend einige aktuelle Entwicklungen aufzeigen zu können.

Schließlich wird beides in Form einer professionellen Bestimmung der Sozialen Arbeit in der Behindertenhilfe in Kapitel 4 miteinander verbunden. Dazu werde ich zunächst den Gegenstand und die Funktion der Sozialen Arbeit, danach (handlungs-)theoretische Grundlagen und abschließend eine Auswahl an Konzepten und Arbeitsformen vorstellen.

Hamburg, im Juni 2017
Dieter Röh

2 Grundlagen der Sozialen Arbeit

2.1 Geschichte der Behindertenhilfe

Dieser Abschnitt informiert über die gesellschaftliche Entwicklung der Behindertenhilfe von der Armenfürsorge, über die Anstaltsversorgung und die Entstehung erster medizinischer und pädagogischer Ansätze der Rehabilitation, die sich konstituierende Wohlfahrtspflege bis hin zur modernen Sozialpolitik und deren jeweiligen Praxis im Umgang mit Menschen mit Beeinträchtigungen.

Dem Problem einer klaren begrifflichen Bestimmung, was Behinderung ist, kann an dieser Stelle noch nicht entsprochen werden (Kap. 3.1). Allerdings sei darauf hingewiesen, dass die folgenden Ausführungen sich auf ein Gesamt aus „fürsorglichen Bemühungen", ordnungs- und sozialstaatlichen Programmen und ersten Versuchen der Professionalisierung von Behandlung und Versorgung derjenigen Personen mit verschiedensten Beeinträchtigungen konzentrieren werden, seien es geistige, körperliche oder psychische. Auch die später thematisierte Modernisierung des Verständnisses von Behinderung ist dahingehend zu berücksichtigen, dass es sich bis in das letzte Drittel des 20. Jahrhunderts hinein um eine eher defizitäre, individualistische Auffassung von „Behinderung" handelte. Gesellschaftlich wie auch vornehmlich medizinisch wurde „Behinderung" eher individuell ausgedeutet und als Störung oder Problem klassifiziert, was erst heute mittels einer reflektierten ethischen Grundhaltung und der sozialen Perspektive relativiert werden kann.

So hat sich beispielsweise das Verständnis von geistiger und psychischer Beeinträchtigung im 19. und 20. Jahrhundert verändert. Insbesondere wurde die geistige Beeinträchtigung erst spät von der psychischen Erkrankung abgegrenzt, weshalb damals geläufige und zunächst nicht stigmatisierend genutzte Diagnosen wie „Schwachsinn", „Blödheit",

„Irrsinn“ oder „Idiotie“ häufig als Synonyme für psychische Abweichungen insgesamt gesehen wurden, einerlei ob es sich um aus heutiger Sicht zu differenzierende Diagnosen von geistigen oder psychischen Beeinträchtigungen handelte (Hauss 1989; Blasius 1994; Häßler/Häßler 2005).

Im Allgemeinen kann man festhalten, dass der Gegenstand einer vom „Typischen“ abweichenden Wesensart von Menschen mit Beeinträchtigungen bis in die Mitte des 20. Jahrhunderts als eine Domäne der Psychiatrie angesehen wurde, ohne dass die einzelnen Erscheinungsformen differenziert oder andere Verständnisse, etwa psychologische, pädagogische oder sozial- und kulturwissenschaftliche, integriert wurden. Auf institutioneller Seite hielt sich diese Gleichförmigkeit länger als in der medizinischen Wissenschaft, da die Psychiatrie mit ihren kustodialen, institutionellen Strukturen der Heilanstalten, Landeskrankenhäuser, Stadtasyle und Pflegeheime lange Zeit in der Versorgung und „Verwahrung“ dominierte und allerhöchstens innerhalb dieser Anstalten eine Differenzierung vorgenommen wurde.

Eine vollständige Geschichte der Hilfen für Menschen mit Beeinträchtigungen, gerade aus Sicht der Sozialen Arbeit, muss noch geschrieben werden, wobei gute sozialgeschichtliche Arbeiten, u. a. von Dörner (1995) und Blasius (1980, 1994), vorliegen. Eine Übersicht zur geschichtlichen Entwicklung der Fürsorge für Menschen mit körperlichen Beeinträchtigungen bis hin zur heutigen Rehabilitation bietet Hausdörfer-Reinert (2005) und für die Gruppe der Menschen mit geistigen Beeinträchtigungen Häßler und Häßler (2005) sowie Fornefeld (2013, 28 ff.).

Ganz entscheidend vorangebracht wurde die kulturwissenschaftliche und historische Forschung durch die disability studies, einer interdisziplinären Wissenschaft, die – vereinfacht gesagt – in ihren Forschungen ein soziokulturelles Modell von „Behinderung“ favorisiert (Bösl et al. 2010).

In der Literatur zur Geschichte der Sozialen Arbeit wird, aufgrund der Dominanz anderer Disziplinen und Professionen in diesem Feld, die Behindertenhilfe eher randständig behandelt. Trotzdem ist diese hinsichtlich ihres in den verschiedenen Zeiten gesellschaftlich unterschiedlich definierten Auftrages zur Bearbeitung von sozialen Problemen bzw. Armutsphänomenen immer auch mit Menschen mit Beeinträchtigungen befasst gewesen. Armenfürsorge und Behindertenfürsorge waren daher lange Zeit miteinander verschränkt, da Menschen mit Beeinträchtigungen per se als Arme angesehen und behandelt wurden und erst mit der Ausdifferenzierung der Versorgung ab der Mitte des

20. Jahrhunderts der eigenständige Beitrag der Sozialen Arbeit ersichtlich wird.

Da weitgehend Analysen prähistorischer Funde und antiker Überlieferungen fehlen (siehe als Ausnahme Rathmayr 2014, 45 ff.), kann ein erstes Mal etwas fundierter auf die besondere Berücksichtigung und Erwähnung von Menschen mit Beeinträchtigungen im ausgehenden Mittelalter hingewiesen werden: Sie lebten zu dieser Zeit in der Regel bei ihren Familien oder ihren Verwandten und wurden von diesen versorgt. Allerdings ist belegt, dass sie im Falle der Gefährdung anderer, bei Auffälligkeiten, z. B. großer Unruhe oder „Raserei“, in Narrenhäusern, Spitälern und Armenhäusern, vereinzelt auch in die seit dem 16. / 17. Jahrhundert entstehenden Zucht- und Arbeitshäusern, interniert wurden. Daher sollte auch vor einer allzu romantischen Vorstellung von Integration in die Familie bzw. das Dorf gewarnt werden. Vielmehr waren Stigmatisierung und Kontaktvermeidung eher die Regel als die Ausnahme – und sind es mit Blick auf die Lage in anderen Ländern (WHO 2011) und in gewisser, wenn auch abgeschwächter Form auch in Deutschland noch immer. So berichtet Thoma (2004, 84) davon, dass bis ins 19. Jahrhundert schwangere Frauen davor gewarnt wurden, behinderte Menschen anzusehen, da sich dies schlecht auf ihr Kind auswirken würde. Und in der Republik Südafrika müssen noch heute weite Teile der Bevölkerung darüber aufgeklärt werden, dass Epilepsie nicht ansteckend oder gefährlich ist und auch kein böser Geist die Betroffenen beherrscht (vgl. die Arbeit von epilepsy.org.za).

Beginnend mit den ersten Bemühungen europäischer Städte, im ausgehenden Mittelalter Armen- und Bettelordnungen zu erlassen, die im Zusammenhang mit ihrem neuen Selbstbewusstsein als Handwerks- und Handelszentren und der wirtschaftlichen Entwicklung stehen, wird der Umgang mit bestimmten Bevölkerungsgruppen zunehmend davon bestimmt, sie aus der Gesellschaftsordnung auszugliedern und ihre Fürsorge, Kontrolle bzw. Verwahrung den o.g. Institutionen zu überlassen (Fornefeld 2013, 32 ff.). Verbunden mit einem sich langsam etablierenden städtischen Verhaltenskodex, der zunehmenden Verwertungslogik menschlicher Arbeitskraft, aber auch der wachsenden philanthropischen Einstellung des Bürgertums, gerät Schwäche und Abweichung zu einem Makel, der in dieser neuen Ordnung als zunehmend störend empfunden und damit unsichtbar gemacht, aber gleichzeitig auch „fürsorgerisch“ behandelt werden sollte. Waren bis dato vornehmlich Kirchen und Klöster sowie Lehnsherren für die Almosenvergabe zuständig, so übernehmen nun zunehmend die sich emanzipierenden Städte und das

Bürgertum die Fürsorge von Kranken und Schwachen. Bereits die ersten städtischen Armenordnungen, so z. B. die Nürnberger Armenordnung von 1522, kennen spezielle Bestimmungen, wie mit Kranken umgegangen werden soll (Sachße/Tennstedt 1980, 63 ff.). Zudem waren Menschen mit Beeinträchtigungen wie fast keine andere Gruppe dermaßen zentral auf das Betteln angewiesen, dass sie auch bald besondere Berücksichtigung erfuhren: So bestimmt die eben genannte Ordnung, dass wenn bei

„Bettlern und hausarmen Leuten, die mit dem Fieber oder anderen Krankheiten behaftet sind, [...], irgendwelche Medizin benötigt würde, diese solches einem der eingesetzten Knechte bekannt geben. Wenn dann dieser Knecht nach Augenschein das Bedürfnis anerkennt, soll er dem Kranken oder Bedürftigen das Nötige auf Kosten des Almosens aus den Nürnberger Apotheken verschaffen" (Sachße/Tennstedt 1980, 71)

Auch wenn nicht ganz sicher ist, ob auch Menschen mit körperlichen und geistigen Beeinträchtigungen unter diese Regelung fielen, ist doch anzunehmen, dass diese schon aus Gründen der christlichen Nächstenliebe mit Almosen unterstützt wurden.

Daneben wird jedoch jede Art von Schwäche als störender Kontrast zum zunehmend sich etablierenden, gesellschaftlichen Typus des ‚homo faber' gesehen und immer stärker missbilligt. Die neue gesellschaftliche Anforderung, wie sie von den sich entwickelnden Produktionsverhältnissen geschaffen wurde, wird von Sachße/Tennstedt (1980, 37) wie folgt treffend beschrieben:

„Wenn der Lebenszusammenhang und damit die Persönlichkeitsstruktur des mittelalterlichen Menschen in einer vorwiegend agrarisch produzierenden, traditionalen Gesellschaft von dem natürlichen Rhythmus des Jahres- und Tagesverlaufes, von dem Ablauf und der Dauer konkreter Verrichtungen und der Art und Weise konkret-sinnlicher Bedürfnisse bestimmt war, dann produzieren die Gesetzmäßigkeiten des Marktes einen vollständig neuen Lebensrhythmus. Dieser erfordert Disziplin, Zeitökonomie und Abstraktionsvermögen; das Vermögen, kurzfristige Bedürfnisse zugunsten längerfristig zu erreichender Ziele zurückzustellen, im voraus zu planen; abstrakte Tüchtigkeit und Erwerbsstreben."

Es ist verständlich, dass insbesondere Menschen mit Beeinträchtigungen dieser gleichförmigen Anforderung nicht entsprechen konnten und deshalb auch ausgeschlossen wurden.

Die Neuformierung der Armenpflege durchzieht auch die Reformbemühungen im Absolutismus und der Aufklärung, allerdings mit einem entscheidenden Zusatz, nämlich der zunehmenden Nutzung von sogenannten Armen- und Arbeitshäusern, mit denen, neben der gewünschten ordnungs- und polizeirechtlichen Intention, auch arbeitspädagogische Motive verfolgt wurden.

So verknüpfte sich spätestens mit dem calvinistisch-lutherischen Arbeitsideal die Vorstellung von Armut und Arbeit immer stärker mit dem Ziel der „Erziehung der Armen durch Arbeit“. Die Fürsorge wurde damit gleichzeitig zu einer moralischen und funktional gedachten Sanktions- und Interventionsform, die wiederum Menschen mit Beeinträchtigungen auf besondere Weise ausschloss. Sind schon die erzieherischen Motive (und deren Erfolg) für „normale“ Arme mehr als zweifelhaft und als menschenunwürdig zu betrachten, so schlugen sie hinsichtlich der in diesem Sinne nicht zur Arbeit „erziehbaren“ Menschen völlig fehl.

Lebten in dem 1656 in Paris ins Leben gerufenen „hôpital général“, das als Prototyp der später von Goffman (1973) beschriebenen „totalen Institutionen“ gelten kann, noch die unterschiedlichsten Insassen (Bettler, Waisen, Kinder, Alte, Straffällige, Kranke, „Behinderte“), so differenzieren sich diese Häuser im Laufe des 19. Jahrhunderts in Krankenheil- und Pflegeanstalten, Gefängnisse und vergleichbare Einrichtungen aus (Fornefeld 2013, 28 ff.; Häßler/Häßler 2005, 50 ff.). Dies hatte auch Konsequenzen für die medizinische, pflegerische, fürsorgerische und letztlich auch pädagogische Tätigkeit:

„Bis in die zweite Hälfte des 18. Jhs. schenkte man – von Ausnahmen abgesehen – behinderten Menschen in ihrer sozialen, gesundheitlichen und auch erzieherischen Not keine besondere Aufmerksamkeit. Nur sehr langsam entwickelte sich, angestoßen durch das Gedankengut der Aufklärung, ein spezifisches Interesse für behinderte Menschen, die sie aus der großen Masse der Armen und Kranken heraustreten ließ. Nicht nur die verstärkte Suche nach naturwissenschaftlich-medizinischen Erklärungen von Krankheiten führte zu einer intensiveren Erforschung der Ursachen von Behinderungen; auch die Pädagogik wandte sich – wenn auch nur am Rande – den zunächst für bildungsunfähig gehaltenen Blinden, Taubstummen und Schwachsinnigen zu“ (Thoma 2004, 85).

Andererseits geht mit der Pädagogik und der Entstehung der modernen Medizin, vor allem in der Psychiatrie, eine neue Form des Umgangs mit Menschen mit Beeinträchtigungen einher, da deren Krankheiten und Behinderungen nicht länger als „Gottesstrafe“ oder „Besessenheit“, sondern vielmehr als Ausdruck medizinisch zu verstehender Ursachen gesehen wurden. So etablierte etwa Wilhelm Griesinger (1817–1868) das Verständnis von Geistes- als Gehirnkrankheiten und öffnete damit das Feld für das medizinische Verständnis von geistigen Beeinträchtigungen und psychischen Krankheiten. Obwohl das medizinische Menschenbild der damaligen wie der heutigen Zeit dem sozialen in vielem konträr entgegensteht, gehen die beiden Disziplinen doch einige „Kooperationen" ein und entwickeln dadurch auch Gemeinsamkeiten, wie sie etwa später in der bis heute von einer medizinischen Sichtweise geprägten Professionalität der Heilerziehung zum Ausdruck kommt (Buchkremer 1990, 59). Mit der Ausdifferenzierung und Entstehung der psychiatrischen Anstalten des 19. Jahrhunderts geht dann auch langsam die Erkenntnis einher, dass diagnostische und „therapeutische" Unterscheidungen notwendig seien. So kategorisiert der schweizerische Arzt Johann Guggenbühl (1816–1862) „Kretine und Blödsinnige" anders als „Idioten", denn bei Ersten sei ein – seiner Ansicht nach letztlich behandelbares –„unbekanntes Agens" am Werke, das „entweder schon vor der Geburt oder später die Ernährung von Gehirn und Rückenmark" stört, und bei Letzteren sei „die Seele in ihrer irdischen Erscheinung erloschen" (Hauss 1989, 30).

Der Arzt Alexander Haindorf (1782–1862) teilte in seinem „Versuch einer Pathologie und Therapie der Geistes- und Gemütskrankheiten" aus dem Jahr 1811 die von ihm vorgefundenen klinischen Bilder der Betroffenen in drei Stufen ein, wovon die leichteste von ihm bereits als „schwerfälliges Lernen" beschrieben wird und damit eine Nähe zur im Jahr 2017 gebräuchlichen Definition von Lernbeeinträchtigung in Abgrenzung zur stärkeren geistigen Beeinträchtigung aufweist (Hauss 1989). Er kommt damit Wilhelm Griesinger zuvor, der erst 1845 sein Lehrbuch „Pathologie und Therapie der psychischen Krankheiten" herausbrachte und auch dort erst in der dritten Auflage bzw. durch eine post mortem erfolgte Erweiterung die geistige Beeinträchtigung als „Idiotismus und Blödsinn" aufnimmt.

Allerdings stellt Haindorf Kindern mit geistigen Beeinträchtigungen das Urteil aus, sie stünden noch „unter dem Thiere". Ganz anders betrachtet ein Zeitgenosse Haindorfs, der Arzt Julius Disselhoff (1827–1896), die „Blödsinnigen", da er in ihnen vor allem bemitleidenswerte Geschöpfe Gottes sah, denen man sich anzunehmen habe. Mit seinem 1857 erschienenen „Noth- und Hülferuf für die Verlassensten unter den Elenden an die deutsche Nation" sorgte er für großes Aufsehen und in der Folge entstehen Anstalten, die sich speziell der Fürsorge für geistig beeinträchtige Menschen widmeten. In seiner öffentlich ausgetragenen

Auseinandersetzung mit Vertretern der defizitären und moralisierenden Sichtweise kommt es u. a. auch zum Disput mit Alexander Haindorf und Heinrich Damerow (1798–1866). Letzterer bezeichnete „Blödsinnige“ als „seelenlose Geschöpfe“ und ordnete sie damit zwar nicht den „Thieren“ unter, trug so aber doch zur Vorstellung von Untherapierbarkeit bei (Thoma 2004, 91 f.).

Diesem Gedanken widersprachen dann nicht zuletzt einige der auch als Anstaltsgründer aktiven Personen, so u. a. Heinrich Matthias Sengelmann (1821–1899), der die Alsterdorfer Anstalten in Hamburg gründete, oder auch Friedrich von Bodelschwingh (1831–1910) mit seiner Anstalt für Epileptiker in Bethel. Überhaupt wuchs das Interesse an den „Blöd- und Schwachsinnigen“ vor allem, weil politisch aktive und pädagogisch interessierte Personen sich für diese Personengruppe einsetzten, ihr eine spezielle Fürsorge zukommen lassen wollten und weil sich, wie Blasius (1980, 22 ff.) herausstellt, die entstehende bürgerliche Gesellschaft ihrer Prinzipien von Freiheit und Menschenwürde bewusster wurde und diese auch den Menschen mit Beeinträchtigungen nicht länger vorenthalten wollte.

Aus den Armen- und Arbeitshäusern wurden daher nach und nach Krankenheilanstalten, Heil- und Pflegeanstalten bzw. Irrenanstalten. Allerdings lässt sich bis in die 1990er Jahre eine gemeinsame Unterbringung von psychisch kranken Menschen und Menschen mit geistigen Beeinträchtigungen in deutschen Landeskrankenhäusern feststellen.

Die Pädagogik wird erst im 18. Jahrhundert als eigenständige Disziplin entdeckt, so widmet sich z. B. der Philosoph Immanuel Kant 1777 in seinen Vorlesungen zur Pädagogik das erste Mal dem erzieherischen Wirken. Erst im Laufe des 19. Jahrhunderts differenzieren sich die Sozialpädagogik (Johann Heinrich Pestalozzis (1764–1827) Umgang mit geistig beeinträchtigten Kindern: Fornefeld 2013, 33 f.) sowie die Heilpädagogik aus. Johann Georgens (1823–1886) und Heinrich Deinhart (1821–1880) legten mit ihrem Lehrbuch von 1861 „Die Heilpädagogik mit besonderer Berücksichtigung der Idiotie und der Idiotenanstalten“ den Grundstein einer Heilpädagogik, die sich der bislang vernachlässigten und erst durch die diversen Anstaltsgründungen zunehmend berücksichtigten Kindern mit geistigen Beeinträchtigungen, Jugendlichen und Erwachsenen annahm. Sie selbst gründeten 1856 die „Heilpflege- und Erziehungsanstalt Levana für Geistes- und Körperschwache Kinder“ in der Nähe von Wien. Allerdings gelangen auch Georgens und Deinhardt in ihrem moralischen Urteil zu dem Ergebnis, dass „Idiotismus […] eine tiefere Entartung […] mit dem Verlust der Menschlichkeit, d.h. dessen, was den Menschen zum Menschen macht“ (Hauss 1989, 62), sei, obwohl sie andererseits gerade eine Zuwendung zu den Betroffenen propagierten.

Besonders die schulische Versorgung von Kindern und Jugendlichen mit geistigen und körperlichen Beeinträchtigungen wurde in der Folge von der Sonderpädagogik übernommen. Schon in der ersten Hälfte des 19. Jahrhunderts entstanden dazu in Deutschland Erziehungs- und Bildungseinrichtungen mit einem besonderen, auf Kinder mit Lernschwierigkeiten zugeschnittenen Programm und z.T. auch eine Aussonderung aus den Heilanstalten mit Schulen in Pflegeabteilungen und sogenannte Bewahr-Anstalten (Störmer 2006).

Die entstandenen Erziehungs- und Bildungseinrichtungen unternahmen erste pädagogische Versuche der Erziehung und Bildung von Kindern mit einer geistigen Beeinträchtigung oder einer Beeinträchtigung der Sinne. Der Arzt und Leiter der Pariser „Idiotenschule“, Edouard Séguin (1812–1880), entwickelte zum Beispiel das „Konzept der ‚physiologischen Erziehung‘, als Sinnes- und Funktionsschulung, weiter“ (Fornefeld 2013, 34) und begründete damit in gewisser Weise heutige heilpädagogische Förderkonzepte, wie z.B. das der sensorischen Integration. Auch wuchs das Interesse, betroffene Kinder aus den Heilanstalten zu nehmen und ihnen ein gewisses Maß an Bildung zukommen zu lassen (Störmer 2006).

Obwohl durchaus ein reformerischer Bildungsoptimismus vorherrschte, wurden bereits hier durch das Differenzkriterium „bildungsunfähig/bildungsfähig“ die später arbeitsfähigen von den auf Dauer nicht arbeitsfähigen Kindern und Jugendlichen getrennt. Für Letztere blieb in der Folge meist nur die Arbeit in der Anstalt übrig, die zwar zu keiner Verselbstständigung, aber doch zu einer Beschäftigung führte, was dann seit Ende des 19. Jahrhunderts zu arbeitspädagogischen Abteilungen und in der zweiten Hälfte des 20. Jahrhunderts zur Entwicklung der Ergotherapie und den Werkstätten für behinderte Menschen führte.

Opp (2005a) stellt für die Geschichte der Heil- und Sonderpädagogik ein weiteres Differenzkriterium heraus, indem er die „Sprachfähigkeit“ des Menschen als einen Unterscheidungspunkt zu den Tieren insbesondere im Zuge der Aufklärung betont und zeigt, dass dies auch den Erziehungsoptimismus einiger Pioniere der Erziehung von damals sogenannten „schwachsinnigen Kindern“ prägte. Wo Kinder noch über ein Restvermögen verfügten, sich über Sprache zu verständigen, wurden sie auch schulisch gefördert, wie es etwa der Erzieher des Wolfskindes „Viktor“, Jean Itard (1774–1838), und sein Schüler Eduard Séguin (1812–1880) in ihrem Erziehungs- und Bildungsprogramm vorsahen.

Interessant ist an dieser Stelle, dass zunächst Sprachfähigkeit als Ausdruck von Bildungsfähigkeit angesehen wird und sich erst in der zweiten Hälfte des 20. Jahrhunderts langsam ein Verständnis herausbildet, dass auch bei nonverbaler Kommunikation eine Bildungsmöglichkeit gegeben ist bzw. grundsätzlich eine Bildsamkeit, auch bei schwereren Beeinträchtigungen mit z. T. sehr eingeschränkter Mitteilungsmöglichkeit, vorhanden ist.

In der Weimarer Republik haben die medizinisch geprägten Anstalten und die pädagogisch geprägten Schulen weiter Bestand, lediglich für den Bereich der körperlich beeinträchtigten Menschen entwickelt sich mit dem rehabilitativen Ansatz eine neue Versorgungsstruktur (Hausdörfer-Reinert 2005). Bereits 1906 hatte der Arzt Konrad Biesalski (1868–1930) erstmals Erhebungen über die Zahl der verkrüppelten Kinder in Preußen durchgeführt, was zu einer Diskussion über die Notwendigkeit der öffentlichen Fürsorge für diesen Personenkreis und zur Gründung der „Deutsche Vereinigung für Krüppelfürsorge“ (heute: Deutsche Vereinigung für Rehabilitation) führte. Durch die „Kriegsbeschädigtenfürsorge“ wurde dann, letztlich durch die große Zahl der im Ersten Weltkrieg verwundeten Soldaten, die Körperbehindertenrehabilitation befördert und schließlich durch den Erlass des „Preußischen Gesetzes betreffend die öffentliche Krüppelfürsorge“ vom 6.5.1920, für die „unbemittelten“ Krüppel unter 18 Jahren als öffentliche Fürsorge anerkannt. In Deutschland gab es 1906 schon 27 Anstalten und 1927 bereits 78 Anstalten.

In den 1920er Jahren begannen sich dann eugenische Vorstellungen durchzusetzen, von denen die wohl bekannteste und erschreckendste die Arbeit des Strafrechtlers Karl Binding und des Psychiaters Alfred Hoche ist. Sie prägten in ihrer Schrift „Die Freigabe der Vernichtung lebensunwerten Lebens. Ihr Maß und ihre Form“ von 1920 den Begriff der „Ballastexistenzen“ und bereiteten die Euthanasie der Nationalsozialisten ideell vor. Diese setzen sie unter anderem mithilfe des „Gesetzes zur Verhütung erbkranken Nachwuchses“ von 1933 und dem beispiellosen Verbrechen gegen Menschen mit Beeinträchtigungen um, durch das 300.000 bis 400.000 von ihnen zwangssterilisiert, ca. 5.000 Kinder und weitere 70.000 Erwachsene ermordet wurden (Dörner 2006, 26; Klee 1983).

Die Nachkriegsentwicklung in der Bundesrepublik Deutschland ist dann vom (Wieder-)Aufbau einer humaneren Behandlung, Pädagogik und Versorgung von Menschen mit Beeinträchtigungen geprägt (zur Entwicklung in der DDR siehe Häßler/Häßler 2005, 84 ff. und Theunissen 2006b).

Lindmeier/Lindmeier (2006) beschreiben für die Sonderpädagogik drei Phasen: In den 1950er Jahren dominierte vor allem der Aufbau von Schulen für Kinder und Jugendliche mit einer geistigen Beeinträchtigung, die zunächst Hilfsschulen und später Sonderschulen genannt wurden. Auch die Reformulierung des Familienbegriffs und ihre Entlastung vom ideologischen Ballast des NS-Regimes schaffte ein neues Klima der Förderung von Familien mit Kindern mit einer Beeinträchtigung, wenn auch zunächst sehr verhalten. 1958 kam es dann jedoch auf Initiative des Beauftragten für „Displaced Persons" der Vereinten Nationen, des Niederländers Tom Mutters, zur Gründung des Vereins „Lebenshilfe für das geistig behinderte Kind", dem sich zunächst 15 Eltern und Fachleute anschlossen und der in der weiteren Zeit als „Lebenshilfe" zu einem der bedeutendsten Akteure in der Behindertenhilfe und schließlich auch zu einem bundesweit aktiven Träger von Einrichtungen werden wird.

In den 1970er Jahren entwickelten sich zunehmend integrative Ansätze, zunächst im Schulbereich und später auch bezogen auf Wohneinrichtungen und Arbeitsbereiche. Mit der Eingliederungshilfe im BSHG (1961), dem Schwerbehindertengesetz (1974), dem Rehabilitationsangleichungsgesetz (1974), der Werkstättenverordnung (1980) und dem Neunten Sozialgesetzbuch – Rehabilitation und Teilhabe behinderter Menschen (SGB IX) von 2001 entstehen wichtige Gesetze, die diese Entwicklung befördern. Innerhalb der allgemeinen Selbsthilfebewegung der 1980er entsteht die Selbstbestimmt-Leben-Bewegung. Seit den 1990ern werden dann zunehmend Modelle der Integration und der Inklusion diskutiert und praktiziert (Kap. 3).

Übungen zu Kap. 2

1. Zu welcher Zeit und warum wurden die früher gemeinsam internierten Personengruppen der psychisch kranken bzw. der Menschen mit einer Beeinträchtigung von anderen Personengruppen in den Armen- und Arbeitshäusern getrennt?
2. Diskussions-/Reflexionsfrage: Wie stark war der Einfluss der veränderten Produktionsweise des Kapitalismus auf den professi-

onellen Umgang mit Menschen mit einer geistigen Beeinträchtigung und psychisch kranken Menschen?

3. Diskussions-/Reflexionsfrage: Beschäftigen Sie sich mit der Euthanasie der NS-Zeit, insb. mit der sog. T4-Aktion und finden Sie Details über die Verbrechen an Menschen mit einer körperlichen, geistigen und psychischen Beeinträchtigung heraus. Gibt es Kontinuitäten zur heutigen Zeit und dem Umgang mit Menschen mit Beeinträchtigungen und wenn ja, welche?

2.2 Wissenschaftstheoretisches Verständnis: Soziale Arbeit zwischen Geistes- und Sozialwissenschaften

In diesem Abschnitt wird die Soziale Arbeit wissenschaftstheoretisch als eine Querschnittswissenschaft verstanden, die zwischen einer reinen sozial- oder einer reinen geisteswissenschaftlichen Orientierung verortet werden kann. Sozialarbeitswissenschaft ist eine eigenständige Fachwissenschaft des Sozialen. Man spricht jedoch besser von einer Wissenschaft der Sozialen Arbeit, da dies sozialarbeiterische und sozialpädagogische Herkünfte und Ansätze vereint.

Für die Frage nach einer professionellen wie disziplinären Verortung Sozialer Arbeit in der Behindertenhilfe scheint zunächst der Rückgriff auf wissenschaftstheoretische Erörterungen nachrangig.

Jedoch kommt keine Wissenschaft ohne eine solche Klärung des Vorverständnisses allen forschenden und praktischen Handelns aus, will sie sich ihrer Stellung und ihres Wissensbereiches innerhalb der Wissenschaftslandschaft bewusst werden. Spätestens seit der Ausdifferenzierung der Wissenschaften im 19. Jahrhundert stellt sich für jede Fachwissenschaft, und somit auch für die Sozialarbeitswissenschaft bzw. Wissenschaft der Sozialen Arbeit (vgl. zur Unterscheidung Erath/Balkow 2016, 157 ff.), die Frage nach ihren metatheoretischen Grundlagen.

Die Soziale Arbeit als noch junge Fachwissenschaft, deren Existenz erst 2001 in Deutschland durch die Kultusministerkonferenz und Hochschulrektorenkonferenz anerkannt wurde, benötigt noch viel mehr ein solches Vorverständnis, um den daraus abzuleitenden Gegenstand zu bestimmen.

Die Fragen, die dabei gestellt werden müssen, sind ebenso Fragen des Erkennens selbst als auch der Organisation dieser Erkenntnis innerhalb einer Wissensgesellschaft. Erkennen als Fähigkeit, sich der Wahrnehmung der Welt bewusst zu werden, stellt allerdings für die Soziale Arbeit nur einen Zugang zur Wirklichkeit dar. Zugleich ist sie eine Handlungswissenschaft, deren Professionalität darin besteht, sich auf gesellschaftlich und professionell deklarierte Aufträge zu konzentrieren, die sie dann mit einer möglichst hohen Fachlichkeit ausführt. Gleichzeitig überschneidet sich das berufliche Helfen als „inszenierte Solidarität" (Rauschenbach 1994, 231 ff.) mit der ontologischen Eigenart des Menschen, anderen Menschen zu helfen. Inszenierte Solidarität ergänzt somit in der Moderne die natürliche Solidarität der kleinen Sozialverbünde von Familie, Dorf oder Zunft, wie sie in der Vormoderne beherrschend waren. Heute würden wir sagen, dass Soziale Arbeit als professionelles Tun von sozialer Arbeit als (auch ehrenamtliches) Helfen unterschieden werden muss. Über den Gegenstand und die Funktion wird in Kapitel 2.3 ausführlicher zu sprechen sein.

Wissenschaftstheoretisch spricht vieles dafür, Soziale Arbeit als interdisziplinäre Wissenschaft (Erath/Balkow 2016, 164) zu verorten. Ordnet man sie den Sozialwissenschaften zu (Engelke et al. 2016, 45), so gehört sie zur angewandten Sozialwissenschaft und wird damit als Handlungswissenschaft verstanden (Birgmeier 2014; Röh 2013; Birgmeier/Mührel 2011; Staub-Bernasconi 2007). Die sozialwissenschaftliche Seite der Sozialen Arbeit wird später die Grundlage für die Darstellung der Lebenslagen von Menschen mit Beeinträchtigungen (Kap. 3.3) sein und die handlungswissenschaftliche Seite die Grundlage für die professionelle Bestimmung der Sozialen Arbeit in der Behindertenhilfe (Kap. 4). In der Tat spricht einiges dafür, diesen Handlungsbezug als eine Variante der wissenschaftslogischen Verortung Sozialer Arbeit zu begreifen, wenngleich gegen die „Angewandtheit" auch Vorbehalte bestehen (Erath/Balkow 2016, 163). Eine andere mögliche Variante besteht darin, sie (wieder) näher an geisteswissenschaftliche Denklinien heranzuführen und damit dem „Verstehen" eine ebenso gewichtige Bedeutung beizumessen wie dem „Handeln" (Röh 2008). Handlungstheoretisch ausformuliert finden wir hierzu gute Ansätze bei Mührel (2005), der „Verstehen" als etwas Ontologisches, ein stetiges „Erleiden und eine Widerfahrnis" (84) begreift und gleichzeitig „Verstehen" als eine notwendige Form des Zugangs zum anderen und damit auch zum Hilfesuchenden konzipiert – ohne indessen in eine reine

Methodik, sprich Sozialtechnologie, zu verfallen. Gerade in der Arbeit mit Menschen mit einer geistigen Beeinträchtigung, bei denen mitunter Veränderungen durch pädagogische Einflussnahme seltener herbeigeführt werden können, weil Lernprozesse viel langsamer verlaufen, bedarf es einer gekonnten verstehenden Haltung, wie sie sich beispielsweise mithilfe der Syndromanalyse erreichen lässt (Zimpel 1994, 2010).

Mit Marquard (2003) könnte man folgende Geschichtentypen für die geisteswissenschaftliche Funktion der Sozialen Arbeit heranziehen: Sensibilisierungs-, Orientierungs- und Bewahrungsgeschichten liefern uns ein handlungstheoretisches Programm, entlang dessen wir Soziale Arbeit sowohl in ihrer sensibilisierenden, orientierenden als auch bewahrenden Funktion verstehen können. Für die Soziale Arbeit in der Behindertenhilfe ließe sich diese in analoger Form wie folgt beschreiben:

- Sensibilisierungsgeschichten stünden hier für Strategien und Wege, die versuchen, die besondere Lebenssituation, die besondere Verletzlichkeit und den Anspruch auf eine menschenwürdige Begleitung und Assistenz von Menschen mit geistiger Beeinträchtigung zu verdeutlichen, sie zu benennen, der Öffentlichkeit zu präsentieren, und daraus Ansprüche auf einen humanen Umgang mit ihnen abzuleiten.
- Orientierungsgeschichten würden uns weiterhin dabei helfen, die richtigen ethischen Entscheidungen in der Behindertenhilfe zu treffen, indem die Orientierungen offengelegt, diskutiert und damit fundiert werden, an denen wir alltäglich, professionell, aber auch politisch Handlungen bemessen können.
- Bewahrungsgeschichten würden schließlich dazu dienen können, die moderne, vor allem im kapitalistischen Produktionssystem zu verzeichnende Dynamisierung des Alltagslebens durch die quasi kompensatorische Rückbesinnung auf weitere Werte (Muße, Rücksicht, Solidarität) abzufedern bzw. zu bremsen.

Wie man also sieht, kann durch das Marquard'sche Geschichtenerzählen, aber auch Geschichtenerleben, also die biografische wie alltägliche Rekonstruktion der lebensweltlichen Geschehnisse, eine Orientierung erreicht werden, die weit über die wissenschaftliche und professionelle Expertise hinausgeht.

Soziale Arbeit in der Tradition von Sozialpädagogik hat sich dabei schon immer einer gewissen Nähe zu geisteswissenschaftlichen Positionsbestimmungen erfreut, die sie fruchtbar vom naturwissenschaftlichen Weltverständnis abzugrenzen half (Winkler 1997).

Meines Erachtens sollte sowohl der sozialpädagogische, in diesem Sinne hermeneutisch-geisteswissenschaftliche Zugang mit seinen Implikationen bzgl. der Erziehung und Bildung, als auch der sozialarbeiterische, in diesem Sinne als angewandter sozialwissenschaftlicher Zugang im Sinne der Existenzsicherung zu einem modernen Bild als „Soziale Arbeit" vereint werden.

Die bisherigen Ausführungen zusammenfassend, könnte man sagen, dass

> „Soziale Arbeit […] als eine Wissenschaft und Profession definiert [werden kann], die sich – in Abgrenzung zu sozial- oder geisteswissenschaftlichen Disziplinen – mit der konkreten Handlung von Menschen beschäftigt. Sie wird damit selbst zu einer Handlungswissenschaft vom Handeln in sozialen Strukturen und damit zu einer praxeologischen Wissenschaft" (Röh 2013, 267).

Übungen zu Kap. 2.2

4. Verständnisfrage: Wofür steht die Formel von einer „inszenierten Solidarität"?
5. Diskussions-/Reflexionsfrage: Welche Gründe sprechen dafür, Soziale Arbeit den Sozialwissenschaften und welche dafür, sie den Geisteswissenschaften zuzuordnen? Was bedeutet es, sie als transdisziplinäre Wissenschaft zu konzipieren?

2.3 Gegenstand und Funktion Sozialer Arbeit

Eine genaue Gegenstands- und Funktionsbestimmung hilft, den professionellen Rahmen für eine Soziale Arbeit festzulegen. Sie wird hier anhand einer integrativen Fassung Sozialer Arbeit als komplementärem Gebilde aus Sozialarbeit und Sozialpädagogik vorgenommen, u. a. untermauert von der IFSW-Definition und einem ersten Blick auf soziale Probleme bzw. Lebensführung als Gegenstand der Sozialen Arbeit.

Die Relevanz der Sozialen Arbeit in der Rehabilitation stellte bereits Mühlum heraus:

> „Sonderpädagogik und Soziale Arbeit können als gesellschaftlich organisierte Hilfe für Menschen mit besonderen Schwierigkeiten verstanden

werden. Ihre Bedeutung für die Rehabilitation steht somit außer Frage. Tatsächlich stellen sie, neben Medizin und Pflege, den größten Bereich personenbezogener Dienste dieses Sektors dar. Ihre Abgrenzung (und Zusammenarbeit) ist jedoch nach wie vor schwierig, weil sich die Aufgaben überschneiden und das Selbstverständnis nicht hinreichend geklärt ist. Sozialarbeit/Sozialpädagogik hier, Sonderpädagogik/ Behindertenpädagogik/Heilpädagogik dort stellen mehr als ein Begriffsdilemma dar. Sie drücken auch inhaltliche Unterschiede und berufliche Grundüberzeugungen aus" (Mühlum 1999, 49).

Diese von Mühlum formulierte Idee einer professionellen Differenzierung bei gleichzeitiger Forderung einer „ganzheitlichen Perspektive" soll hier aufgenommen und das Spezifikum Sozialer Arbeit als „ganzheitliche" Profession zum Ausgangspunkt der Überlegungen zum Gegenstand und der Funktion Sozialer Arbeit genommen werden. Es wird darum gehen, die Soziale Arbeit als Profession bzw. als professionelles Handeln zu bestimmen und diesen Standort für die Soziale Arbeit in der Behindertenhilfe zu erschließen.

Doch was ist der Gegenstand der Sozialen Arbeit? Mit der 2014 verabschiedeten Definition der International Federation of Social Workers (IFSW) beginnend, kann dieser zunächst wie folgt verstanden werden:

„Social work is a practice-based profession and an academic discipline that promotes social change and development, social cohesion, and the empowerment and liberation of people. Principles of social justice, human rights, collective responsibility and respect for diversities are central to social work. Underpinned by theories of social work, social sciences, humanities and indigenous knowledge, social work engages people and structures to address life challenges and enhance wellbeing" (IFSW 2014).

Man sieht, dass die vor allem in Deutschland vorzufindende Trennung von Sozialarbeit und Sozialpädagogik im internationalen Rahmen unbekannt ist. Anders als in der Definition von 2000, in der gleichermaßen die persönliche Befähigung und die Sicherung der Existenzgrundlagen sowie die Umweltveränderung erwähnt wurden, fokussiert die im 21. Jahrhundert geltende Definition zwar auch die Arbeit an bzw. mit Menschen („people") und Umwelt („structures"), damit den Herausforderungen des Lebens („life challenges") begegnet werden kann, verstärkt jedoch den strukturellen Anspruch („promotes social change and development, social cohesion, and the empowerment and liberation of people"). Diese Dualität von Person und Umwelt ist zwar weit mehr als die reine Addition von Sozialarbeit und Sozialpädagogik, da eher im Sinne von Mühlum (2001) von einer Subsumtion unter den neuen Titel

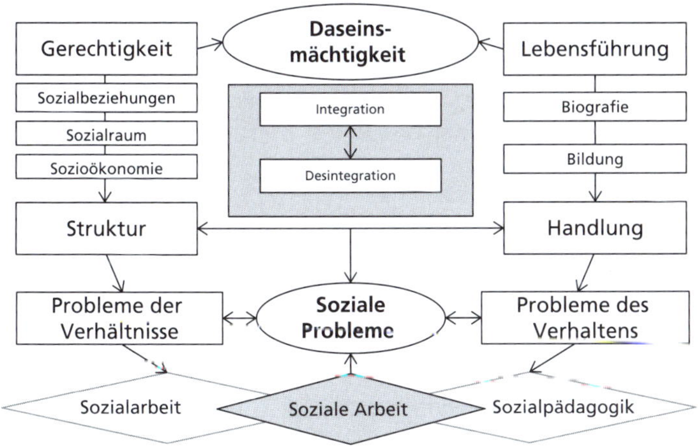

Abb. 1: Gegenstand und Funktion Sozialer Arbeit

„Soziale Arbeit" ausgegangen werden kann, jedoch ließe sich das Verhältnis beider wie in Abbildung 1 eher als Konversion darstellen, aus dem ein emergentes Produkt entsteht.

Ein solchermaßen integratives Modell von Sozialer Arbeit, welches sowohl individuelle als auch Einflüsse aus der Umwelt auf die Entstehung von Sozialen Problemen bzw. die Lebensführung berücksichtigt, kombiniert damit auch den klassisch sozialpädagogischen Zugang zur Lebenswelt der Menschen vor dem Hintergrund ihrer Lebensführung mit dem klassisch sozialarbeiterischen Zugang zur Lebenswelt der Menschen vor dem Hintergrund sozialer Gerechtigkeit.

Soziale Arbeit hat es in der beruflichen Realität potenziell mit einer Vielfalt von verschiedenen menschlichen Problemen zu tun und konkret jeweils mit bestimmten menschlichen Lebenslagen, in denen häufig vielfältige Probleme auftreten.

Die Probleme sind dabei in ihrer Wirkung im doppelten Sinne als soziale Probleme zu bezeichnen, und zwar zunächst im gesellschaftlichen Rahmen als verbreitete Phänomene (Armut, Obdachlosigkeit, Gewalt, Sucht, Beeinträchtigung, Kindeswohlgefährdung usw.) und gleichzeitig als Probleme von Individuen in ihrer Umwelt und damit Probleme der Lebensführung.

Ich betrachte Soziale Arbeit daher als „jene Humanprofession und -disziplin […], die sich als Expertise für die Zusammenhänge von Subjekt und Gesellschaft verstehend, erklärend und bei Bedarf intervenierend (beratend, vermittelnd, unterstützend, empowernd etc.) mit deren Wechselwirkungen beschäftigt" (Röh 2016a, 218 f.). Mithilfe des Capabilities Approach und des Kritischen Realismus habe ich (Röh 2013) eine allgemeine Handlungstheorie formuliert, die Soziale Arbeit als Unterstützung einer „daseinsmächtigen Lebensführung" definiert. Ohne das an dieser Stelle ausführlich darstellen zu können (Kap. 4.2.5), sollen bzgl. der Arbeit mit Menschen mit Beeinträchtigungen vorab folgende Ableitungen getroffen werden:

- Das Leben mit Beeinträchtigung ist wie alles menschliche Leben von der Notwendigkeit geprägt, das eigene Leben über die gesamte Lebensspanne führen zu müssen.
- Neben individuellen Beeinträchtigungen (in der ICF-Terminologie als Störungen der Körperstrukturen oder Körperfunktionen bezeichnet), die ich in meiner an den Capabilities Approach angelehnten Terminologie als Einschränkungen des „persönlichen Möglichkeitsraums" verstehe (Röh 2013 und Röh 2016b), stehen dabei vor allem die Aktivitäts- und Teilhabeeinschränkungen im Mittelpunkt der Bewältigung. Diese verstehe ich als Probleme des „gesellschaftlichen Möglichkeitsraums", wobei sich in den Aktivitätseinschränkungen auch Probleme des „persönlichen Möglichkeitsraums" zeigen.
- Ein daseinsmächtiges oder gutes Leben ist von dem sinnvollen „Ins-Verhältnis-Bringen" des persönlichen und gesellschaftlichen Möglichkeitsraums geprägt. Eine vollständige Übereinstimmung könnte Inklusion oder Teilhabe bedeuten, ist aber angesichts bei allen Menschen und Gesellschaften vorfindlichen Restriktionen eher als unwahrscheinlich anzusehen. Das Ziel eines in dieser Hinsicht besseren Passungsverhältnisses ist jedoch das Ziel Sozialer Arbeit.
- Behinderung als solches (anders als die Beeinträchtigung) selbst ist ein sowohl individuelles wie auch soziales Problem, insofern sich Umweltgestalt und Umweltbedingungen sowie individuelle und soziale Ressourcen und Probleme zu einer für den Einzelnen wie für die Gesellschaft zu bewältigenden Einheit verbinden.
- Das im engeren Sinne sozialpädagogische Ziel in der Arbeit mit Menschen mit Beeinträchtigungen besteht daher in der größtmöglichen Förderung von Autonomie, Selbstbestimmung und soweit es geht auch Selbstständigkeit in der alltäglichen Lebensführung.
- Das im engeren Sinne sozialarbeiterische Ziel liegt in der Verbesserung der Person-Umwelt-Transaktionen, d.h. in der Befriedigung

der biopsychosozialen Bedürfnisse eines Menschen (mit Beeinträchtigungen).

- Beiden gemeinsam ist in der konvergenten Fassung als Soziale Arbeit, dass die Entwicklung von Lebensperspektiven und somit die Lebensführungskompetenz zu fördern und zu erhalten ist.

In einer Sozialen Arbeit in der Behindertenhilfe kommen also zwei Zugänge zusammen und bilden erst gemeinsam die spezielle Expertise: Der Einzelne mit seiner Beeinträchtigung erlebt sich selbst und andere in einer gegebenen Umwelt, die ihm entweder Möglichkeiten oder Begrenzungen bietet (Röh 2013 und 2016b). Er selbst ist durch seine Beeinträchtigung, Sozialisationserfahrungen und Persönlichkeit hinsichtlich seiner Bewältigungskompetenz in einem gewissen Maße befähigt, sich diese Umwelt für ein daseinsmächtiges Leben (auch) mit Beeinträchtigung anzueignen. Wo immer diese Aneignung nicht dazu ausreicht, die Bedürfnisse des Einzelnen zu befriedigen, da entweder die individuellen oder die sozialen Ressourcen nicht genügen oder aber die Gesellschaft ihrerseits mit Restriktionen auf den Menschen mit Beeinträchtigung reagiert, kann die Soziale Arbeit mit ihrer Professionalität auf diese „Transaktionsstörungen" reagieren und versuchen, sie mittels professioneller Interaktionen zu beheben. Ihr vorderstes Ziel ist es dabei, ihre Klientel kurz-, mittel- oder langfristig zu einem selbstständigen und selbstbestimmten Leben zu befähigen.

Übungen zu Kap. 2.3

6. Verständnisfrage: Wie lautet die Definition Sozialer Arbeit der IFSW?
7. Diskussions-/Reflexionsfrage: Wie stehen Sozialarbeit und Sozialpädagogik in einem integrativen Modell Sozialer Arbeit zueinander?
8. Diskussions-/Reflexionsfrage: Was bedeutet Daseinsmächtigkeit im Zusammenhang mit „Behinderung"?

2.4 Ethisch-moralische Grundlagen

Neben allgemeinen ethischen Überlegungen zur Sozialen Arbeit werden in diesem Abschnitt der Berufskodex und die Formel von der „Sozialen Arbeit als Menschenrechtsprofession" vorgestellt. Des Weiteren erfolgen Ausführungen zu relevanten gerechtigkeitstheoretischen Erwägungen im Zusammenhang mit dem Capabilities Approach.

Vor allem die grausamen Erfahrungen während der NS-Diktatur in Deutschland haben eine erhöhte Wachsamkeit in der Arbeit mit Menschen mit Beeinträchtigungen, aber auch bei anderen vulnerablen und von Ausgrenzung bedrohten Gruppen zur Folge gehabt.

Die Debatten um eine Bio-Ethik sowie um die utilitaristische Begründungen von Sterbehilfe und Forschung an nicht einwilligungsfähigen Menschen mit Beeinträchtigungen stellen zudem eine fortwährende Bedrohung des erreichten ethischen Niveaus einer akzeptierenden und fördernden Gesellschaft dar (Hedderich et al. 2016).

Soziale Arbeit in der Behindertenhilfe bedarf daher einer grundlegenden Klärung ihrer ethisch-moralischen Grundlagen, die im Sinne einer praktischen Ethik auch normative Hinweise gibt für eine gute Kultur im Umgang mit Menschen mit Beeinträchtigungen und auf berufsethische Dilemmata sowie auf gesellschaftliche Mechanismen hinweist. Dabei sind Werte und Werturteile immanenter Teil professioneller Praxis und diese Praxis benötigt neben klaren handlungsleitenden Vorgaben auch eine reflexive Kompetenz zur situativen Klärung von Dilemmata.

Eine Ethik der Sozialen Arbeit ist dabei immer eine plurale Ethik, die jedoch vereint wird in der Anerkennung und Wertschätzung der menschlichen Würde, die spätestens seit Kant auch säkular begründet werden kann. Im religiösen Verständnis wurde und wird die Würde des Menschen durch die Gottesähnlichkeit des Menschen definiert:

> „Die Gottebenbildlichkeit (lat.: imago dei) ist die Voraussetzung dafür, dass der Mensch im verschiedenen Maße und nie absolut Gottähnlichkeit (lat.: similtudo dei) erreichen kann. Als Ebenbild Gottes ist damit der Mensch in Freiheit gesetzt, sein Leben zu realisieren und schöpferisch zu gestalten; jedoch gemäß den Vorstellungen eines der Offenbarung Gottes gemäßen Lebens" (Mührel/Röh 2008, 52).

Baumgartner (2004, 268) fasst die Menschenwürde deshalb wie folgt zusammen:

> „Menschenwürde heißt nach christlichem Verständnis, dass jedem, der Menschenantlitz trägt, in jeder Phase seines individuellen Entwicklungsstands und unabhängig, von seinen Eigenschaften und Leistungen ein unbedingter Wert zukommt, der – negativ – jede instrumentalisierende Verrechnung verbietet."

Daneben existiert spätestens seit Immanuel Kant eine philosophische Auffassung der menschlichen Würde durch das sogenannte Instrumentalisierungsverbot, das bei Kant wie folgt definiert wird:

„Handle so, daß du die Menschheit sowohl in deiner Person als auch in der Person eines jeden anderen, jederzeit zugleich als Zweck, niemals bloß als Mittel brauchst."

Diese, auch als praktischer Imperativ bekannt gewordene Definition von Menschenwürde, erweitert den kategorischen Imperativ, der besagt: „Handle stets so, daß die Maxime deines Willens jederzeit zur allgemeinen Gesetzgebung reiche" (Kant, zitiert nach Eisenmann 2006, 84).

2.4.1 IFSW-Kodex

Die Soziale Arbeit verfügt darüber hinaus über einen berufsspezifischen Kodex, der gemeinsam von der International Association of Schools of Social Work (IASSW) und der International Federation of Social Workers verfasst wurde und sich auch in der Definition Sozialer Arbeit durch die IFSW (2014) wiederfindet. Dort werden die Prinzipien der Menschenrechte und der sozialen Gerechtigkeit als Grundlage der Sozialen Arbeit festgehalten. Zudem bestimmt der Ethik-Kodex von 2012 die besondere Aufgabe der SozialarbeiterInnen darin, das Selbstbestimmungsrecht, die menschliche Vielfalt und das Recht auf Teilhabe („participation") zu achten und zu befördern, die Menschen ganzheitlich zu betrachten, ihre Stärken zu identifizieren und zu fördern, für eine gerechte Ressourcenverteilung einzustehen und Diskriminierung entgegen zu wirken (IFSW 2012).

Im Einzelnen bedeutet dies für den Bereich der Menschenrechte bzw. Menschenwürde:

„1. Das Recht auf Selbstbestimmung achten: Sozialarbeiter/innen sollten das Recht der Menschen achten und fördern, eigene Entscheidungen zu treffen, ungeachtet ihrer Werte und sonstigen Lebensentscheidungen, vorausgesetzt, dass dadurch nicht die Rechte und legitimen Interessen eines anderen gefährdet werden.
2. Das Recht auf Beteiligung fördern: Sozialarbeiter/innen sollten die Teilhabe der Menschen, die ihre Dienste nutzen, fördern, sodass sie gestärkt werden können, in allen Aspekten von Entscheidungen und Handlungen, die ihr Leben betreffen, mitzubestimmen.
3. Jede Person ganzheitlich behandeln: Sozialarbeiter/innen sollten sich mit der Person als Ganzes innerhalb der Familie, der Gemeinschaft, sowie

der sozialen und natürlichen Umwelt beschäftigen, und sollten darauf bedacht sein, alle Aspekte des Lebens einer Person wahrzunehmen.
4. Stärken erkennen und entwickeln: Sozialarbeiter/innen sollten den Schwerpunkt auf die Stärken des Einzelnen, der Gruppen und der Gemeinschaften richten um dadurch ihre Stärkung weiter zu fördern."

Die Soziale Gerechtigkeit ist konkret wie folgt zu erreichen:

„1. Negativer Diskriminierung entgegentreten: Sozialarbeiter/innen haben die Pflicht, negativer Diskriminierung aufgrund von Merkmalen wie Fähigkeiten, Alter, Kultur, Geschlecht, Familienstand, sozioökonomischem Status, politischer Überzeugung, Hautfarbe, Rasse oder anderer körperlicher Gegebenheiten, sexueller Orientierung, oder spiritueller Überzeugung entgegenzutreten.
2. Verschiedenheit anerkennen: Sozialarbeiter/innen sollten die ethnischen und kulturellen Unterschiede von Gesellschaften in denen sie arbeiten anerkennen und respektieren und die Unterschiede von Einzelnen, Gruppen und Gemeinschaften beachten.
3. Gerechte Verteilung der Mittel: Sozialarbeiter/innen sollten sicherstellen, dass die ihnen zur Verfügung stehenden Mittel gerecht – gemäß den Bedürfnissen – verteilt werden.
4. Ungerechte Politische Entscheidungen und Praktiken zurückweisen: Sozialarbeiter/innen haben die Pflicht, ihre Arbeitgeber, Gesetzgeber, Politiker und die Allgemeinheit darauf aufmerksam zu machen, wo Mittel unzulänglich sind oder wo die Verteilung von Mitteln durch Verordnungen und Praxis unterdrückerisch, ungerecht oder schädlich ist.
5. Solidarisch arbeiten: Sozialarbeiter/innen haben die Pflicht, sozialen Bedingungen entgegenzutreten, die zu sozialem Ausschluss, Stigmatisierung oder Unterdrückung führen. Sie sollen auf eine einbeziehende Gesellschaft hinarbeiten."

Diese ethischen Prinzipien, die darüber hinaus in nationale Konkretisierungen gefasst wurden (u. a. durch den Deutschen Berufsverband für Soziale Arbeit e.V. 2014), sollen der Sozialen Arbeit als Leitlinie für ein angemessenes ethisches Handeln dienen.

2.4.2 Menschenrechtsprofession

Die bereits in den Definitions- und Ethikdokumenten der IFSW und der IASSW enthaltenen Implikationen hinsichtlich einer besonderen Berücksichtigung der Menschenrechtsperspektive haben dazu geführt, dass bereits 1992 vom „Center of Human Rights" der Vereinten Nationen, von der IFSW und von der IASSW die Soziale Arbeit als Menschenrechtsprofession ausgerufen wurde. Die auf Grundlage einer bedürfnistheoretischen Begründung erfolgende Verortung Sozialer Arbeit bestimmt daher ihren ethischen Auftrag in der Wahrung der Menschenrechte als der menschlichen Natur eigene Rechte, ohne die

„wir als menschliche Wesen nicht existieren können. Die Menschenrechte und die grundlegenden Freiheiten erlauben uns, unsere menschlichen Fähigkeiten, unsere Intelligenz, unsere Begabungen und unser moralisches Bewusstsein voll zu entwickeln und zu gebrauchen und unsere geistigen und sonstigen Bedürfnisse zu befriedigen. Sie gründen im zunehmenden Verlangen der Menschheit nach einem Leben, in dem die unveräußerliche Würde und der Wert jedes einzelnen Menschen Anerkennung und Schutz findet" (Vereinte Nationen 1987, zitiert nach UN-Manual 2002, 5).

Seitdem wurde die Bestimmung Sozialer Arbeit als Menschenrechtsprofession immer wieder diskutiert (Mührel / Birgmeier 2013). Insbesondere *Silvia Staub-Bernasconi* hat diesen Ansatz aufgenommen und in verschiedenen Publikationen (2016) expliziert. Dabei kommt deutlich zum Ausdruck, dass sich das damit verbundene normativ-ethische Grundverständnis mittels einer Gegenstandsbestimmung Sozialer Arbeit entlang von Bedürfniskategorien für das professionelle Handeln von SozialarbeiterInnen erschließen lässt (Kap. 4.2.2).

Innerhalb dieses Konzepts werden Menschen als wissens- und handlungsfähige Biosysteme erfasst, die durch biopsychosozial zu verstehende Bedürfnisse bestimmbar sind. Damit steht die Systemtheorie der Zürcher Schule in der Tradition früherer Überlegungen innerhalb der Sozialen Arbeit, von denen die Bedürfnistheorie Ilse Arlts die bekannteste sein dürfte. Arlt verstand Bedürfnisse ebenfalls als eine conditio humana und schuf für sie den Begriff „Gedeihenserfordernisse", deren Befriedigung die notwendige Bedingung für ein Leben bedeutet, welches sich durch die Fähigkeit zu einem ‚schöpferischen Konsum' auszeichnet (Arlt 1958, 60, 74).

Wo diese Bedürfnisse, deren normative Ausformung in den Menschenrechten zu sehen ist, nicht befriedigt werden, entstehen soziale Probleme. Im Zuge der Anwendung der Formel „Soziale Arbeit als eine Menschenrechtsprofession", von Staub-Bernasconi (2003), gewinnt Soziale Arbeit zusätzlich zum doppelten Mandat (Böhnisch / Lösch 1973) ein weiteres Mandat, das als eigenständiger, von der Gesellschaft und der Klientel unabhängiger Auftrag der Sozialen Arbeit aufgefasst wird (Tripelmandat). Diese Selbstmandatierung beruht im Wesentlichen auf der Verteidigung und Wahrung der Menschenrechte in den je spezifischen Handlungskontexten der Sozialen Arbeit und einer wissenschaftlichen Basis (Ife 2012).

Tab. 1: ausgewählte Artikel der Behindertenrechtskonvention im Überblick

Artikel	**Überschrift**
9	Zugänglichkeit
10	Recht auf Leben
11	Gefahrensituationen und humanitäre Notlagen
12	Gleiche Anerkennung vor dem Recht
13	Zugang zur Justiz
14	Freiheit und Sicherheit der Person
15	Freiheit von Folter oder grausamer, unmenschlicher oder erniedrigender Behandlung oder Strafe
16	Freiheit von Ausbeutung, Gewalt und Missbrauch
17	Schutz der Unversehrtheit der Person
18	Freizügigkeit und Staatsangehörigkeit
19	Unabhängige Lebensführung und Einbeziehung in die Gemeinschaft
20	Persönliche Mobilität
21	Recht der freien Meinungsäußerung, Meinungsfreiheit und Zugang zu Informationen
22	Achtung der Privatsphäre
23	Achtung der Wohnung und der Familie
24	Bildung
25	Gesundheit
26	Habilitation und Rehabilitation
27	Arbeit und Beschäftigung
28	Angemessener Lebensstandard und sozialer Schutz
29	Teilhabe am politischen und öffentlichen Leben
30	Teilhabe am kulturellen Leben sowie an Erholung, Freizeit und Sport

Zuletzt haben die Vereinten Nationen mit dem „Übereinkommen über die Rechte von Menschen mit Behinderungen“, das 2006 von der Generalversammlung verabschiedet und von der Bundesrepublik Deutschland 2008 ratifiziert wurde, ein menschenrechtliches Dokument und Instrument in die Welt gesetzt, das den Menschenrechtsgedanken für die spezifischen Belange von Menschen mit Beeinträchtigungen durchdekliniert (Tab. 1). Es handelt sich nicht um ein Dokument „anderer Menschenrechte“, sondern nur um eine Spezifizierung. Sie nennt Menschenrechte in verschiedensten Lebensbereichen.

In der Präambel wird daher festgehalten, dass dies in der Überzeugung geschieht,

> „dass ein umfassendes und in sich geschlossenes internationales Übereinkommen zur Förderung und zum Schutz der Rechte und der Würde von Menschen mit Behinderungen sowohl in den Entwicklungsländern als auch in den entwickelten Ländern einen maßgeblichen Beitrag zur Beseitigung der tiefgreifenden sozialen Benachteiligung von Menschen mit Behinderungen leisten und ihre Teilhabe am bürgerlichen, politischen, wirtschaftlichen, sozialen und kulturellen Leben auf der Grundlage der Chancengleichheit fördern wird“ (Deutscher Bundestag 2009).

Die Behindertenrechtskonvention hat u. a. zu einer neuen Legaldefinition von „Behinderung“ geführt (Kap. 3.1.4).

2.4.3 Soziale Gerechtigkeit

Wie bereits anhand der Betrachtung der Definition Sozialer Arbeit durch die IFSW deutlich wurde, fußt diese u. a. auch auf der Idee der sozialen Gerechtigkeit.
Doch was ist gerecht und wer bestimmt darüber?

Um diese Frage beantworten zu können, müssen wir uns der Gerechtigkeitstheorie als einer Abteilung der praktischen Philosophie zuwenden. Die amerikanische Ethikerin Martha Nussbaum beschreibt in ihrer Theorie des guten Lebens solch einen Gerechtigkeitsansatz. Nussbaum baut ihre Ethik auf der aristotelischen Philosophie des guten Lebens auf und gelangt damit zu einer Konzeption der Lebensführung, der Ähnlichkeiten zum Menschenrechtsdiskurs aufweist (Nussbaum 2010, 115 ff. und Röh 2013, 157). Neben der darin enthaltenen Bedürfnistheorie entfaltet sie einen „Fähigkeitenansatz“, der sich gleichzeitig als bildungs- und sozialpolitisches Programm verstehen lässt. Dies geschieht bei

Nussbaum in Abgrenzung zu anderen Gerechtigkeitsvorstellungen, wie etwa dem Utilitarismus oder auch der Theorie der Gerechtigkeit von John Rawls, der mithilfe eines hypothetischen Gedankenexperimentes zu beweisen versuchte, dass Ungleichheit in dem Maße erträglich sei, wie alle Mitglieder einer Gesellschaft dieser durch freie Wahl zustimmen würden, auch wenn sie für einige von ihnen Nachteile mit sich bringe. Aufgewogen sollten diese Nachteile laut Rawls (1975, 336; 2006, 78) durch zwei Bedingungen:

a) Die Prinzipien müssen unter der Einschränkung des gerechten Spargrundsatzes den am wenigsten Begünstigten den größtmöglichen Vorteil bieten, und
b) sie müssen mit Ämtern und Positionen verbunden sein, die allen gemäß fairer Chancengleichheit offenstehen.

Für Rawls stellte eine konstitutionelle „Ur-Gemeinschaft", an der diejenigen beteiligt sind, die zu dieser Gemeinschaft gehören und die Merkmale „frei" und „gleich" aufweisen, eine Grundbedingung dar. In der Situation der „Ur-Wahl" von Gerechtigkeitsprinzipien sollen sie jedoch hinter einem „Schleier des Nichtwissens" quasi ihre jetzige soziale Position (inkl. ihrer eigenen körperlichen und geistigen Fähigkeiten) vergessen. Nussbaum bezieht hier eine andere Position als Rawls, wenn sie gerade denjenigen, die mehr brauchen (weil sie qua Natur oder gesellschaftlichem Status weniger mitbringen), auch mehr geben will. Explizit erwähnt sie hier körperlich oder geistig / psychisch beeinträchtigte Menschen (Nussbaum 2010, 138 ff.), die ein „Mehr" oder ein „Anderes" an Gütern benötigen, um das gleiche Maß an Teilhabe zu erreichen. Dieses „Mehr an Abhängigkeit" hat etwa Hahn (1999) als wesentlich zur Beschreibung der Situation von Menschen mit Beeinträchtigungen bezeichnet.

Nach Nussbaum steht am Beginn der ethischen Reflexion daher auch nicht der „gleiche Mensch", der sich ausgehend von gleichen Startbedingungen unterschiedlich entwickelt und damit auch Ungerechtigkeit bis zu einem gewissen Maß zulässt, sondern einer, dessen Fähigkeiten (im Sinne von Verwirklichungs- oder Teilhabechancen) sich erst durch jene günstige Umweltbedingungen entwickeln, die einerseits die Herausbildung individueller Fähigkeiten (Kompetenzen) fördern und andererseits deren Anwendung auch tatsächlich ermöglichen oder zumindest nicht verhindern. Das einfachste Beispiel wäre hier sicherlich ein Mensch, der aufgrund einer Bewegungseinschränkung auf einen Rollstuhl angewiesen ist: Er braucht einen solchen Rollstuhl, den er über sozialpolitische Programme finanziert bekommt, jemanden, der ihm bei der Beherrschung des Rollstuhls initial unterstützt und eine daran angepasste Umwelt ohne diskriminierende Einstellungen oder materielle Barrieren.

Interessanterweise kommt Nussbaum also zu dem Schluss, dass neben einer Güter-Theorie auch ein Fähigkeiten-Ansatz zu einem guten Leben führen kann. Fähigkeiten sind hier jedoch nicht als individuelle Kompetenzen zu verstehen, sondern vielmehr als Verwirklichungschancen, die vor allem Ziel politischer Bestrebungen nach mehr sozialer Gerechtigkeit sein sollten, wobei sie von einer „partiellen und minimalen Gerechtigkeit" ausgeht, die sich u. a. in der Erreichung von Schwellenwerten zeigt: „Das gesellschaftliche Ziel sollte deshalb darin bestehen, die Bürgerinnen und Bürger über diesen Schwellenwert zu heben" (Nussbaum 2010, 105).

Um dies zu erreichen, bedarf es nach Nussbaum eines Gerechtigkeitskonzepts, das die Fähigkeiten des Einzelnen, Güter zu nutzen und soziale Positionen zu erreichen, mit der Aufgabe der Gesellschaft verknüpft, für Jede / n eine chancengerechte Erreichbarkeit zu gewährleisten. Nussbaum sieht die Aufgabe des Staates darin, eine ausreichende Güterausstattung und gleichzeitig die Förderung der Fähigkeiten eines jeden Einzelnen zu gewährleisten. Erreicht würde so im besten Fall die Möglichkeit aller Bürger, vorhandene, tatsächliche Chancen zu nutzen. Bezüglich dieses Doppelfokus ergeben sich für Menschen mit Beeinträchtigungen wichtige Impulse, wobei auch die Limitationen dieses Gerechtigkeitsansatzes betrachtet werden müssen.

Am besten versteht man dies, wenn man sich die verschiedenen Fähigkeitstypen einmal genauer anschaut. Dabei unterschied Nussbaum ursprünglich zwischen internen (I-), externen (E-) und (G-)rund-Fähigkeiten (Nussbaum 1999, 102 ff.), wobei diese Unterscheidung neuerdings von ihr aufgehoben wird (Nussbaum 2015, 26 ff.):

- I-Fähigkeit wird wie folgt definiert: „Ein Mensch hat zum Zeitpunkt t dann und nur dann die I-Fähigkeit, die Tätigkeit A auszuüben, wenn dieser Mensch zum Zeitpunkt t so ausgestattet ist, dass er unter den geeigneten Umständen eine Handlung A wählen kann."
- Die I-Fähigkeit(en) sind für Nussbaum Resultat von Erziehung und insbesondere bedeuten sie die Fähigkeit zum Urteilen, d. h. bei Nussbaum: zum guten Wählen.
- E-Fähigkeit bedeutet: „Ein Mensch hat zum Zeitpunkt t dann und nur dann die E-Fähigkeit, die Tätigkeit A auszuüben, wenn der Mensch

zum Zeitpunkt t die E-Fähigkeit zu A hat und keine äußeren Umstände ihn daran hindern, A auszuüben."

- E-Fähigkeiten sind damit eher als günstige Umstände aufzufassen, unter denen die I-Fähigkeit entwickelt werden kann.
- G-Fähigkeit heißt: „Ein Mensch besitzt die G-Fähigkeit, die Tätigkeit A auszuüben, dann und nur dann, wenn dieser Mensch eine individuelle Konstitution hat, die so beschaffen ist, dass er nach der angemessenen Ausbildung, dem angemessenen Zeitraum und anderen notwendigen instrumentellen Bedingungen die Tätigkeit A ausüben kann."

Die G-Fähigkeiten stellen somit die natürliche Grundlage dar, auf der nach Nussbaum die I-Fähigkeiten unter Berücksichtigung der E-Fähigkeiten entwickelt werden können. Sprich, wenn jemand die G-Fähigkeit, also die grundsätzliche Entwicklungsfähigkeit zu I-Fähigkeiten nicht besitzt – wie etwa Menschen mit schweren kognitiven Beeinträchtigungen –, wird diese Person von politischen Angeboten weiterhin nicht profitieren können, es sei denn sie bekommt eine Unterstützung, die die fehlende Grundfähigkeit und die daraufhin unterentwickelten internen Fähigkeiten kompensiert (Nussbaum 2010, 259). So sind viele der von Nussbaum aufgeführten Grundfähigkeiten nur eingeschränkt für Menschen mit schweren geistigen Beeinträchtigungen zu entwickeln bzw. die auf der Ebene von Schwellenwerten vorhandenen Fähigkeiten nicht nutzbar. Neben dieser doch recht kleinen Gruppe von Menschen mit schweren kognitiven Beeinträchtigungen wird der weitaus größere Teil der geistig, körperlich und psychisch Beeinträchtigten von einem solchen Gerechtigkeitsverständnis profitieren. Denn mithilfe einer derart konzipierten Bildungs- und Sozialpolitik können teilhabefördernde Umwelten geschaffen und Menschen mit Unterstützungs- und Assistenzprogrammen zur Teilhabe „befähigt werden" oder besser: dazu in die Lage versetzt werden zu entscheiden, ob, woran und in welchem Ausmaß sie teilhaben wollen.

Abschließend soll nicht unerwähnt bleiben, dass der Theorie Nussbaums eine problematische semantische und evtl. auch praktische Annahme innewohnt. Ein semantisches und damit auch moralisches Problem kann in der, allerdings abwägenden, Formulierung gesehen werden, dass das von ihr als Beispiel für eine schwere geistige Beeinträchtigung genannte Mädchen „Sesha einer ganz anderen Lebensform angehört" (Nussbaum 2010, 260). Etwas später bezieht sie auch andere Formen der geistigen Beeinträchtigungen ein, nämlich Anenzephalie oder Wachkoma, die aber aus medizinischer Sicht nicht vergleichbar sind. Schlussendlich kommt Nussbaum (2010, 261) zwar zum Ergebnis, dass Seshas Leben als menschliches Leben gesehen werden sollte und verteidigt die „Spezieszugehörigkeit" damit, dass diese von moralischer und politischer Bedeutung ist (Nussbaum 2010, 493), jedoch kann kritisiert werden, dass sie ihre begrüßenswerte Position, Menschen mit Beeinträchtigungen mehr soziale Gerechtigkeit widerfahren zu lassen, mit dieser Formulierung schwächt. Meines Erachtens zieht Nussbaum zudem die Grenzen der Gerechtigkeit für Menschen mit Beeinträchtigungen zu eng, was jedoch eher an ihrem fehlenden oder mangelhaften Wissen über die Ausprägung und Entwicklung von Fähigkeiten von Menschen mit Beeinträchtigungen liegt. Gleichwohl sind die von ihr dargestellten Beispiele dreier Menschen mit unterschiedlichen Beeinträchtigungen (Jamie, Sesha und Arthur) insofern instruktiv als sie die Grenzen der Gerechtigkeit verdeutlichen und zwar sowohl jene ihres eigenen als auch objektiven Verständnisses dieser Grenzen (Nussbaum 2010).

Übungen zu Kap. 2.4

9. Verständnisfrage: Weshalb kann man Soziale Arbeit als eine Menschenrechtsprofession bezeichnen?
10. Verständnisfrage: Wie versteht Nussbaum soziale Gerechtigkeit und wie kann diese ihrer Ansicht nach erreicht werden?
11. Diskussions-/Reflexionsfrage: Warum verspricht der Ansatz von Nussbaum für Menschen mit Beeinträchtigungen mehr Gerechtigkeit als der von Rawls?

2.5 Methodisches Handeln

Neben ethischen braucht die Soziale Arbeit auch methodische Grundlagen zur Ausübung ihrer professionellen Rolle. Daher werden in diesem Abschnitt allgemeine handlungstheoretische Begründungen skizziert und dafür plädiert, nur methodisch geleitetes Handeln als professionelles sozialarbeiterisch-sozialpädagogisches Handeln zu bezeichnen.

Soziale Arbeit als berufliches Handeln, im Sinne sozialprofessionellen, erlernten Handelns, besteht seit ca. 120 Jahren in Deutschland im

Anschluss an die frühe Tradition der Ausbildung verschiedenster fürsorglicher und pädagogischer Berufe (Kindergärtnerinnen durch F. Froebel, Heimbetreuern durch J. H. Wichern und der Fürsorgerinnen durch A. Salomon) und kann daher auf eine beachtliche Berufstradition zurückgreifen. Diese wurde allerdings durch den Nationalsozialismus ebenso wie durch die verschiedenen, z. T. gegensätzlichen methodischen Ausrichtungen der Nachkriegszeit in ihrer weiteren Entwicklung hin zu einer Profession erheblich verlangsamt. Ebenso war die disziplinäre, wissenschaftliche Entwicklung durch die unterschiedlichen Ausbildungsniveaus der universitären Sozialpädagogik und der zunächst auf höherem Fachschulniveau, dann seit den 1970er Jahren auf Fachhochschulniveau stattfindenden Ausbildung von SozialarbeiterInnen und SozialpädagogInnen in ihrer vollen Entfaltung behindert. Erst die seit Mitte der 1990er Jahre erfolgenden Bemühungen um die Etablierung und Entwicklung einer Sozialarbeitswissenschaft haben zu einer immer klareren Konturierung eines Professionalisierungs- und Verwissenschaftlichungsprozesses beigetragen, sodass heute durchaus von der Sozialen Arbeit als einer Wissenschaft und von SozialarbeiterInnen und SozialpädagogInnen als wissenschaftlich ausgebildeten PraktikerInnen (Lüders 1989) gesprochen werden kann.

Heute kann man folgende Formaldefinitionen Sozialer Arbeit vornehmen, wobei die jeweiligen inhaltlichen Gegenstands- und Funktionsdefinitionen je nach Theorie (Kap. 4.2) variieren:

- Soziale Arbeit ist als Profession die wissenschaftlich gesicherte, methodisch geleitete, ethisch sensible und damit professionelle Praxis des / der [...Gegenstands- und Funktionsdefinition]
- Soziale Arbeit ist als Wissenschaft die Lehre und Erforschung der historischen, theoretischen, methodischen und ethischen Grundlagen der / des [...Gegenstands- und Funktionsdefinition]

Zudem ist seit den 1990er Jahren der durch neue Steuerungsmodelle, Ökonomisierung und neue Fachlichkeit ausgelöste Druck auf die Soziale Arbeit, ihre Wirkung (Effizienz, Effektivität) und Handlungsweise (Konzepte, Methoden) unter Beweis zu stellen (Sommerfeld / Hüttemann 2007; Albus et al. 2011; Borrmann / Thiessen 2016), zwar ebenfalls in Richtung einer Professionalisierung wirksam, jedoch auf seine tatsächlich förderlichen Aspekte weiterhin kritisch zu betrachten.

Der von einzelnen Vertretern verfolgten These, Soziale Arbeit sei nicht in der Lage, eine eigenständige Profession zu werden (Schütze 1992;

Bommes/Scherr 2000; Baecker 2000), sondern allerhöchstens fähig, professionell zu handeln, sei hier weiter keine Aufmerksamkeit geschenkt (zur Gegenthese siehe Merten 2000; Staub-Bernasconi 2007).

Grundsätzlich ist der von Heiner (2004a, 15 f.; 2010, 160 ff.) eingeführten Unterscheidung strukturbezogener und kompetenzbezogener Modelle zu folgen, da diese die Professionalisierung unabhängig von den klassischen Merkmalen alter Professionen charakterisiert. Klassische Merkmale wie abgegrenzte Kompetenzdomäne, weitgehende Autonomie und autonome Entscheidungsräume sind zwar noch nicht oder nur in Teilen umgesetzt, jedoch sind auch bereits die strukturbezogenen Professionsmerkmale für die Soziale Arbeit zu verzeichnen: akademische Ausbildung, Betreuung mit Aufgaben grundlegender Bedeutung, kodifizierter beruflicher Ethos und spezielle Expertise.

Als Teil dieser speziellen Expertise kann das methodische Handeln gelten. Es soll deshalb an dieser Stelle in seinen Grundzügen erläutert werden. Die einzelnen methodischen Konzepte einer professionellen Sozialen Arbeit werden später in Kapitel 4.3 bezogen auf das Handlungsfeld der Behindertenhilfe erläutert. Hier sind lediglich einige methodologische bzw. handlungstheoretische Erörterungen im Nachvollzug der aktuellen Literatur angebracht.

Als Grundlage ihrer Handlungstheorie stellt Staub-Bernasconi das systemtheoretische Paradigma der Sozialen Arbeit theoretisch begründet dar und leitet daraus konkrete Handlungspfade im Sinne eines „transformativen Dreischritts" (Staub-Bernasconi 2007, 252 ff.) ab (Kap. 4.2.2).

Von Spiegel versteht methodisches Handeln etwas anders:

> „Methodisches Handeln bedeutet in diesem Sinne, die spezifischen Aufgaben und Probleme der Sozialen Arbeit situativ und eklektisch wie auch strukturiert und kriteriengeleitet zu bearbeiten, wobei man sich an Charakteristika des beruflichen Handlungsfeldes sowie an der wissenschaftlichen Arbeitsweise orientieren sollte" (von Spiegel 2013, 104).

Von Spiegel beschreibt hier ein allgemeines Methodenkonzept der Sozialen Arbeit, welches sich explizit als Rahmenmodell versteht, dabei weniger konkrete Methoden, als vielmehr Analyse- und Planungs-Raster zur Verfügung stellt. Dieses folgt einer von ihr beschriebenen Abfolge von Handlungen, die jedes methodische Handeln (an-) leiten: Analyse der Rahmenbedingungen, Situations- und Problemanalyse, Zielentwicklung, Planung und Evaluation. Sie werden ergänzt durch „Planungstypen“ (Situationsgestaltung, Hilfeplanung, Konzeptionsentwicklung, Projektplanung und Selbstevaluation) (von Spiegel 2013, 105 f.) und können mit einem Werkzeugkasten kombiniert werden (von Spiegel 2013, 139 ff.).

Heiner (2004a) entwickelte auf der Basis einer empirischen Untersuchung bei Fachkräften aus diversen Praxisfeldern der Sozialen Arbeit ein handlungstheoretisches Modell mit den Merkmalen: Auftrag, Handlungstypus, Tätigkeitsfeld, Aufgabenspektrum und Interventionsformen.

Sie beschreibt den Auftrag der Sozialen Arbeit darin, „zwischen Individuum und Gesellschaft, System und Lebenswelt zu vermitteln“, wobei die intermediäre Funktion der Sozialen Arbeit sich im Handeln innerhalb eines Spannungsgefüges von „gesellschaftlichen Anforderungen und individuellen Bedürfnissen bzw. Fähigkeiten“ zeigt und die besondere Kompetenz im „Austarieren von Selbstbestimmung und Fremdbestimmung, Hilfe und Kontrolle, Disziplinierung und Akzeptanz, Hilfegewährung und Hilfeverweigerung“ besteht (Heiner 2004a, 155). Als Handlungstypus finden wir bei ihr die „Verschränkung von strategischem und verständigungsorientiertem Handeln“, dieser Handlungstypus findet Anwendung in den verschiedensten Handlungsfeldern.

Interessant ist, dass Heiner (2004a, 157) dabei nicht die typische Doppelmandatierung benennt, sondern eine „trifokale“ Perspektive vorschlägt: Soziale Arbeit ist „(1) die fallbezogene Unterstützung der Klienten zur Optimierung ihrer Lebensweise, (2) die fallbezogene Veränderung ihrer Lebensbedingungen und (3) die fallunabhängige und fallübergreifende Optimierung der sozialen Infrastruktur“. Sie entwirft damit ein Modell, welches die sozialpolitische Nachrangigkeit des Berufes, also seine Stellung als Zweitsicherung, dadurch kompensiert, dass neben der fallabhängigen auf das Verhalten der Individuen einwirkenden Kraft gleichzeitig ein die Verhältnisse, in denen die Individuen leben, veränderndes Potenzial gesehen wird.

Schließlich sei der Vollständigkeit halber mit Geißler/Hege (2001, 24) darauf hingewiesen, dass Methoden ein „konstitutiver Teilaspekt von Konzepten“ sind und Verfahren (oder Techniken) wiederum „Einzelelemente von Methoden“). Zum Konzept eines sozialraumorientierten Handelns in der Behindertenhilfe gehört beispielsweise die Methode der Sozialraumanalyse und zu dieser wiederum beispielsweise die Sozialraumbegehung als Technik (Kap. 4.3.8).

Übungen zu Kap. 2.5

12. Verständnisfrage: Wie definiert von Spiegel „methodisches Handeln“?
13. Diskussions-/Reflexionsfrage: Warum ist das methodische Handeln konstitutiv für die Soziale Arbeit als Profession?

3 Grundlagen der Behindertenhilfe

3.1 Diskurs um Behinderung

Eine gründliche Beschäftigung mit dem Begriff „Behinderung" muss vor der Darstellung weiterer Grundlagen erfolgen, da die unterschiedlichen Definitionen Einfluss nehmen auf das Verständnis und die Unterstützungsformen. Dazu werden sozialanthropologische Grundlagen, der Diskurs um Behinderung sowie die internationale und die sozialrechtliche Definition dargestellt und erörtert.

Bevor über die Behindertenhilfe als Anwendungsbezug einer Sozialen Arbeit mit Menschen mit Beeinträchtigungen gesprochen werden kann, muss man sich zunächst einer begrifflichen Bestimmung von „Behinderung" zuwenden. Einige diesbezügliche definitorische Klärungen sind zwar schon in der Einleitung angesprochen worden, sie sollen hier jedoch für ein besseres Verständnis vertiefend dargestellt werden.

„Behinderung" kann meines Erachtens nur auf einer phänomenalen Ebenen betrachtet werden, weshalb im gesamten Buch von „Behinderung" nur in einer diesen Begriff relativierenden Schreibweise mit An- und Ausführungszeichen geschrieben wird. Je nachdem, aus welcher Perspektive man es betrachtet, tauchen andere Facetten auf. Gleichzeitig soll es das Ziel dieses Kapitels sein, ein brauchbares Verständnis zu erarbeiten.

So bezeichnet man unter Laien, im Alltag vor allem jene Menschen als „behindert", deren Beeinträchtigung sichtbar ist, so z. B. Menschen mit Beeinträchtigungen der Sinne und des Körpers und z. T. auch Menschen mit einer geistigen Beeinträchtigung. Prototypisch für diese Facette ist immer noch derjenige, der auf die Benutzung eines Rollstuhls angewiesen ist. Nicht sichtbare Beeinträchtigungen gehören jedoch ebenso dazu, weshalb eine wissenschaftliche Definition von „Behinderung" und Beeinträchtigung sich nicht an äußeren oder sichtbaren Merkmalen alleine festmachen lässt (Cloerkes / Neubert 2001).

Auch die Festlegung von „Behinderung" als rein individuelles Merkmal greift zu kurz. So zeigte die Aktion Mensch in einer Öffentlichkeitskampagne Ende der 1990er Jahre deutlich, was gleichfalls zu einem Behinderungsverständnis gehört, indem sie auf Plakaten schrieb: „Behindert ist man nicht, behindert wird man." Mit dieser Feststellung sollte darauf hingewiesen werden, dass eine „Behinderung" nicht nur (oder vielleicht überhaupt nicht) ein Merkmal von Personen, sondern vielmehr den Umständen geschuldet ist, in denen Menschen an der Ausführung bestimmter Tätigkeiten gehindert werden. In diesem Sinne bezeichnet Behinderung das Ausmaß der gesellschaftlichen (Nicht-) Teilhabe.

In diesem Kapitel sollen deshalb zunächst einige sozialanthropologische Hinweise erfolgen, die notwendig sind, um die Existenzdimension von „Behinderung" zu verdeutlichen, da diese als „Beeinträchtigung" stets präsent ist. Die Dauerhaftigkeit dieser Beeinträchtigung stellt aber nur notwendige, nicht hinreichende Merkmal dar, da für die Definition von Behinderung als Nicht-Teilhabe eben auch die kontextfaktoren (ICF) hinzukommen. „Behinderung" als Beeinträchtigung bestimmt zwar das Wesen des Menschen, es determiniert ihn jedoch nicht, denn hinzukommen müssen spezifische, negative Umwelteinflüsse.

Des Weiteren soll die Entwicklung des Behinderungsbegriffs nachgezeichnet werden, um schließlich im letzten Abschnitt auf die derzeitige Definition von Behinderung (als Teilhabeeinschränkung) durch die Weltgesundheitsorganisation und im sozialrechtlichen Sinne zu sprechen zu kommen.

3.1.1 Sozialanthropologie der Behinderung

Die Anthropologie ist die Wissenschaft von der biologischen, aber auch philosophischen Beschäftigung mit dem Mensch-Sein und dem Mensch-Werden. Anthropologische Erkenntnisse schlagen sich – neben religiös oder ethisch fundierten Ansätzen – dabei immer in Menschenbildern nieder, die damit auch handlungsleitend sind. Aus diesem Grund ist der Blick auf eine „Anthropologie der Behinderung" von großer Bedeutung (vgl. hierzu kritisch Jakobs 1997). Mit Dederich (2006, 547) ist somit davon auszugehen, dass

„das Bild vom Menschen [...] Einfluss darauf [hat], wie konkrete Individuen wahrgenommen und in ihrem Lernen, in ihren Fähigkeiten, in ihren Problemen, in ihrem Sozialverhalten usw. beurteilt werden, welche Entwicklungs- und Bildungschancen man ihnen einräumt, wie man den Unterricht, die Förderung, Therapie oder Begleitung sowie die Beziehung zu ihnen gestaltet, welche Rechte man ihnen einräumt oder welche sozialen oder ethischen Pflichten ihnen gegenüber geltend gemacht werden".

Es ist allerdings so, dass sich Menschenbilder und gesellschaftliche Handlungsweisen wechselseitig bedingen, sodass es „das Menschenbild in unseren Köpfen [...] ist, das die gesellschaftliche Praxis hervorbringt, die ihrerseits wiederum das Menschenbild konstituiert wie modifiziert“ (Feuser 1996, zitiert nach Dederich 2006, 548).

In der philosophischen Anthropologie kommt dem Bewusstsein eine besondere Stellung zu, insofern es die menschliche Sonderrolle in der Natur bestimmt. Als Grundlage des Bewusstseins erscheint uns unser Vermögen zu denken. Dies stimmt nur z. T., da ein Bewusstsein von etwas von einem Bewusstsein an sich unterschieden werden muss, also ein denkendes Etwas (Gehirn) als biologisches System vorhanden sein muss und zwar als materieller Ort und Generator eines Denkprozesses, der wiederum (über) „das Gehirn“ (nach-)denken kann. Die Vernunftphilosophie sieht den Menschen als „animale rationale“ (Aristoteles, Kant). Vernunft ist jedoch ebenfalls etwas anderes als Verstand bzw. Verstandesleistung, deren Funktion der Intelligenzmessung zugrunde gelegt und dann bei Menschen mit einer geistigen Beeinträchtigung auch als Abweichung von einem Normalzustand ausgelegt wird. Anders sieht es die Leibphänomenologie, die Menschsein vor allem durch „einen menschlichen Körper habend“ bestimmt (Stinkes 2004). Schließlich kann naturphilosophisch auch bestimmend sein, das „Kind menschlicher Eltern zu sein“.

Anthropologisch wäre es nach Hahn (1999, 19) auch möglich, die „Selbstbestimmung als Wesensmerkmal des Menschseins“ zu definieren. Denn neben der Kant'schen Urteilskraft, also einer Verstandesleistung, kann auch das sozial-aktionale Streben nach Selbstbestimmung als ein solches Merkmal des Menschseins bzw. der Vernunft verstanden werden. Weil der Mensch zwar biologisch gesehen im Vergleich zu Tieren ein Mängelwesen ist, auf der anderen Seite dadurch jedoch offen und variabel, kann im Anschluss an die Anthropologie davon ausgegangen werden, dass er ein starkes Bedürfnis nach Erreichung von Wohlbefinden mittels sozialer Interaktion aber auch eigener Leistung hat und dass diese Außen- und Mitweltperspektive dem Ich „als Fluchtpunkt der eigenen Innerlichkeit“ (Plessner 1982, 12) dient. Wenn man noch die Bedürftigkeit von Menschen konstatiert und sie als ein weiteres

Merkmal annimmt, welches Menschen zwar nicht von Tieren unterscheidet, jedoch bei ihnen zu einer gleichermaßen starken Verbundenheit untereinander führt, so erhält man ein vollständigeres Bild vom Menschen, gleich ob mit oder ohne Beeinträchtigung (Moosecker 2004).

Gleichwohl ist die für die praktische Philosophie und die Gerechtigkeitstheorie nicht unerhebliche Frage der Personalität zu bedenken, da mit der Möglichkeit des rationalen Urteilens der Beginn und das Ende des moralischen wie gerechtigkeitstheoretischen Diskurses gegeben ist (Kap. 3.2)

Zudem stehen Selbstständigkeit und Selbstbestimmung bei Menschen mit Beeinträchtigungen in einem vermittelten Zusammenhang. Dort, wo sie nicht qua Selbsthilfekraft des Einzelnen zusammenfallen, findet diese Vermittlung aus professioneller Sicht u. a. in der Rolle des Helfers bzw. Assistenten ihre Entsprechung. Wie bei allen Menschen muss dabei Selbstbestimmung ermöglicht und gleichzeitig dazu befähigt werden. Für Menschen mit Beeinträchtigung heißt dies, dass „andere Menschen da sein müssen, die in der Assistentenrolle Selbstbestimmung trotz Abhängigkeit bei der Bedürfnisbefriedigung ermöglichen“ (Hahn 1999, 23).

Zusätzlich sollte man mit Thimm (1997) festhalten, dass sich Selbstbestimmung nicht ohne Fremdbestimmung verstehen lässt, also in conclusio immer nur eine relative Selbstbestimmung ist.

Für die Suche nach der Bestimmung des Wesenstypus „Behinderung“ bzw. „Mensch mit Behinderungen“ ergeben sich in der Folge einer anthropologischen Theorie daher folgende ethische Fragen (Dederich 2006, 546):

- Was für ein Bild vom Menschen, von Geburt, Alter, Krankheit und Tod, von Gesundheit, Krankheit und Beeinträchtigung, Leiden, Glück und Lebensqualität machen wir uns?
- Welches Maß an Gesundheit, Krankheit oder Beeinträchtigung sowie Leiden wird als normal und erträglich anerkannt?
- Was ist das Antlitz des Menschen, das es verbietet, anderen ihren „Lebenswert“ abzusprechen?
- Wenn Bewusstsein bzw. Urteilskraft zur Wesensart des Menschen gehört, wie können wir Behinderung verstehen, wenn diese Urteilskraft nicht entwickelt wurde?
- Welche solidarischen Hilfen können Menschen erwarten, die als behindert gelten?

Eine zu stark biologisch ausgerichtete Sichtweise neigt dazu, den menschlichen Wert an der körperlichen und geistigen Funktionsfähigkeit und dem möglichst nah an der „Normalität“ gelegenen Maß an Abweichungen zu bemessen. Die damit einhergehende Gefahr eines „Zugriffs“ auf das menschliche Dasein ist offensichtlich und zeigt sich in einer biotechnologischen Instrumentalität, die z. B. über pränatale Diagnostik oder humanbiologische Veränderung des Erbgutes an einer möglichst fehlerfreien „Maschine Mensch“ arbeitet.

3.1.2 Entwicklung des Behinderungsbegriffs

Der Begriff „Behinderung“ unterliegt einem ständigen Wandel entlang gesellschaftlicher und wissenschaftlicher Diskurse. Darin lassen sich jeweils auch Paradigmen finden, die die weitere wissenschaftliche Auseinandersetzung geprägt haben. Zum Teil haben sich diese Paradigmen in ihrer Wirkung abgelöst, z. T. sind sie nach wie vor definitorisch wirksam oder werden in einem integrativen Sinne nicht mehr voneinander getrennt (Hensle / Vernooij 2002, 23 f.).

Ich möchte in weitgehender Übereinstimmung mit der Literatur (z. B. Bleidick 1999, 25 ff.; Degener / Diehl 2015; Felder 2016, 74; Kastl 2017, 47 ff.), davon aber auch teilweise abweichend, vier solcher Paradigmen voneinander unterscheiden, nämlich zum einen ein medizinisches, zum anderen ein soziologisches (interaktionales), ein systemtheoretisches und schließlich ein kritisches Paradigma.

Das medizinische Paradigma

Das medizinische Paradigma geht mehr oder minder davon aus, dass sich eine von der Norm abweichende körperliche, psychische oder geistige Verfassung diagnostizieren lässt, die es einem ermöglicht, Grade oder die Schwere der „Behinderung“ (wie oben gezeigt, sollte auch hier eher von Beeinträchtigung die Rede sein, aufgrund der immer noch vorzufindenden Fachtermini der Sonderpädagogik und Medizin sei darauf an dieser Stelle jedoch verzichtet) festzulegen oder auch die Frage diagnostisch zu klären, ob jemand noch als lern- oder schon als geistig „beeinträchtigt“ zu gelten hat. Ebenso lassen sich auch im Bereich von Körper- und Sinnesbeeinträchtigungen dem medizinischen Paradigma folgend Normabweichungen identifizieren und ggf. auch therapeutische Maßnahmen zu deren Behebung bzw. Korrektur finden. Dabei wird „Behinderung“ ausschließlich als eine individuelle Kategorie – als dem Einzelnen zugehörig– beschrieben und als Defekt oder krankhafte Abweichung festgestellt.

Ein Merkmal dieser Abweichung ist bei der geistigen Beeinträchtigung die kognitive Einschränkung, die im Intelligenzquotienten abgebildet werden soll. Wie Speck provokant bemerkt, geht dabei der Intelligenzbegriff nur so weit, als dass Intelligenz nichts anderes sei als das, was Intelligenztests messen würden (Speck 2008, 204). Die daraus resultierende Einteilung bzw. Klassifikation sieht gemäß ICD-10 (F7 – geistige Behinderung) vier Schweregrade vor:

- leichte geistige Behinderung (IQ 50/55–70),
- mäßige geistige Behinderung (IQ 35/40–50/55),
- schwere geistige Behinderung (IQ 15/20–35/40),
- schwerste geistige Behinderung (IQ < 15/20).

Speck (2008, 189 ff.) stellt die nach statistischen Normen aufgestellte Definition mit der Feststellung in Frage, dass sie auf einer Normalverteilungskurve beruhe, deren einzige Funktion darin besteht, die Wirklichkeit in normal und unnormal zu ordnen. Grundsätzlich ist darüber hinaus der Argumentation von Kulig et al. (2006, 117) recht zu geben, wenn sie den herkömmlichen Intelligenztests die Fähigkeit absprechen, Intelligenz(-minderung) überhaupt zu messen. Diese instrumentelle Kritik ist jedoch nur ein Teil einer möglichen Argumentation. Der andere geht in die Richtung, dass die Feststellung einer Intelligenzminderung selbst ja zu einer Feststellung wird, die aus soziologischer Sicht zu Problemen führt. Bevor wir diesem Argument innerhalb der Betrachtung des soziologischen Paradigmas nachgehen, noch ein Hinweis auf die erweiterte medizinische Definition von geistiger Behinderung. So wurden durch die American Association of Mental Retardation dem Intelligenzquotienten die „sozialen Anpassungsleistungen“ beiseitegestellt und damit geistige bzw. Lernbeeinträchtigung als zusätzlich über die kognitiven Leistungen hinausreichende Einschränkung desadaptiven Verhaltens bezeichnet: „Intellectual disability is a disability characterized by significant limitations in both intellectual functioning and in adaptive behavior, which covers many everyday social and practical skills“ (AAIDD 2013, zitiert nach Musenberg 2016, 216). Zudem solle die Umwelt und deren Reaktionen miteinbezogen werden (AAIDD 2016). So sollte sich auch die gemessene Intelligenz gerade durch den

„Anwendungsbezug" auf durch das Leben gestellte Anforderungen und die Umgebung auszeichnen. Für moralische Überlegungen stellt die Intelligenz, in der einfachen oder erweiterten Form, ohnehin keinen Wert dar, das heißt aus ihr könne keine Minderwertigkeit gefolgert werden. Man müsse sich, so Wikler (2010), nur einmal vorstellen, was passieren würde, wenn sich die derzeit als „normalintelligent" eingestuften Personen in ferner Zukunft mit einer Umwelt und mit Maschinen konfrontiert sähen, die sie nicht verstünden oder wenn Außerirdische mit weitaus höherer kognitiver Intelligenz die „Normalintelligenten" unterwerfen würden.

Zudem geht Oliver darüber hinaus, wenn er grundsätzlich eine Norm als Maßstab der Rehabilitation ansetzt: „The aim of the research should not be to make the legless normal, whatever that may mean, but to create a social environment where to be legless is irrelevant" (Oliver 1996, 97, zitiert nach Kastl 2017, 50; zur Kritik an Oliver siehe Shakespeare 2006).

Das soziologische Paradigma

Das soziologische Paradigma wurde wesentlich durch den symbolischen Interaktionismus von G. H. Mead u. a. und darin insbesondere durch die Arbeiten von E. Goffman geprägt, der den Begriff des Stigmas in die Diskussion einführte (Goffman 1992).

Ein gutes Beispiel für die Entstehung eines solchen Labels bzw. Stigmas gibt Bleidick (1999, 20), wenn er die Konstruktion einer „Lernbehinderung" beschreibt: Es fängt damit an, dass eine Person A, z. B. eine Lehrerin, bei einer Person B, z. B. einem Schüler, etwas beobachtet, was sie vielleicht so bezeichnet: „B. behält Lerninhalte nicht oder schlecht." In einer weiteren Phase setzt sie diese Beobachtung in Relation zu anderen Beobachtungen ihrerseits, wie z. B. dem Tempo der übrigen Klasse, in der B. ein Schüler ist. Aus dem Erstgenannten könnte dann werden: „B. lernt langsam." Schon gewinnt also die Beobachtung den Charakter einer Normabweichung, nämlich z. B. vom durch Lehrplan und die anderen Schüler suggerierten Standard oder auch einer Norm. Folgerichtig wird aus dem langsamen Lernen eine individuelle Schwäche desjenigen, der anders ist. B. wird somit als „lernschwach" bezeichnet und damit in gewisser Weise attribuiert. Letzte Station dieses Prozesses ist dann, das Attribut „lernschwach" in eine Wesenseigenschaft umzuwandeln, z. B. „B. hat eine Lernbehinderung."

Dieser Etikettierungsprozess, der quasi systemimmanent abläuft, ohne eine bewusste Entscheidung der Handelnden, jemanden als lernbeeinträchtigt zu klassifizieren, führt dann in einem zweiten Schritt zu einer „Behindertenrolle“, d.h. der Übernahme von Rollenerwartungen an „Behinderte“. Wir können für unser Thema den Begriff „Ausgrenzungskorridor“ nutzen, der im o.g. Fall wie folgt aussehen könnte: Jemand erhält ein Label mit der Bezeichnung „Lernbehinderung“. Dies hat in den allermeisten Fällen in Deutschland zur Folge, dass der- oder diejenige sich mit hoher Wahrscheinlichkeit in einer „Förderschule“ wiederfindet. Diese Sonderbeschulung führt häufig nach Ende der Schulpflicht nicht in den allgemeinen Arbeitsmarkt, z.B. über eine Ausbildung, sondern in Werkstätten für behinderte Menschen oder in die Arbeitslosigkeit. Beide Varianten verstärken ein gewisses Risiko, sozialen Rückzug bzw. Ausgrenzung entstehen zu lassen, und dies führt schließlich zu sozialer Isolation (Cloerkes 2007, 160 f.). Interessant ist darüber hinaus, dass sich gerade das Etikett „Lernbehinderung“ in nachschulischen Lebensphasen verflüchtigt, da es eine schulspezifische Zuschreibung darstellt.

Das systemtheoretisch-konstruktivistische Paradigma

Aus systemtheoretischer Sicht kann die Etikettierung als eine Orientierung der Gesellschaft über Normabweichungen verstanden werden, d.h., die Funktion des Behinderungsbegriffes besteht hier vor allem in der Komplexitätsreduktion, mit der die Bandbreite menschlichen Daseins, Aussehens, Wesens und Handelns auf eine Formel reduziert wird, die Orientierung schafft. Das Paradigma bildet eine wesentliche Grundlage der disability studies. Wie Waldschmidt richtigerweise festhält, tritt hier ein nicht unwesentlicher Unterschied zwischen Normalität als einer quantitativen Verteilung von Normabweichungen in der Gesellschaft und Normativität als deren gesellschaftliche Bewertung zutage (Waldschmidt 2003a, 83 ff.). Auf die Spitze getrieben stellt diese Art von Orientierung häufig genug eine selbsterfüllende Prophezeiung dar, wenn etwa gerade dann viele Fälle von Legasthenie „auftauchten“, sobald das Label „Legasthenie“ bestand und es hierzu spezielle Förderprogramme gab.

Diese Komplexitätsreduktion, die typisch für moderne Gesellschaften bzw. für deren Funktionalisierung ist, bezieht sich dabei nicht nur auf die diagnostizierten Phänomene der Behinderung selbst, sondern als funktionelle Differenzierung kann sie auch in der Entwicklung der heutigen Berufe, z.B. der Heilpädagogik als ursprünglich zwischen Medizin und Pädagogik entstanden, verdeutlicht werden.

Im sozialstaatlichen Sinne hat diese Orientierung der Gesellschaft an den Begriffen „normal"/„unnormal" durchaus eine brauchbare Funktion, da erst das „Label Behinderung" eine Ordnungszuweisung zu medizinischer, sozialer und beruflicher Rehabilitation (innerhalb des SGB IX) ermöglicht. Damit erhält die Etikettierung eine Funktion als positive Diskriminierung (wörtlich: Unterscheidung, kategoriale Trennung), d.h., sie wird zum Türöffner für sozialstaatliche Leistungen (Bleidick 1999, 87). Katzenbach (2015) warnt zudem vor einer allzu leichtfertigen Kritik an Kategorisierungen und zeigt die negativen Konsequenzen von Dekategorisierungen im Zuge der Inklusionsdebatte auf.

Radikalkonstruktivistisch kann die Etikettierungsthese sogar auf die Spitze getrieben werden, wie es uns Feuser (1996, 19) verdeutlicht:

> „Geistig Behinderte gibt es nicht! […]Es gibt Menschen, die wir aufgrund unserer Wahrnehmung ihrer menschlichen Tätigkeit, im Spiegel der Normen, in dem wir sie sehen, einem Personenkreis zuordnen, den wir als ‚geistig behindert' bezeichnen. Geistige Behinderung kennzeichnet für mich einen phänomenologisch-klassifikatorischen Prozess […]".

In ähnlicher Weise versteht Osbahr (2000, 59) die Bezeichnung „Behinderung" mehr als eine Aussage über uns selbst, also „unsere Sache, für die es in der (in unserer) Außenwelt keine Entsprechung gibt, denn eine Behinderung entsteht – wie alle Bezeichnungen – erst durch die von uns getroffenen Beobachtungen und Unterscheidungen".

Den erkenntnistheoretischen Hintergrund anerkennend, ihn jedoch um eine moralische Sichtweise erweiternd, weist Dederich (2001) richtigerweise darauf hin, dass der Konstruktivismus vor allem eine normativ-moralische Funktion aufweist, indem durch die Relativität der Zuschreibungen ein „moralischer Schutz und eine menschliche und gesellschaftliche Anerkennung" erreicht werden sollen. Mit anderen Worten: Wenn die Gesellschaft schon dafür sorgt, dass es solche begrifflichen Wirklichkeiten wie „Behinderte" und „Nichtbehinderte" gibt, dann muss sie auch dafür sorgen, dass beiden gleichermaßen Möglichkeiten und Normalität zuteilwerden können. Eine solche Sichtweise führt jedoch zu einer Paradoxie, wenn von einer „Behinderung als Kategorie" konstruierenden Gesellschaft die moralische Handlung des Schutzes der Kategorie verlangt wird, ohne dass diese Kategorie als wirklich angesehen werden soll. Dies hieße dann nämlich, dass dieser

Konstruktion Behinderung eine auf dieser Konstruktion beruhende Moral folgt. Gleichzeitig zeigt der Konstruktivismus seine Schwäche dadurch, dass er keine objektiven Moralvorstellungen über den Umgang mit Menschen (mit Beeinträchtigung) ermöglicht, da ja auch diese nur Konstruktionen seien. Und diese Konstruktionen des Umgangs könnten so, aber auch so erfolgen, könnten Schutz, aber auch Gefährdung der Betroffenen bewirken (Dederich 2001, 88 ff.).

Hilfreich ist am konstruktivistischen Denken sicherlich die Möglichkeit der Dekonstruktion von Begriffen, um sie einer fundierten Diskussion und damit einer Verständigung über den Diskussionsgegenstand zuzuführen. Die Selbsthilfebewegung hat diese Variante der Dekonstruktion sogar paradox genutzt, indem z. B. in den 1970er Jahren die „Krüppelbewegung" oder in den 1980er Jahren die „Irrenoffensive" gerade mit der aggressiven und provokativen Nutzung der Begriffe „Krüppel" und „Irrer" auf die Etikettierungsthese hingewiesen haben. Das Paradoxe an dieser Übernahme der Begriffe ist und war allerdings, dass „Behinderung" als soziale Zuschreibung zwar komplett abgewiesen, jedoch gleichzeitig durch die Übernahme der o.g. Begriffe eine Dekonstruktion der Begriffe intendiert war. Diese musste allerdings später wieder revidiert werden, da sie zu einer teilweisen sehr oberflächlichen Rezeption und damit verbundenen Reaktionen führte, die Begriffe im ursprünglich stigmatisierenden Sinne weiter zu verwenden.

Konstruktivistisches Denken führt jedoch auch auf andere Weise an Grenzen: Die Etikettierungstheorie hat u. a. immer wieder zu Versuchen geführt, andere Begriffe in der Bezeichnung von Menschen mit Beeinträchtigungen zu finden. Mit Lindmeier (2004, 5) gehe ich allerdings davon aus, dass man auf die allenfalls politisch korrekte Benennung (Menschen mit Behinderungen) verzichten und besser von behinderten Menschen sprechen sollte, da das Adjektiv ‚behindert' zum Ausdruck bringt, dass „Behinderung" nicht als Personenmerkmal (‚behindert sein') oder Anhängsel (Mensch mit Behinderung), sondern mehr als Vorgang zu verstehen ist, den das soziale Umfeld bewirkt (‚behindert werden').

So kommt Bleidick (1999, 80) bezogen auf die Frage nach einer sonderpädagogischen Diagnostik, und damit nach dem Anfang der Etikettierung, auch zu dem ernüchternden Ergebnis, dass es keinen Ausweg aus dem Dilemma gibt, die „richtigen" Bezeichnungen zu finden, da u. a. die „bedingungslose Dekategorisierung [...] an der Macht des Faktischen [scheitert]." Allerdings gilt gleichermaßen, dass Sprache natürlich Auswirkungen auf Handeln hat und in diesem Sinne auch Handeln bzw. Einstellungen determinieren kann. So stellt die Assoziation einer Bedeutung einem gebrauchten Begriff gegenüber eine starke motivationale und handlungsbezogene Verbindung dar, und mit veränderten Begriffen ändern sich diese Bedeutungen.

Das kritische Paradigma

Eine eher ontologisch-normative Sichtweise verdanken wir Jantzen, der den dialektischen Materialismus dazu nutzt, eine ganz andere Behinderungsdefinition zu formulieren. Jantzen (1987, 18) sieht „Behinderung [...] nicht als naturwüchsiges Phänomen", denn sie

> „wird sichtbar und damit als Behinderung erst existent, wenn Merkmale und Merkmalskomplexe eines Individuums aufgrund sozialer Interaktion und Kommunikation in Beziehung gesetzt werden zu gesellschaftlichen Minimalvorstellungen über individuelle und soziale Fähigkeiten, indem festgestellt wird, daß ein Individuum aufgrund seiner Merkmalsausprägungen diesen Vorstellungen nicht entspricht, wird Behinderung offensichtlich, sie existiert als sozialer Gegenstand erst von diesem Augenblick an".

Durch spezifische Mechanismen werden Menschen, die diesen Normen nicht entsprechen, segregiert, selektiert und parzelliert und damit in vieler Form isoliert.

In einer sehr starken Weise sind von Jantzen (1985, 335) in dieser Hinsicht Bestimmungsmerkmale der Situation von Menschen mit Behinderungen formuliert worden:

> „(1) Arbeitskräfte minderer Güte unter den Bedingungen des Verkaufs der Arbeitskraft auf dem Markt; (2) reduzierte Geschäftsfähigkeit aus der Notwendigkeit, den Verkauf der Arbeitskraft und ihre Reproduktion unter durchschnittlichen Lebensbedingungen selbst zu organisieren; (3) Ästhetik des Häßlichen unter den Bedingungen einer durch Gebrauchswertversprechen in der Massenwerbung in den Dimensionen jung, schön, attraktiv, leistungsfähig formierten Warenwelt; (4) subjektiv bzw. objektiv reduzierte Ausbeutungsbereitschaft (im ökonomischen Sinne der Mehrwertproduktion verstanden) unter der Perspektive der klassenspezifischen staatlichen Regulation der kapitalistischen Produktion (besonders deutlich im Psychopathiebegriff in enger Verbindung mit der strafrechtlichen Schuldfähigkeit); (5) Minderwertigkeit im Sinne weiter existierender ideologischer Momente aus vorangegangenen klassenteiligen Gesellschaftsformationen; (6) reduzierte soziale Konsumfähigkeit unter Gesichtspunkten der Konsumtionssphäre

(z. B. Café-Besuch von Spastikern), wobei diese Dimensionen sich vereinen in dem (7) sozialen Ausschluss. Dieser trifft über die Stufen Ausschluss von der Lohnarbeit (Hausfrauen), von der Arbeit (Arbeitslosigkeit) und schließlich Ausschluss von Zirkulation und Konsumtion und Einschluss in totale Institutionen behinderte Menschen in besonderer Weise."

Auf die vor allem aus einer historischen Perspektive deutlich werdende Signifikanz zwischen Produktionsprozess und Behinderungsverständnis hat zudem Dörner (1994a) hingewiesen, wenn er die Entwicklung der industriellen Gesellschaft als Maßstab nimmt für den Umgang mit Menschen mit Beeinträchtigungen. Die zunehmende Entsolidarisierung durch den Wandel der Familie, des Haushaltes, des Arbeitsplatzes hat zu einer Lösung der sozialen Verbindungen zwischen den „allein übrig gebliebenen Leistungsschwachen und Störenden" (Dörner 1994a, 386) und den „leistungsstarken" Mitgliedern der Gesellschaft geführt, die dann im Nationalsozialismus zur Tötung von „minderwertigen", weil für den Produktionsprozess nicht brauchbaren, Personen geführt hat.

3.1.3 Das biopsychosoziale Modell der ICF

Um dem in Kapitel 3.1.2 durch die verschiedenen Paradigmen verdeutlichten Spannungsfeld zwischen einerseits individuellen Schädigungen (medizinisches Paradigma), interaktionistischen Zuschreibungen (systemtheoretisch-konstruktivistisches Paradigma) und gesellschaftlichen Bedingungen (soziologisches Paradigma) gerecht zu werden, versucht die Weltgesundheitsorganisation seit 1980, „Behinderung" als interdisziplinär zu verstehendes Phänomen zu beschreiben. Beginnend mit dem ICIDH-Krankheitsfolgenmodell wurden Schädigung (impairment), Beeinträchtigung (disability) und Behinderung (handicap) zwar das erste Mal in einen Zusammenhang gebracht, der sowohl die individuellen Schädigungen als auch die damit verbundenen Beeinträchtigungen des Handelns und schließlich die daraus resultierende gesellschaftliche Folge der Behinderung berücksichtigt. Mit diesem Modell konnte man jedoch noch nicht den Umweltbedingungen von Behinderung gerecht werden, sowohl den materiellen als auch den immateriellen, sodass diesen zuerst 2001 mit der International Classification of Functioning, Disability and Health (ICF) entsprochen wurde (Schuntermann 2013). Das medizinische und das soziale Modell konnten so zusammengeführt und dann noch um psychologische Erkenntnisse ergänzt werden, was auch explizites Ziel der WHO war (Abb. 2).

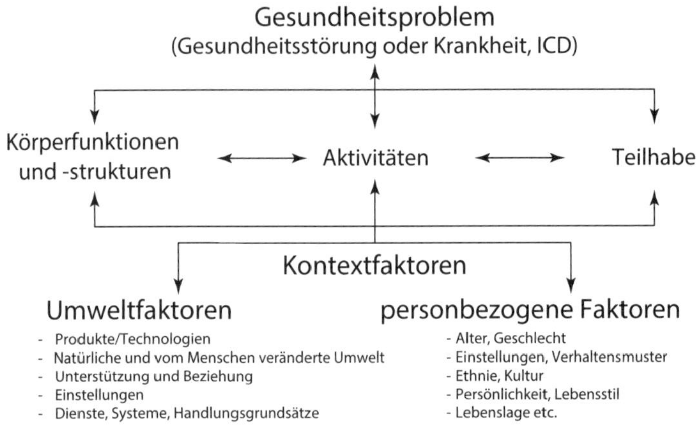

Abb. 2: Übersichtsschema der ICF (ergänzte Darstellung auf Basis der ICF)

Zentrale Begriffe in der ICF sind „Funktionsfähigkeit", „Gesundheitskomponenten" und „Behinderung", diese werden jedoch auf eine spezifische Weise eingeführt:

> „Funktionsfähigkeit ist ein Oberbegriff, der alle Körperfunktionen und Aktivitäten sowie Partizipation [Teilhabe] umfasst; entsprechend dient Behinderung als Oberbegriff für Schädigungen, Beeinträchtigungen der Aktivität und Beeinträchtigung der Partizipation [Teilhabe]" (DIMDI 2005, 9).

Klassifiziert sind im ICF die Komponenten „Gesundheitsstörung", „Körperfunktionen und -strukturen", „Aktivität/Partizipation" und „Umweltfaktoren", die personbezogenen Faktoren nicht. Hierzu liegen jedoch vereinzelte Vorschläge vor (Grotkamp et al. 2010). Da die ICF sich in der Praxis als Klassifikationsinstrument zu komplex und detailliert erwiesen hat, wurden verschiedene sogenannte Core-Sets für bestimmte Krankheitsbilder bzw. Beeinträchtigungen erarbeitet (ICF Research Branch 2017).

Die ICF verfügt über ein differenziertes Verständnis von „Behinderung", welches sowohl als körperliche, geistige oder psychische Funktionsstörung als auch im Sinne einer Einschränkung der Aktivität bzw. Teilhabe vorliegen muss. Es lassen sich daher grundsätzlich zwei Bestimmungen von „Behinderung" herauslesen. Zum einen handelt es sich – in der allgemeinen Fassung von „Behinderung" – um eine negative Wechselwirkung zwischen einer Person mit einem Gesundheitsproblem und ihren Kontextfaktoren bezogen auf ihre Funktionsfähigkeit und damit um den klassisch-medizinischen Zugang. Zum anderen kann „Behinderung" im speziellen Sinne als eine negative Wechselwirkung zwischen einer Person mit einem Gesundheitsproblem und ihren Kontextfaktoren in Bezug auf ihre Teilhabe an einem oder mehreren für sie wichtigen Lebensbereich(en) gesehen werden, vergleichbar mit der oben beschriebenen sozialen Perspektive auf Behinderung.

„Behinderung" in diesem Sinne ist zudem nicht linear als Folge einer bestimmten Krankheit oder Schädigung zu verstehen, sondern wird erst – vermittelt über die Kontextfaktoren „Umwelt" und „Person" – zu einer möglichen Behinderung im Sinne einer eingeschränkten Aktivität bzw. Teilhabe. „Die ICF verwendet den Begriff ‚Behinderung', um das mehrdimensionale Phänomen zu bezeichnen, das aus der Interaktion zwischen Menschen und ihrer materiellen und sozialen Umwelt resultiert" (DIMDI 2005, 171).

3.1.4 Die sozialrechtliche Behinderungsdefinition des SGB IX

Das seit 2001 geltende „Neunte Sozialgesetzbuch: Rehabilitation und Teilhabe behinderter Menschen" in der Fassung vom 23.12.2016 (SGB IX) definiert Behinderung in § 2 wie folgt:

> „(1) Menschen mit Behinderungen sind Menschen, die körperliche, seelische, geistige oder Sinnesbeeinträchtigungen haben, die sie in Wechselwirkung mit einstellungs- und umweltbedingten Barrieren an der gleichberechtigten Teilhabe an der Gesellschaft mit hoher Wahrscheinlichkeit länger als sechs Monate hindern können. Eine Beeinträchtigung nach Satz 1 liegt vor, wenn der Körper- und Gesundheitszustand von dem für das Lebensalter typischen Zustand abweicht. Menschen sind von Behinderung bedroht, wenn eine Beeinträchtigung nach Satz 1 zu erwarten ist.
> (2) Menschen sind im Sinne des Teils 3 schwerbehindert, wenn bei ihnen ein Grad der Behinderung von wenigstens 50 vorliegt und sie ihren Wohnsitz, ihren gewöhnlichen Aufenthalt oder ihre Beschäftigung auf einem Arbeitsplatz im Sinne des § 156 rechtmäßig im Geltungsbereich dieses Gesetzbuches haben."

Mit diesem Verständnis von Behinderung, dass dem ICF-Modell folgt und die Wechselwirkung von individueller Beeinträchtigung und sozialer Benachteiligung („einstellungs- und umweltbedingte Barrieren") als zentral erachtet, folgt der Gesetzgeber zudem der o.g. Definition aus der Behindertenrechtskonvention.

Diese Behinderungsdefinition eröffnet erst die Möglichkeit, bestimmte sozialrechtliche Leistungen in Anspruch zu nehmen, und muss deshalb in der Unterstützung von Menschen mit Beeinträchtigungen als eine Form positiver Diskriminierung genutzt werden. Diskriminierung im ursprünglichen Wortsinne bedeutet dabei nicht mehr als Unterscheidung.

Übungen zu Kap. 3.1

14. Verständnisfrage: Wie definiert die ICF Behinderung und welche Bedeutung hat die Teilhabeeinschränkung darin?
15. Diskussions-/Reflexionsfrage: Weshalb kann die ICF als ein Modell verstanden werden, welches ein biopsychosoziales Verständnis von Behinderung umsetzt?

3.2 Sozialethische Grundlagen

Vor einer Diskussion der Lebenslage von „be-hinderten" (im Weiteren im üblichen Sinne als „behindert" geschrieben) Menschen (siehe zum Begriff „be-hindert" Kap. 3.1) muss eine nähere Betrachtung des „ethischen Raumes" erfolgen, innerhalb dessen sich die Soziale Arbeit mit Menschen mit Beeinträchtigungen bewegt. Die folgenden Ausführungen beschreiben deshalb nach der Diskussion des Personenbegriffs vor allem „Selbstbestimmung", das „Normalisierungsprinzip" und „Inklusion" als wesentliche Kategorien.

3.2.1 Der „ethische Raum" – zwischen Empowerment und Paternalismus

Neben den bereits im Kapitel 2.4 angeführten ethischen Grundlagen der Sozialen Arbeit bedarf es für die Arbeit mit Menschen mit Beeinträchtigungen einer Spezifizierung der ethischen Basis, die ich hier als ethischen Raum bezeichne. Innerhalb dieses Raumes existieren nach wie vor verschiedene Positionen hinsichtlich der ethischen Beurteilung von und des daraus folgenden moralischen Umgangs mit Menschen mit Beeinträchtigungen in unserer Gesellschaft. Mit diesem Verständnis möchte ich der Gefahr begegnen, nur „ein“ Verständnis eines „einzig richtigen“ ethischen Umgangs gelten zu lassen. Vielmehr spannt sich der ethische Raum auf zwischen berechtigten Ansprüchen nach Selbstbestimmung und Selbstständigkeit und zu legitimierenden, eingreifenden und (für-)sorgenden Maßnahmen. Selbstbestimmung kann durch Empowermentprozesse gesichert oder erreicht werden und für die intervenierende Fürsorge greift ein kritisches Verständnis von Paternalismus.

Proto- und flexibelnormalistisches Verständnis

Nicht erst durch die Untaten und Gräuel der NS-Diktatur an Menschen mit Beeinträchtigungen („Euthanasie“, „T4-Aktion“) bedrängt die Behindertenhilfe die Frage, wie sie die in „ihren Theorien eingelagerten anthropologischen Prämissen, Menschenbilder und ethischen Implikationen“ reflektieren will (Dederich 2006, 544). Jüngst wird diese Frage gesellschaftlich virulent durch die Bio-Ethik-Debatte (Dederich 2003; Graumann 2009) und die provokanten Aussagen Peter Singers (1994, 2013).

Wesentlicher Kern dieses ethischen Diskurses ist die Problematisierung des „Normalen“, an dem dann das „Unnormale“, also auch die Behinderungen, gemessen wird. Waldschmidt (2003a) teilt hilfsweise den Begriff „Normalität“ ein in „Normativität“ und „Normalismus“, wobei Normativität aus soziologischer Sicht die Wirkmächtigkeit von gesellschaftlichen Regeln und Übereinkünften über das „Normale“ bzw. die Übernahme dieser Normen durch den größten Teil der Bevölkerung beschreibt. „Normalität“ bedeutet daher – positiv gewendet – die Suche nach und das Praktizieren von regelhaften Verhaltensweisen, die soziale Akzeptanz erfahren. Damit ist jedoch noch nicht gesagt, ob es sich bei der dahinterliegenden Norm auch um ein quantitativ bedeutsames „Ganzes“ im Sinne von Mehrheitlichkeit handelt. Normales, d. h. gesellschaftlich akzeptiertes Verhalten, kann auch als Minderheitenverhalten beginnen – und damit als statistisch gesehen „unnormales“, weil nicht verbreitetes Verhalten – und erst durch die Übernahme einer Mehrheit zur Normalität werden. Als Beispiel ließe sich hier der sittliche Kodex des Bürgertums, der im Spätmittelalter etwa als Triebsublimierung (Norbert Elias) erst nur einer kleinen Bürgerschicht normal erschien, heranziehen, der dann später zur Normalität für alle Gesellschaftsschichten wurde.

Dagegen ist der „Normalismus" – als die andere Variante des Umgangs mit Normalität – gekennzeichnet durch wiederum zwei unterschiedliche Strategien des Umgangs mit dem „Normalen" bzw. vor allem dem „Unnormalen", die auf den Diskurstheoretiker Jürgen Link zurückgehen. Hier erscheint die Norm nicht mehr als „Punktnorm", sondern nun als „Streckennorm", „eine mehr oder weniger große Bandbreite, gruppiert um einen Durchschnitt" (Waldschmidt 2003a, 87), die dann als normalistische Norm bezeichnet wird. Während sich in der von Link vorgeschlagenen Bezeichnung „Protonormalismus" Strategien auffinden lassen, die „auf der strikten Trennung zwischen dem Normalen und dem Pathologischen auf[bauen, D. R.]" und eine „dauerhafte Ausgrenzung der Abweichenden" (Waldschmidt 2003a, 88) intendieren, sind die Prozesse im flexiblen Normalismus dadurch gekennzeichnet, dass diese

> „weicher und durchlässiger sind. Sie gehen von dem Ideal einer ‚frei durchgeschüttelten' Verteilung der Menschen im sozialen Raum aus, die immer auch wieder veränderbar ist. Sie lassen sich von der Annahme leiten, dass die Individuen zufällig an den Rand geraten sind, dass sie die Grenzbereiche oder den Pol der Anormalität auch wieder verlassen und zurück zur Mitte der Gesellschaft gelangen können" (Waldschmidt 2003a, 88).

Der flexible Normalismus hat jedoch ähnlich wie der Protonormalismus seine Tücken. Bei Letzterem liegen sie in der Rigidität der Normalitätserwartungen an den Einzelnen, die durch soziale Kontrolle und notfalls auch mit Zwang durchgesetzt werden. Die Gefahr im flexiblen Normalismus besteht darin, dass nach wie vor von einer Rückbindung an das Durchschnittliche ausgegangen wird, sozusagen der Weg zur Mitte als Motivation erscheint. Ein dauerhaftes Leben am Rand erscheint eher unwahrscheinlich. Dadurch entsteht ein Zwang zum Selbstzwang, den Elias (1997) bereits für die gesamte Zivilisation als konstituierendes Merkmal herausgearbeitet hat.

Zur Personendebatte

Ein wesentlicher, immer wieder angeführter Aspekt ist die Frage, ob der Personenbegriff der Philosophie einen brauchbaren, einen unbrauchbaren oder sogar einen schädlichen Einfluss auf den praktizierten nicht-professionellen wie professionellen Umgang mit Menschen mit Beeinträchtigungen ausübt.

Einen neuzeitlichen Anstoß zur Diskussion dieses Problems bot die sogenannte Singer-Debatte (Wertgen 2009), ausgelöst durch die utilitaristisch begründeten philosophischen Ausführungen des australischen Ethikers Peter Singer zum Verhältnis von Mensch und Tier. Singer forderte eine nicht-anthropozentrische (speziezistische) Ethik, in der der Wert eines (menschlichen) Wesens nicht an seinem (Mensch-)Sein an sich, sondern an seiner Leidens- und Interessensfähigkeit gemessen werden sollte. Lebendige Wesen sollten – so Singer – grundsätzlich nicht leiden müssen, egal ob dieses Leiden durch die Tötung von Tieren durch Menschen oder durch schwere Erkrankung ausgelöst wird. Singer selbst leitet seine Ethik aus dem klassischen Utilitarismus von Jeremy Bentham (1748–1832) und John Stuart Mill (1806–1873) ab, deren Hauptthese darin bestand, dass sich moralisches Verhalten daran bemesse, was es zur Maximierung des Glückes der Meisten beitrage. Diese konsequenz- bzw. präferenz-utilitaristische Ethik widerspricht dem von Kant begründeten deontologischen Ansatz, der den menschlichen Willen bzw. die Beweggründe oder Absichten für moralisches vernünftiges Handeln als Begründung guten Handelns begreift und der die Selbstzweckhaftigkeit des Menschen als Begründung der Menschen definierte: „Handle so, daß du die Menschheit sowohl in deiner Person, als in der Person eines jeden andern jederzeit zugleich als Zweck, niemals bloß als Mittel brauchest" (Kant 2004, 79). Der Mensch könne, so Kant, anders als z. B. das Tier, niemals nur zweckhaft gebraucht werden, sondern habe einen Eigenwert, der in seiner Würde liege. Und diese würde verletzt, wenn ein Mensch durch einen anderen nur als Mittel für dessen eigene Zwecke gebraucht werden würde (z. B. im Rahmen der Versklavung).

Für Bentham und Mill und auch für Singer steht der Mensch jedoch nicht als Gegensatz zum Tier. Singer geht daher vom Prinzip der „Interessenabwägung" aus, d. h. dass das „Wesentliche am Prinzip der gleichen Interessensabwägung [darin] besteht […], dass wir unseren moralischen Überlegungen den ähnlichen Interessen all derer, die von unseren Handlungen betroffen sind, gleiches Gewicht geben" (Singer 2013, 52).

Daraus folgt für Singer, dass sich hinsichtlich der Leidensfähigkeit zwischen Menschen und Tieren Ähnlichkeiten ergeben, über die nicht hinweggegangen werden kann. Bezüglich des Wertes von Leben geht Singer allerdings davon aus, dass hier die Interessensgleichheit nicht als

Bewertungsmaßstab dienen kann. Als Brücke dient ihm hier der Personenbegriff, der Personalität als etwas definiert, was sich durch Selbstbewusstsein, Urteilskraft und Verantwortungsbewusstsein auszeichnet: Selbstbewusstsein im Sinne von Sich-selbst-bewusst-Sein, also der Fähigkeit zum Erkennen der eigenen Identität; Urteilskraft als die rationale Einschätzung von Wahlmöglichkeiten und das Entscheiden-Können; Verantwortungsbewusstsein als die Fähigkeit zur Einschätzung der eigenen Handlungsfolgen. Seine ursprünglich (1994, 123) radikal vorgetragenen Argumente, dass es – ethisch gesehen – keinen Unterschied mache, wenn „man eine Schnecke oder einen 24 Stunden alten Säugling [tötet]", denn „so vereitelt man keine Wünsche dieser Art, weil Schnecken und Säuglinge unfähig sind, solche Wünsche zu haben", taucht in der revidierten Auflage von 2013 nicht mehr auf. Zudem revidierte er seine Position an anderer Stelle (Kuhse/Singer 1993, 26), indem er folgende Unterscheidung einführte:

„Wir meinen […], dass die reichen Nationen sehr viel mehr tun sollten, um behinderten Menschen ein erfülltes, lebenswertes Leben zu ermöglichen und sie in die Lage zu versetzen, das ihnen innewohnende Potential wirklich auszuschöpfen. Wir sollten alles tun, um die oft beklagenswert schlechte institutionelle Betreuung zu verbessern und die Dienstleistungen bereitzustellen, die behinderten Menschen ein Leben außerhalb von Institutionen und innerhalb der Gemeinschaft ermöglichen."

Zudem differenzierten Kuhse/Singer (1993, 252) zwischen dem Recht auf Betreuung auf der einen und dem Recht auf Sterbehilfe auf der anderen Seite:

a) „Eltern eines schwerstgeschädigten Kindes [müssen] zu jedem Zeitpunkt und unabhängig vom Alter des Kindes die Möglichkeit haben, das Kind ohne eigene Kosten in einer staatlichen Institution unterzubringen (Wir gehen natürlich davon aus, dass diese Institutionen über genügend Mittel verfügen, um einen hohen Betreuungsstandard zu garantieren.)"
b) „Aktive und passive Euthanasie sollte immer dann erlaubt sein, wenn jemand unter einer unheilbaren Krankheit so sehr leidet, dass ein Weiterleben nicht in seinem oder ihrem Interesse ist. […]Die erste Bedingung befreit die Familie von der Belastung, ein schwerstbehindertes Kind aufziehen zu müssen – wenn sie denn davon befreit werden will. Die zweite Bedingung stellt sicher, dass ein Kind dasselbe Lebensrecht besitzt wie wir alle, aber nicht, wie zur Zeit noch, gezwungen werden kann, ein elendes Leben weiterzuleben."

Brumlik (2004) nutzt ebenfalls dieses Verständnis von Personalität, ohne die damit bei Singer verbundenen Konsequenzen, indem er es als Grundstein seiner advokatorischen Ethik nutzt. Der Schutz des „Schwächeren“ durch die „Stärkeren“ als vertragstheoretische Komponente menschlicher Gesellschaften soll sowohl vom „Schwächeren“ als Recht als auch vom „Stärkeren“ als Pflicht angesehen werden können (Brumlik 2004, 246). Worin diese Pflicht bestehen kann, wird deutlich, wenn man in Betracht zieht, welche interne Differenzierung des „Person-Seins“ Brumlik vornimmt: Er unterscheidet „Noch-Nicht-Personen“, die der Erziehung und Bildung zu(r) Personen(-haftigkeit) bedürfen, „Nicht-Mehr-Personen“ (z. B. Patienten im Wachkoma), die der Pflege bedürfen, und „Niemals-Personen“ (z. B. Menschen mit schwerer geistiger Beeinträchtigung), denen hauptsächlich durch Rehabilitations- und Integrationsbemühungen eine Teilhabe am Leben in der Gemeinschaft ermöglicht werden soll. Letztere bedürfen zudem eines Schutzes ihrer Rechte, etwa durch die sogenannte rechtliche Betreuung (Deutschland), die Sachwalterschaft (Österreich) oder den Erwachsenenschutz (Schweiz) (Nussbaum 2010, 270 ff.). Trotz der durchaus richtigen ethischen Ableitungen hinsichtlich der Legitimation pädagogischer, therapeutischer oder auch pflegerischer Interventionen, liegt Brumlik mit seiner klassifikatorischen Zuordnung der Beeinträchtigungen (siehe die hervorgehobene Aufzählung in der Klammer) falsch, wenn er behauptet,

> „daß die Klasse aller Menschen und die Klasse aller Personen keineswegs deckungsgleich sind, daß es also eine beträchtliche Anzahl von Menschen (etwa Babies, mental retardierte Erwachsene und psychisch Kranke) gibt, die sich weder selbst als biografisch einzigartig oder als mental einheitlich wahrnehmen können, noch dazu in der Lage sind, sich zu ihren Handlungen verantwortlich zu verhalten“ (Brumlik 2004, 98, Hervorhebung D.R.).

Die Zuordnung der in der Klammer aufgezählten Gruppen widerspricht z. B. der in der Heil- und Sonderpädagogik gewonnen Einsicht, dass auch Menschen mit schwerer geistiger Beeinträchtigung an Bildungs- und Rehabilitationsprozessen erfolgreich teilnehmen und Kompetenzen erwerben können. Auch psychisch kranke Menschen würden dieser Definition Brumliks vehement widersprechen, ihre Gleichsetzung mit Babys und Menschen mit schwerer geistiger Beeinträchtigung entspricht zudem nicht dem professionellen Wissensstand über psychische Erkrankungen.

Allerdings leitet Brumlik für die „Noch-Nicht-Personen“ eine ethische Grundhaltung der Erziehung und Bildung ab, welche sich als

Anspruch der „Noch-Nicht-Personen" an die Personen insofern herausbildet, als Personalität im oben beschriebenen Sinne Normalität bedeutet:

„Eine solche Begründung des Anspruchs auf Personalität trägt dem Umstand Rechnung, daß sich unter gegebenen Umständen Menschen bei Strafe von Nachteilen als Personen verhalten sollen, und leitet daraus auf der Basis eines Gerechtigkeitspostulates die Forderung ab, daß sie hierzu auch in die Lage versetzt werden sollten" (Brumlik 2004, 99).

Für den Personenkreis der „Nicht-Mehr-Personen" bezieht sich Brumlik auf seine Aussagen zu den „Noch-Nicht-Personen", die wie die ersten zur Personalität fähig sind, auf diese aber noch, z. B. durch Erziehung und Bildung, vorbereitet werden müssten. Diese Eigenschaft wird jedoch den von ihm benannten „Niemals-Personen" kategorisch abgesprochen. Zunächst besteht eine Schwäche der Brumlik'schen Ethik darin, dass sie ungenügende Fachkenntnisse hinsichtlich der Beeinträchtigungen aufweist. So werden Menschen mit schwerer zerebraler Störung, Menschen mit einem Downsyndrom und schwere Fälle von Hydrozephalie, offenem Rücken oder angeborenen Darmverschlüssen in einem Zusammenhang als „Niemals-Personen" bezeichnet (Brumlik 2004, 198).

Des Weiteren gelangt Brumlik nur über eine sehr schwache Konnotation, die er im biologischen Potenzial zur Freiheit sieht, zu einer Anerkennung bzw. zum Schutz von „Niemals-Personen", wie etwa Menschen mit schwerer geistiger Beeinträchtigung.

„Beides trifft im Fall menschlicher Niemals-Personen nicht zu: Sie werden weder einen freien Willen und ein Selbstbewusstsein ausbilden noch verfügen sie über beides. Mit einer wie auch immer aus der Freiheitsfähigkeit abgeleiteten Würde läßt sich hier nicht weiterargumentieren. Der einzige nicht-utilitaristische und nicht-theologische Grund für die Würde auch solcher Menschen, die niemals Personen im definierten Sinne sein werden, besteht in dem Hinweis, daß – nach allem, was wir bisher wissen – eine bestimmte physisch-biologische Konstitution die notwendige Bedingung jener Freiheit ist, die wir in Personen achten, weswegen wir auch diese biologische Konstitution in besonderer Weise auch dann zu achten haben, wenn die volle Entwicklung zur Person aus welchen Gründen auch immer nicht erfolgt" (Brumlik 2004, 196).

Gleichzeitig bleiben gerade die wichtigen ethischen Fragen nach Rechten von Menschen mit Beeinträchtigungen und Pflichten der Gesellschaft unbeantwortet, wenn man liest:

„Und so werden wir auf absehbare Zeit in einer schizophrenen Situation leben müssen, die sich dadurch auszeichnet, daß rationale Ethiken wie Utilitarismus und Diskursethik unseren Intuitionen nicht genügen und jene Theorien, die diese Intuitionen angemessen entfalten, ihres Rigorismus wegen nicht mehr lebbar sind" (Brumlik 2004, 201).

Was bedeutet es, in diesem Zusammenhang von Intuitionen zu sprechen? Handelt es sich um intuitive Zustimmung zur Tötung von „Nicht-Personen" aufgrund ihres vermeintlichen Leidens? Was heißt es, diese Intuitionen nicht mehr leben zu können? Sind diese Intuitionen nur deshalb „nicht mehr lebbar", weil die nationalsozialistische Vergangenheit sie diskreditiert hat oder weil sie tatsächlich als inhuman gelten müssen? So kann man gegen die von ihm skizzierte „schizophrene Situation" nur seine eigene (speziezistische) Argumentation in Stellung bringen, wenn er schreibt: „Dies alles [...] ist es, was jeden, der menschliches Angesicht trägt, nötigt, die menschliche Gestalt überall, sie sei bloß angedeutet [...] oder sie stehe schon auf der gewissen Stufe der Vollendung anzuerkennen und zu respektieren. Menschengestalt ist dem Menschen heilig" (Brumlik 2004, 197).

Dieser, an der Persondebatte orientierten Argumentation kann vor allem unter Bezugnahme auf den sog. „naturalistischen Fehlschluss" begegnet werden (Bleidick 2003). Dieser naturalistische Fehlschluss besteht darin, vom Sein auf das Sollen zu schließen, das heißt, das „was ist" für das zu nehmen, „was sein soll". Es ließe sich daher nicht ohne Weiteres aus der „normalen" Natur des Menschen als Idealtypus – der sicherlich mit den Attributen „Selbstbewusstsein", „Zukunftsfähigkeit", „Verantwortungsbewusstsein", also mit Kategorien, die man der oben ausgeführten Personendebatte entnehmen könnte, zu beschreiben wäre – auf die Attribuierung konkreter Menschen als „Niemals- oder Nicht-Personen" schließen, weil ihnen diese Merkmale fehlen.

Weiterhin hält Mattner (2000, 155f.) dem sogenannten „naturalistischen Fehlschluss" entgegen, dass das letzte Entscheidungskriterium immer die Menschlichkeit, hier anthropologisch als „Bedürftigkeit" und „Abhängigkeit" verstanden, sein sollte (Nussbaum 2010 bzw. die Care-Ethik, Kap. 3.2.6). Der Mensch wird in dieser Hinsicht als ein sorgendes Wesen gedacht und kann daher im Sinne der Verantwortungsethik von Hans Jonas (1984, 91) als zur „ontologische[n. D. R.] Verantwortung für die Idee des Menschen" verpflichtet gesehen werden. Im Sinne der Ethik Emanuel Levinas spricht Mattner dann von einer sorgenden Grundhaltung des Menschen, die den mit der rein rationalistischen Auffassung der Person-Mensch-Unterscheidung einhergehenden Gefahren begegnet:

„Gemeint ist hier eine empathisch gespürte und leiblich ‚verstandene' Resonanz als Verantwortung für den Anderen; ein Mit-Sein, mit dem der anteilnehmende, sorgende Mit-Mensch vom bedürftigen Anderen gewissermaßen vor jeglicher rationalen Reflexion ‚berührt' wird" (Mattner 2000, 156).

Übungen zu Kap. 3.2.1

16. Verständnisfrage: Wie definiert die Philosophie seit Kant den Begriff „Person" bzw. „Nicht-Person"?
17. Diskussions-/Reflexionsfrage: Diskutieren Sie die Gefahren in der Nutzung des Personenbegriffes für Menschen mit schweren geistigen Beeinträchtigungen.

3.2.2 Empowerment

Empowerment stellt sicherlich einen der schillerndsten theoretischen Ansätze sowohl in der Sozialen Arbeit selbst als auch in der Behindertenhilfe dar. Es findet seine Anwendung hinsichtlich der politischen Forderung nach Selbstbestimmung Menschen mit Beeinträchtigungen ebenso wie in der konkreten Praxis sozialer Hilfen. Beides soll im Folgenden skizziert und erläutert werden.

Neben der klassischen Empowermentdiskussion entwickelte sich in der Behindertenhilfe mit der Debatte um Selbstbestimmung (Bundesvereinigung Lebenshilfe 1996; Hähner et al. 1998/2016) eine ganz eigenständige Diskussion um die emanzipativen Prozesse von Menschen mit Beeinträchtigung und durch die Independent-Living-Bewegung auch eine politische Selbsthilfeorganisation, die wesentliche Teile des Empowermentmodells umsetzt(e) (Kulig/Theunissen 2006, 237 ff.).

Empowerment – das ist eine Sammelkategorie für alle Arbeitsansätze, die Menschen zur Entdeckung der eigenen Stärken ermutigen wollen. Empowerment bedeutet, Hilfestellungen bei der Aneignung von Selbstbestimmung und Lebensautonomie zu vermitteln und gleichzeitig für die ablaufenden Prozesse des Empowerments selbst verantwortlich zu sein: In summa also die Befähigung zur Selbst-Befähigung der Betroffenen. In gleicher Weise gilt jedoch auch, dass Empowerment

„[…]zunächst einmal ein offener Begriff [ist], der je individuell mit Inhalt zu füllen ist" (Herriger 1992, 231).

Der Begriff Empowerment kann meines Erachtens analytisch in zwei Bereiche aufgeteilt werden, nämlich zum einen in das darin enthaltene „Enablement", d. h. die Förderung von Fähigkeiten und Kompetenzen, und zum anderen in das eigentliche „Empowerment", d. h. die Entwicklung und das Spüren von Kraft und Macht („Power") durch individuelle Kompetenzsteigerung oder kollektive Handlungen der Einmischung und Partizipation.

Ziel der Empowermentpraxis ist es, die vorhandenen (wenn auch vielfach verschütteten) Fähigkeiten der Adressaten sozialer Dienstleistungen zu autonomer Alltagsregie und Lebensorganisation zu kräftigen und Ressourcen freizusetzen, mit deren Hilfe sie die eigenen Lebenswege und Lebensräume selbstbestimmt gestalten bzw. „Kontrolle über das eigene Leben gewinnen" (Bobzien 1993, 46) können. Zunächst stellt dabei Empowerment je nach Definition entweder eine „Selbstbefähigung bzw. Selbstbemächtigung" (Knuf/Seibert 2000), „Gewinnung oder Wiedergewinnung von Stärke, Energie und Fantasie zur Gestaltung eigener Lebensverhältnisse" (Lenz 2002, 13) oder das Vertrauen in die „Menschenstärken" (Herriger 1995) dar. Allen diesen Definitionen ist gemeinsam, dass sie von einer Kraft bzw. einer Macht ausgehen, die jedem Individuum und jeder Gruppe innewohnt, die allerdings verschüttet oder verborgen, damit jedoch auch jederzeit zu bergen oder zu aktivieren ist. Dies geschieht – obgleich aus verschiedenen Blickwinkeln als Betroffenen- oder Profi-Perspektive – gleichsam aus einem humanistischen Menschenbild heraus, das die Subjekthaftigkeit und Individualität des Menschen herausstellt und diese mit besonderem Gewicht belegt. Empowerment findet auf vier Ebenen statt:

- **Subjektorientiertes Empowerment (Einzelfallhilfe):** Hier werden vor allem personenbezogene Ansätze der Veränderung des Selbstwertgefühls und der Selbstwirksamkeit genutzt. Herriger (2002, 83ff.) benennt vor allem das Unterstützungsmanagement sowie die Biografiearbeit und den Kompetenzdialog.
- **Gruppenorientiertes Empowerment:** Hier geht es vor allem um die Vernetzung von Menschen, die ein ähnliches Problem, Anliegen oder Interesse haben, um durch die Gruppensolidarität, Prozesse der Isolation aufzuheben und gemeinsames Handeln zu ermöglichen.
- **Organisationsbezogenes Empowerment:** Dieses findet vor allem im Kontext von Partizipation und Beteiligung statt und kann sowohl in sozial-institutionellen Zusammenhängen verwirklicht werden, z. B.

durch Einrichtung von Selbsthilfegruppen oder Interessenvertretungen, als auch in politischen Prozessen.
- **Sozialraumbezogenes Empowerment:** Im weitaus größten Rahmen, nämlich dem Sozialraum (Stadtteil, Bezirk, Kommune, Landkreis), findet Empowerment in der Hauptsache als Förderung von Selbstorganisation, Interessenvertretung und Teilhabe an politischen Prozessen statt und deckt sich damit z. T. mit organisationsbezogenem Empowerment.

Empowerment als Unterstützung von Autonomie und Selbstbestimmung

Definitionen, die der Tradition der professionellen psychosozialen Arbeit entstammen, betonen die Aspekte der Unterstützung und der Förderung von Selbstbestimmung durch berufliche Helfer. Der Blick richtet sich hier also auf die Seite der MitarbeiterInnen psychosozialer Dienste, die Prozesse der (Wieder-)Aneignung von Selbstgestaltungskräften anregen, fördern und unterstützen und Ressourcen für Empowermentprozesse bereitstellen. Empowerment ist in diesem Wortsinn programmatisches Kürzel für eine psychosoziale Praxis, deren Handlungsziel es ist, Menschen „das Rüstzeug für ein eigenverantwortliches Lebensmanagement zur Verfügung zu stellen und ihnen Möglichkeitsräume aufzuschließen, in denen sie sich die Erfahrung der eigenen Stärke aneignen und Muster solidarischer Vernetzung erproben können“ (Herriger 1997, 31).

Neben der professionellen Sicht gewinnt Empowerment vor allem durch die Betroffenensicht eine ganz andere Bedeutung. Hier wird Empowerment als Selbstbemächtigung oder Selbstbefähigung verstanden und damit z. T. die professionelle Paradoxie aufgelöst, dass durch professionelle und damit Fremdhilfe die Selbsthilfe gefördert werden kann. Wenn Menschen sich dann als „Experten in eigener Sache“ (Geislinger 1998; Miles-Paul 1992) bezeichnen, kommt damit schon ein neues Selbstbewusstsein zum Tragen, welches sich komplementär zum bisherigen professionellen Expertenverständnis verhält. Empowerment – auf eine kurze Formel gebracht – zielt auf die (Wieder-)Herstellung von Selbstbestimmung über die Umstände des eigenen Alltags. Weitere Aspekte von Empowerment lauten nach Herriger (2002):

- Die Fähigkeit, aus der bunten Vielzahl der angebotenen Lebensoptionen auswählen und eigenverantwortete Entscheidungen für die eigene Person treffen zu können.

- Die Fähigkeit, für die eigenen Bedürfnisse, Interessen, Wünsche und Fantasien aktiv einzutreten und bevormundenden Übergriffen anderer in das eigene Leben entgegentreten zu können.
- Die Erfahrung, als Subjekte die Umstände des eigenen Lebens (Selbst-, Sozial- und Umweltbeziehungen) produktiv gestalten und erwünschte Veränderungen „in eigener Regie" bewirken zu können (die Erfahrung von Selbstwirksamkeit und Gestaltungsvermögen).
- Die Bereitschaft und die Fähigkeit, sich belastenden Lebensproblemen aktiv zu stellen (und nicht zu Mustern der Verleugnung und der Nichtwahrnehmung Zuflucht zu suchen), wünschenswerte Veränderungen zu buchstabieren und hilfreiche Ressourcen der Veränderung zu mobilisieren.
- Das Vermögen, ein kritisches Denken zu lernen und das lähmende Gewicht von Alltagsroutinen, Handlungsgewohnheiten und Konditionierungen abzulegen.
- Die Fähigkeit, sich aktiv Zugang zu Informationen, Dienstleistungen und Unterstützungsressourcen zu eröffnen und diese „zum eigenen Nutzen" einzusetzen.
- Die Einsamkeit überwinden und die Bereitschaft, sich in solidarische Gemeinschaften einzubinden.
- Das Einfordern der eigenen Rechte auf Teilhabe und Mitwirkung und die stete Bereitschaft, offensiv gegen stille Muster der Entrechtung einzutreten.

Was lässt sich hieraus nun systematisch für die Soziale Arbeit in der Behindertenhilfe schlussfolgern?

In der Tabelle 2 soll der Versuch unternommen werden, die auf verschiedenen Ebenen des Empowerments anzusiedelnden Methoden exemplarisch zuzuordnen (auch Theunissen/Plaute 2002, 40 f.).

Übungen zu Kap. 3.2.2

18. Verständnisfrage: Aus welchen beiden Teilen besteht der Empowermentbegriff?
19. Diskussions-/Reflexionsfrage: Wie lassen sich diese beiden Elemente von Empowerment in der Praxis umsetzen und wo stößt man damit an Grenzen?

Tab. 2: Empowermentebenen und zugeordnete Methoden in der Behindertenhilfe

Ebenen	**Methoden**
Subjekt	Stärkenorientierte Biografiearbeit; Kompetenzdialog; Ressourcendiagnostik; Ressourcenaktivierung; persönliche Zukunftsplanung; Kompetenztraining
Gruppe	Netzwerkdiagnose; Netzwerkarbeit; Förderung von Selbsthilfegruppen; Förderung von Peer Support und Peer Counseling
Organisation	Förderung von Interessensvertretungen und Wohn- und Werkstattbeiräten; Beteiligung an Organisationsentwicklung (z. B. durch verstärkte Ambulantisierung und sozialräumliche Ausrichtung der Angebote)
Sozialraum	Angebot und Förderung inklusiver Freizeit- und Kulturveranstaltungen; Vernetzung von Angeboten der Behindertenhilfe mit anderen Angeboten von sozialen Diensten und der Zivilgesellschaft

3.2.3 Selbstbestimmung

Selbstbestimmung gilt heute als Kardinalwert in der Behindertenhilfe, denn ein selbstbestimmtes Leben führen zu können, ob mit oder ohne Beeinträchtigung, ist für alle Menschen sehr wichtig. Selbstbestimmt zu leben heißt allerdings nicht zwangsläufig auch selbstständig leben zu können, denn weder relativ noch absolut können wir diese Selbstständigkeit angesichts des sozialen Wesens der Menschen als realistisch betrachten.

Mit Waldschmidt (2003b) können wir zunächst der etymologischen Bedeutung von „Selbst-Bestimmung" nachgehen und festhalten, dass sich mit dem Begriff „Selbst" eine moderne Vorstellung vom Individuum etabliert hat, die sich erst seit der Aufklärung im Sprachgebrauch finden lässt und die in gewisser Weise der oben diskutierten Person-Definition entspricht. Zudem geht man philosophisch davon aus, dass in anthropologischer Hinsicht Selbstbestimmung als das wesentliche Bestimmungsmerkmal des Menschen gilt. Der Mensch strebt nach Freiheit und eigenverantwortlichem Handeln, was gleichbedeutend ist mit der Verantwortung für die Konsequenzen aus diesem Handeln.

Psychologisch gesehen wird das Selbst – in Abgrenzung zum psychoanalytischen Ich – eher als die reflexive Ebene der Rückbezüglichkeit, also der Selbst-Wahrnehmung, identifiziert. Gleichzeitig wird in der Individualpsychologie das Selbst als letztmögliche Instanz im Individuationsprozess oder auch der individuellen Reifung angesehen. Ein stabiles Selbstbild hilft in dieser Theorie dem Individuum, sich gegenüber den Anforderungen der inneren und äußeren Welt zu behaupten und einen flexiblen Umgang mit diesen Anforderungen zu ermöglichen. Im Sinne dieser doppelten Deutung des Begriffes „Selbst" begegnet auch die Diskussion der Selbstbestimmung von Menschen mit Beeinträchtigungen zwei Dimensionen: Zum einen muss sie auf die Fähigkeit rekurrieren, sich auf sich selbst zu beziehen, also eine gewisse Kritik- und Urteilsfähigkeit, wie sie seit Kant zum ontologischen Wesen des Menschen gehört und die Menschen mit geistigen Beeinträchtigungen oft abgesprochen wird (Kulig/Theunissen 2006, 239). Zum anderen muss sie die Behauptungskomponente des Selbst einbeziehen, die es Menschen ermöglicht, sich gegenüber Anforderungen der Umwelt zu behaupten. Waldschmidt (2003b) bringt dann mit dem Wortteil „Bestimmung" das Phänomen der Macht in Verbindung, da über etwas bestimmen zu können zugleich bedeutet, über etwas Macht ausüben zu können. Selbstbestimmung wäre demnach die Macht, über sich und das eigenen Leben selbstmächtig bestimmen zu können.

Selbstbestimmung, also die Möglichkeit über Aspekte des eigenen Lebens selbst verfügen zu können, ist für viele Menschen eine Selbstverständlichkeit, aber für ebenso viele – und dazu gehören auch die beeinträchtigten Menschen – keineswegs. Dass ich selbst entscheiden kann, wer meinen Körper berühren darf, wie und wo ich meinen Tag verbringen, welchen Tätigkeiten (Arbeit, Freizeit) ich nachgehen oder zu wem ich Kontakt haben möchte usw., stellt vor allem in den demokratischen Rechtsstaaten einen Grundanspruch des Bürgers an die Gesellschaft bzw. den Staat dar. Mit der Emanzipation der bürgerlichen Welt vom Feudalismus entwickelten sich Freiheit und Selbstbestimmung zur Selbstverständlichkeit und wurden spätestens seit der „*Allgemeinen Erklärung der Menschenrechte der Vereinten Nationen*" von 1948 zum Allgemeingut. Mit dem Begriff der Selbstbestimmung eng verknüpft sind „Autonomie" und „Emanzipation". Emanzipation bedeutet zunächst Befreiung aus einem Zustand der Abhängigkeit, den Prozess der Verselbstständigung und damit die Erlangung einer relativen Autonomie. Sie ist relativ, weil menschliches Leben immer rückgebunden ist an die menschliche Gemeinschaft, wir sind immer auch aufeinander angewiesen. Daher bedeutet Autonomie auch die Fähigkeit, sich selbst gegebenen und gleichzeitig allgemeinen Gesetzen unterwerfen zu können, und somit nicht nur die Freiheit von anderen. Sich in Freiheit selbst (auto) in das allgemein Gesetzliche (nomos) einzubinden, heißt zudem auch die Verantwortung für sich selbst zu übernehmen. Als autonomes, mithin autopoietisches (sich selbst erschaffendes, selbst erhaltendes und selbst erneuerndes) Wesen verfügt der Mensch über sich selbst, wie es insbesondere auch von einer systemtheoretisch-konstruktivistischen Theorie der Behinderung angenommen wird (Osbahr 2000). Dieses „Selbsterschaffende" wiederum kann nur relativ zu einer gegebenen Gesellschaft mit bereits vorhandenen Strukturen, die autonomiefördernd oder autonomiehindernd sind, gedacht werden. Selbstbestimmung findet spätestens seit den 1970er Jahren auch in Deutschland eine weitestgehend große Beachtung in Bezug auf ethische Reflexionen über den Umgang mit Menschen mit Beeinträchtigungen. Wenn Soziale Arbeit als „Hilfe zur Lebensführung" verstanden wird, kommen Selbstbestimmung, Autonomie und Emanzipation der Menschen mit Beeinträchtigungen sowohl grundsätzlich als auch im konkreten Einzelfall eine zentrale Bedeutung zu. Menschen mit Beeinträchtigungen sind noch viel stärker als andere abhängig von anderen Menschen, die sie hinsichtlich ihrer alltäglichen Lebensführung unterstützen, aber auch durch soziale Kontrolle in ihren Möglichkeiten begrenzen.

Der einerseits von professioneller Seite durch Empowerment (Kap. 3.2.2) beförderte Prozess der Wieder-Aneignung eigener Kräfte, Selbstbestimmung und der im Sinne Wolfensberger (2005) stattfindenden Valorisation, d. h. Aufwertung sozialer Rollen, sowie der damit verbundenen partizipativen Bemühungen und letztendlich der Befähigung im Sinne von Enablement steht der von den Betroffenenverbänden auf der anderen Seite geförderte Diskussionsprozess um einen „Independent-Living"-Ansatz (Miles-Paul 1992) gegenüber. Dieser fordert von der Behindertenhilfe u. a. die Einführung des Assistenzprinzips und damit einhergehend eine Ent-Medizinialisierung und Ent-Pädagogisierung, die wiederum durch eine wissenschaftliche Diskussion um Selbsthilfe und Empowerment aufgegriffen wurde.

„Experten in eigener Sache" (Steiner et al. 1999, zitiert nach Cloerkes 2007, 85) zu sein, bedeutet daher für Menschen mit Beeinträchtigung, dass sie Gehör finden und entscheiden wollen über die sie betreffenden alltäglichen Entscheidungen (Assistenzmodell), in der Planung und Durchführung von sozialen, medizinischen und pädagogischen Hilfen beteiligt werden (Partizipation) und schließlich in ihren Fähigkeiten anerkannt und gefördert werden wollen. Bislang ist in Deutschland die Selbstbestimmung vor allem in folgenden Bereichen diskutiert und z. T. umgesetzt worden:

a) Im Bereich der technischen Hilfe sprechen wir von einer vor allem im Bereich von Gebäuden, öffentlichen Einrichtungen und des Verkehrsnetzes (und dort v.a. des ÖPNV) vorzufindenden oder noch einzurichtenden Barrierefreiheit. So sollten mindestens die meisten Gebäude öffentlicher Verwaltung über einen rollstuhlgerechten Eingang verfügen (Lift, Rampe usw.) und Busse und Bahnen des ÖPNV über flache Einstiege sowie Stellplätze für Rollstühle, sodass eine selbstbestimmte, weil selbstständige, Mobilität gewährleistet wird.
b) Im Bereich der kommunikativen Hilfen können wir vor allem in der Informationstechnologie von Fortschritten etwa im Bereich von Internet-Seiten mit Sprachausgabe oder der Möglichkeit zur Schriftvergrößerung für Menschen mit einer Sehbeeinträchtigung sprechen.
c) Im Bereich der sozialen Hilfen setzt sich, zumindest im Bereich der körperlichen Beeinträchtigungen, immer stärker das Assistenz-Modell durch und auch für Menschen mit geistiger und psychischer Beeinträchtigung das Recht auf selbstbestimmtes Wohnen, unabhängig von der Betreuungsform.
d) Im Bereich des Rechts durch das eingeführte Diskriminierungsverbot des Artikels 3 Absatz 2 Grundgesetz sowie durch die Gleichstellungsgesetzgebung in Bund (Gesetz zur Gleichstellung behinderter Menschen 2002) und Ländern, so z.B. das Hamburger Gesetz zur Gleichstellung behinderter Menschen (2005). Zudem gilt das Wunsch- und Wahlrecht des Sozialgesetzbuches (§ 8 Sozialgesetzbuch IX).

Die Notwendigkeit, den ethischen Anspruch der Selbstbestimmung in eine für Menschen mit Beeinträchtigungen erfahrbare Realität umzusetzen, steht außer Frage. Dafür sind noch viele Anstrengungen zu unternehmen. Wie jedoch bereits oben angedeutet, kann Selbstbestimmung – bei Menschen mit oder ohne Beeinträchtigung – nur mit der anderen anthropologischen Grundlage des Menschen, nämlich seiner Abhängigkeit oder etwas entschärfter: seiner Sozialität, gedacht werden. Damit Selbstbestimmung nicht zu einer „Ego-Kategorie" (Theunissen 2006a, 30) degeneriert, muss sie in der Interaktion mit anderen bzw. der Umwelt sozial verankert sein (Thimm 1997, 222).

Um der Gefahr einer Individualisierungs-Falle zu entgehen, indem das Postulat „Selbstbestimmt ist immer besser“ total gelten soll, bedarf es einer soziokulturellen Ergänzung:

„Was uns in dem Zusammenhang Sorge bereitet, sind Erscheinungen, die heute nicht nur in westlichen Industrienationen sondern auch in anderen Gesellschaften beobachtbar sind: Ein grenzenloser Individualismus und Egoismus, der antisoziale Züge trägt, die Aushöhlung des Gemeinsinns und der Solidargemeinschaft, eine zunehmende Entfremdung des Menschen vom Menschen [...], ein Verlust an sozialen Verbindlichkeiten, eine Negation des anderen sowie eine selbstherrliche Verfügungsmacht über andere Menschen.[...] An dessen Stelle hat eine sozialanthropologische Orientierung zu treten, die den ‚autonomen Menschen‘ nicht als Gegenstück zum ‚sozialen Menschen‘ definiert, sondern den Selbstbestimmungsgedanken auf dem Hintergrund der unauflöslichen Du-Bezogenheit des Individuums zu begründen versucht“ (Theunissen/Plaute 2002, 24).

Folgerichtig kann eine inklusive Kultur des Miteinanderlebens von Menschen mit und ohne Beeinträchtigung nur dann gelingen, wenn es ein fein eingespieltes und aufeinander abgestimmtes soziales Regelwerk gibt, das hierfür Orientierung bietet. Dieses Miteinander – im Sinne einer Inklusion – ist in der heutigen Gesellschaft noch zu wenig entwickelt, als dass sich ein normales Miteinanderleben schon etablieren könnte.

Behindertenpädagogische Implikationen ergeben sich deshalb vor allem in der Erkenntnis, dass sich Selbstbestimmung bei Menschen mit Beeinträchtigungen nur dann ergeben und entwickeln kann, wenn eine „haltgebende, vertrauensvolle, sicherheitsstiftende und verlässliche Lebenswelt“ (Theunissen/Plaute 2002, 25) vorhanden ist, die den Nährboden für eine gesunde Autonomie darstellt. Es gilt also nicht, Menschen mit Beeinträchtigungen ihr Menschenrecht auf Selbstbestimmung abzustreiten, sondern vielmehr, es in einen ganzheitlichen Zusammenhang mit der Selbstbestimmungskultur einer Gesellschaft zu bringen. Mit Dörner (2007) können wir davon ausgehen, dass neben dem öffentlichen Raum, der Möglichkeiten und Grenzen der Selbstbestimmung produziert, und dem privaten Raum, der uns eine weitgehende Selbstbestimmung ermöglicht, ein dritter Sozialraum zu eröffnen ist, der Bürgern mit und ohne Beeinträchtigung erst die Möglichkeit zur Begegnung bietet (Kap. 3.4.2). Wenn Menschen mit Beeinträchtigung in einer akzeptierenden sozialen Umwelt als selbstverständliche Nachbarn, Arbeitskollegen usw. leben und die Menschen ohne Beeinträchtigung sich entsprechend gerüstet fühlen, diesem zu begegnen, könnte die Selbstbestimmung umgesetzt werden. Schädler (2002, 159 f.) definiert für eine selbstbestimmte Lebensführung allerdings auch folgende Kompetenzen aufseiten der Betroffenen:

- Auswahl- und Entscheidungskompetenzen zur richtigen Auswahl der persönlich wichtigen und notwendigen Hilfen,
- Selbststeuerungsfähigkeit zur situationsangemessenen Reaktion auf Belastungen und Bewältigungsaufgaben,
- Selbstvertretungskompetenzen im Sinne des Einsatzes für die eigene Wahl und Zukunftsperspektive,
- problemlösendes Verhalten im konkreten Alltag wie auch bei der Entscheidung von lebensplanerischen Schritten,
- Selbstwirksamkeitsüberzeugung zur Stärkung der eigenen Motivation, das Leben zumindest teilweise selbst gestalten zu können und Probleme aktiv bewältigen zu können.

Dass diese Fähigkeiten im Einzelfall noch erworben werden müssen, z. B. durch Erwachsenenbildungsangebote oder soziales Training, ist selbstverständlich. Gleichzeitig kann im Sinne der advokatorischen Ethik (Kap. 3.2.1) gelten, dass nicht alle Menschen mit Beeinträchtigungen jederzeit dazu in der Lage sind, weshalb auch Betreuung, Pflege und rechtliche Vertretung ihre Berechtigung haben.

Übungen zu Kap. 3.2.2

20 Verständnisfrage: Wie kann „Selbstbestimmung" etymologisch und inhaltlich definiert werden?
21 Diskussions-/Reflexionsfrage: In welcher Beziehung stehen Selbstbestimmung und Selbstständigkeit zueinander? Muss Letzteres für Ersteres immer vorliegen?

3.2.4 Normalisierungsprinzip

Mit dem Normalisierungsprinzip zog, nachdem sich in der Nachkriegszeit in Deutschland zunächst der Integrationsgedanke verbreitete (kritisch: Hinz 2006, 251 ff.), ein neues Verständnis des Umgangs mit und der gesellschaftlichen Möglichkeiten von Menschen mit Beeinträchtigungen in die Diskussion ein. Es entstand in den 1950er Jahren in Skandinavien und wurde erst in den 1970er Jahren in Deutschland, vor allem durch Thimm (2005), bekannt.

Von dem dänischen Verwaltungsjuristen Niels Erik Bank-Mikkelsen als Teil der 1959 stattfindenden Verwaltungsreform im Bereich der Sozialfürsorge angeregt und auch in die Gesetzeslage integriert, wurde das Normalisierungsprinzip erst durch den schwedischen Psychologen Bengt Nirje als grundsätzliches Prinzip der Behindertenhilfe bekannt. Bank-Mikkelsen verstand es noch recht allgemein als ein Prinzip, welches den Menschen mit geistiger Beeinträchtigung dazu verhelfen sollte, „ein Leben so normal wie möglich führen" (Thimm 2005, 8) zu können.

Erst die weiteren Ausführungen und Konkretisierungen durch Nirje, der übrigens maßgeblich daran beteiligt war, das Prinzip auch in der schwedischen Gesetzgebung zu installieren, konnten dazu beitragen, es verallgemeinerbar zu machen. Es fand danach sehr schnell Anklang in vielen Teilen Westeuropas und Amerikas (zur weiteren Rezeptionsgeschichte siehe Thimm 2005). Nach Nirje besteht es aus den folgenden acht Bereichen:

„1. Normaler Tagesrhythmus: Schlafen, Aufstehen, Anziehen, Mahlzeiten, Wechsel von Arbeit und Freizeit – der gesamte Tagesrhythmus ist dem altersgleicher Nichtbehinderter anzupassen.
2. Trennung von Arbeit, Freizeit und Wohnen: Klare Trennung dieser Bereiche, wie das bei den meisten Menschen der Fall ist. Das bedeutet auch: Ortswechsel und Wechsel der Kontaktpersonen. Es bedeutet ferner, täglich Phasen von Arbeit zu haben und nicht nur einmal wöchentlich eine Stunde Beschäftigungstherapie. Bei Heimaufenthalt: Verlagerung von Aktivitäten nach draußen.
3. Normaler Jahresrhythmus: Ferien, Verreisen, Besuche, Familienfeiern; auch bei Behinderten haben solche im Jahresverlauf wiederkehrende Ereignisse stattzufinden.
4. Normaler Lebensablauf: Angebote und Behandlung sollten klar auf das jeweilige Lebensalter bezogen sein (auch der geistig Behinderte ist Kind, Jugendlicher, junger Erwachsener usw.!).
5. Respektierung von Bedürfnissen: Behinderte sollten soweit wie möglich in die Bedürfnisermittlung einbezogen werden. Wünsche, Entscheidungen und Willensäußerungen behinderter Menschen sind nicht nur zur Kenntnis zu nehmen, sondern auch zu berücksichtigen.
6. Angemessene Kontakte zwischen den Geschlechtern: Geistig Behinderte sind Jungen und Mädchen, Männer und Frauen mit Bedürfnissen nach (anders-)geschlechtlichen Kontakten. Diese sind ihnen zu ermöglichen.

7. Normaler wirtschaftlicher Standard: Dieser ist im Rahmen der sozialen Gesetzgebung sicherzustellen.
8. Standards von Einrichtungen: Im Hinblick auf Größe, Lage, Ausstattung usw. sind in Einrichtungen für geistig Behinderte solche Maßstäbe anzuwenden, wie man sie für uns „Normale" für angemessen hält" (Thimm 2005, 21f.).

Die imperative Form dieser Formulierung zeigt die moralische Stärke, mit der nicht die Normalität der Verhältnisse oder die Anpassung der Individuen an die Verhältnisse propagiert werden soll, wie zwischenzeitig kritische Stimmen vermuteten, sondern die Verhältnisse so gestaltet werden sollen, dass auch Menschen mit Beeinträchtigungen ein Leben, so normal wie es anderen Menschen in ihrem Kulturkreis und ihres Alters möglich ist, leben können.

„Das Normalisierungsprinzip bedeutet, dass man richtig handelt, wenn man für alle Menschen mit geistigen oder anderen Beeinträchtigungen oder Behinderungen Lebensmuster und alltägliche Lebensbedingungen schafft, welche den gewohnten Verhältnissen und Lebensumständen ihrer Gemeinschaft oder ihrer Kultur entsprechen oder ihnen so nahe wie möglich kommen" (Nirje 1994, 14).

Eine Weiterentwicklung erfuhr das Normalisierungsprinzip durch das Modell der „Valorisation" des Amerikaners Wolf Wolfensberger. Wolfensberger erklärte den Weg hin zur Normalisierung der Lebenssituation von Menschen mit Beeinträchtigungen vor allem durch seine Idee der „sozialen Aufwertung". Zum Teil schlägt Wolfensberger sogar vor, den Begriff der „Normalisierung" durch „Aufwertung" (Valorisation) zu ersetzen, um dem gesellschaftlichen Mechanismus, der seines Erachtens nötig ist, gerecht zu werden. Auch dies wiederum nicht im Sinne einseitiger, blinder Anpassung von Menschen mit Beeinträchtigungen an eine bestehende Gesellschaft, sondern so, dass „der weitest mögliche Einsatz kulturell positiv bewerteter Mittel mit dem Ziel [erfolgt; D. R.], Menschen eine positiv bewertete Rolle zu ermöglichen, sie zu entwickeln, zu verbessern und / oder zu erhalten" (Wolfensberger 2005, 172).

Entscheidend scheint dabei, dass sich die Valorisationstheorie auch tatsächlich in der von Wolfensberger intendierten Richtung realisieren lässt. Danach ist, so Thimm (2005, 25), „Identität [...] nur zu erreichen, indem biografische Einmaligkeit (persönliche Identität) und So-Sein-Wie-Andere (soziale Identität) immer wieder ausbalanciert werden".

Übungen zu Kap. 3.2.4

22. Verständnisfrage: Welche Ebenen werden im Normalisierungsprinzip wie berücksichtigt?
23. Diskussions-/Reflexionsfrage: Diskutieren Sie die Bedeutung der von Wolfensberger vorgeschlagenen Erweiterung des Normalisierungsprinzips um die „Valorisation"!

3.2.5 Integration, Inklusion und Teilhabe

Seit Ende der 1990er Jahre wird neben der „Integration" mit der „Inklusion" ein neues Paradigma diskutiert, wobei die Differenzen und Ähnlichkeiten bis heute nicht klar bestimmt werden konnten (Kastl 2017, 233 ff.). Integration als zunächst bildungspolitisches Programm wurde durch die Empfehlungen des Deutschen Bildungsrates 1973 auf die Agenda gesetzt und stellte ausdrücklich „der bisher vorherrschenden schulischen Isolation Behinderter ihre schulische Integration" entgegen (Deutscher Bildungsrat 1973, 16). Der eher reformerische Kurs des Bildungsrates sprach sich allerdings gegen eine Integration um jeden Preis aus. Vielmehr ging es um eine weitmögliche gemeinsame Unterrichtung, wo dies möglich und machbar sei. Der Bildungsrat ging in seiner Kritik am Sonderschulwesen allerdings sehr weit und bezog auch die gesellschaftliche Situation mit ein: „Die Integration Behinderter in die Gesellschaft [ist] eine der vordringlichen Aufgaben jedes demokratischen Staates" (16). Allerdings argumentiert Eberwein (1997, 55), dass „die Auffassung, soziale Integration durch schulische Separation bewirken zu können, […] empirisch widerlegt [wurde]. Eingliederung kann nicht durch Ausgliederung erreicht werden" – eine These, die auch für andere Lebensbereiche gut belegt ist (Kap. 3.3)

Integration – wortursprünglich „Wiederherstellung eines Ganzen" – setzt somit dann ein, wenn „vorher etwas getrennt war und dieses wieder zusammengefügt werden muss. Insofern steht der Begriff Integration auch im Gegensatz zur Inklusion, bei dem von vornherein auf jegliche Form von Aussonderung bzw. Separation verzichtet wird" (Heimlich 2016, 118). Integration setzt immer eine Randstellung bzw. einen vorherigen Ausschluss voraus: „Integration in allgemeinster systemtheoretischer Formulierung ist ein Prozeß, in dem neue Elemente in ein System so aufgenommen werden, dass sie sich danach von den alten Elementen nicht mehr unterscheiden als diese untereinander“ (Endruweit/Trommsdorf 1989, zitiert nach Cloerkes 2007, 210).

Die Bemühungen hierum zielen also auf die Wiederherstellung von sozialer Integration, auf die Anpassung der Integrierenden an die Maßstäbe der bereits Integrierten. Inklusion dagegen ist mit „Nicht-Aussonderung“ oder „unmittelbarer Zugehörigkeit“ zu übersetzen (Theunissen 2006a, 13). Inklusion, so Cloerkes (2007, 212), geht weiter als die Integrationsbemühungen, denn:

„[…] mit Integration [ist] die Eingliederung behinderter Menschen in das soziale System Nichtbehinderter gemeint, aus dem nie alle behinderten Menschen vollständig ausgegliedert waren und sind und verweist damit auf den systematischen Antagonismus von Aussonderung und Integration, während Inklusion es erst gar nicht zur Ausgrenzung kommen lässt“.

Mit Inklusion wird die Vorstellung verbunden, dass, statt mit nachträglicher Integration, durch strukturelle Veränderungen in der Gesellschaft ein Leben für alle Menschen, auch für Menschen mit Beeinträchtigungen, in ein- und derselben Gesellschaft und nicht am Rande ermöglicht werden soll.

Inklusion als Weiterentwicklung des Integrationsmodells richtet die Aufmerksamkeit auf die Gestaltung der gesellschaftlichen Bedingungen zu einem besseren Leben von Menschen mit Beeinträchtigungen in der Gemeinde, wie sie u. a. im Community-Care/Community-Living (Kap. 3.4.2) gesehen werden. Wesentliches Merkmal ist hierbei, den Menschen mit Beeinträchtigung vor allem als Bürger eines Gemeinwesens zu sehen, mit all den für Bürger ohne Beeinträchtigung geltenden Rechten, aber auch Pflichten. Man könnte von einer moralischen Gleichheit (Gleichheit an Rechten und Teilhabeansprüchen) der Verschiedenen sprechen. Dies schließt ein Einbezogensein als vollwertiges Mitglied der Gesellschaft mit ein und beendet damit den (Wieder-)Eingliederungsgedanken. Damit setzt Inklusion den Ansatz des Normalisierungsprinzips fort und erweitert diesen.

Für den Bereich der schulischen Pädagogik ist zudem die Salamanca-Erklärung (UNESCO 1994) von Bedeutung, in der bereits das Wort „inclusion“ im Sinne von Einbezug genutzt wurde. Die Salamanca-Erklärung hebt durchgängig die Notwendigkeit der Verknüpfung der Schule und der Bildungspolitik mit außerschulischen Bereichen (Gemeinde) und der Sozial-, Arbeits- und Gesundheitspolitik heraus. Gemeindenahe Rehabilitation (Community Based Rehabilitation) und schulische Inklusion sind untrennbar aufeinander bezogen. Zahlreiche der in den Leitlinien beschriebenen Maßnahmen beziehen sich hierauf, zusätzlich stellen „externe unterstützende Systeme“ und „Perspektiven in der Gemeinde“ zwei von insgesamt sieben eigenen Aktionsbereichen dar.

Sander (2002, zitiert nach Kulig 2006, 50 f.) beschreibt die Entwicklung des Inklusions- bzw. Integrationsgedankens in folgenden Phasen:

- „**Exklusion:** Bestimmte Personengruppen sind völlig vom Bildungs- und Erziehungssystem ausgeschlossen. Man denke an sog. ‚schulbildungsunfähige‘ geistig schwerbehinderte Personen.
- Einteilung der Kinder anhand bestimmter diagnostischer Kriterien in dafür spezialisierte Schulformen und andere pädagogische Einrichtungen.
- **Integration:** Unter Erhalt der Dominanz des ‚Normalen‘ werden einzelne marginalisierte Personen bzw. Personengruppen in Regelinstitutionen und -abläufe integriert.
- **Inklusion:** Alle werden als heterogene, aber trotzdem einheitliche Personengruppe betrachtet. Die Idee des ‚Normalen‘ und damit die Möglichkeit, bestimmte Personen als ‚unnormal‘ an den Rand zu drängen, wird aufgegeben. Marginalisierung und Aussonderung sind ausgeschlossen.
- **Allgemeine Pädagogik:** Heterogenität und Vielfalt sind nichts Außergewöhnliches mehr. Der Begriff der Inklusion wird überflüssig und das Konzept der Inklusion geht in einer allgemeinen Pädagogik auf.“

Mit der letzten Phase geht er sogar weit über den aktuellen Stand der theoretischen Diskussion und der praktischen Modelle (Biewer 2017) hinaus und proklamiert eine Re-Fusion der pädagogischen, sonderdisziplinären Ansätze zu einer Allgemeinen Pädagogik, wie sie u. a. auch von Benner (2001) theoretisch begründet wird.

Neben dem, einem sozialen Modell von Behinderung oder der inklusiven Pädagogik folgendem, Verständnis von Inklusion muss allerdings im Anschluss an die Systemtheorie Niklas Luhmanns davon ausgegangen werden, dass der Inklusionsbegriff, wie er in der heil- und sonderpädagogischen Literatur derzeit verwendet wird, theoretische Probleme aufwirft. So muss man sich fragen, ob der Inklusionsanspruch nicht vielmehr ein normativer bzw. ethischer ist, indem „angenommen wird, dass Inklusion, verstanden als eine vollständige Eingebundenheit, die einzig pädagogisch angemessene Lösung ist (im Sinne theoretischer

Wahrheit und praktischer Richtigkeit) und deshalb in der Gesellschaft etabliert werden muss“ (Kulig 2006, 51).

Dieser von vielen als illusionär angesehenen Vorstellung kann mit Winkler (2014, 108) entgegengehalten werden:

„Inklusionisten träumen von einer politischen Veränderung, welche die ganze Gesellschaft umfasst. Dann sprechen sie von einer pädagogischen Revolution, von einem vollständigen Richtungswechsel in Erziehung und Unterricht, bei dem alles neu zu denken und zu bestimmen wäre, was mit dem Begriff der Bildung zu fassen sei […]“.

Ohne Weiteres könnten die hier auf Bildung konzentrierten Feststellungen auch auf andere Lebensbereiche übertragen werden, in denen sich ebenfalls die Frage nach der Realisierungsmöglichkeit solcher Utopien stellt.

Interessanterweise wird „Inklusion“ nämlich relativ selten mit der Systemtheorie von Luhmann verbunden, obwohl dieser den Begriff der Inklusion als zentrale Kategorie nutzt und ihm die Exklusion als gegensätzlichen Modus in der modernen, funktional differenzierten Gesellschaft entgegenstellt.

Die Systemtheorie von Luhmann geht u. a. davon aus, dass sich die moderne Gesellschaft funktional differenziert hat, d. h., im Zuge der Arbeitsteilung haben sich Teilsysteme gebildet, die von ihrer Umwelt relativ stark abgeschlossen sind und eigene Regeln, Sprachen und Strukturen gebildet haben (Autopoiesis) und nur über bestimmte Verbindungen mit anderen Teilsystemen (und damit der Umwelt) verbunden (strukturelle Koppelung) sind. Durch binäre Codes grenzen sie sich von der Umwelt ab und zeigen, wofür sie funktional zuständig sind. So nutzt beispielsweise das Medizinsystem den Code „krank / gesund“, das Wirtschaftssystem den Code „Haben / Nichthaben“ und das Bildungssystem den Code „gute / schlechte Zensuren“ bzw. in der extremen Variante „bildungsfähig / bildungsunfähig“ oder auch „beschulbar / unbeschulbar“ (Reese-Schäfer 2005).

Weiterhin geht Luhmann davon aus, dass sich durch die Begriffe der Inklusion und Exklusion die Modi feststellen lassen, nach denen sich die Gesellschaft strukturiert bzw. sich Teilsysteme für Menschen öffnen oder schließen. Hierbei ist jedoch zu beachten, dass mit Luhmann die Exklusionskraft der Teilsysteme (z. B. vermittelt über die von ihnen formulierten Rollenerwartungen) als sehr stark eingeschätzt werden kann, und umgekehrt die Inklusion eher als eine Bemühung des Einzelnen um Anpassung an diese Erwartungen verstanden werden muss. Dieses Inklusionsverständnis stünde damit dem bisher skizzierten diametral entgegen. Schädler (2002) bezeichnete dieses Phänomen bzgl. einer Reorganisation des Unterstützungssystems als „institutionelle Beharrlichkeit".

Luhmann (1989, 160) beschreibt allerdings mit der „Exklusionsindividualität" einen Freiheitsgrad, dessen Wirkung gerade darin besteht, dass Menschen nicht mehr qua Tradition, Stand, Geschlecht u. a. Merkmalen automatisch in bestimmte gesellschaftliche Teilsysteme inkludiert werden, sondern sich erst durch Sozialisation und Wahl in bestimmte Teilsysteme inkludieren lassen oder inkludiert werden. Zudem sind Menschen – in der Luhmann'schen Systemtheorie – auch immer nur Teil bestimmter Teilsysteme, entweder zeitlich oder funktional begrenzt oder dauerhaft ausgegrenzt.

„Die Idealisierung des Postulats der Vollinklusion aller Menschen in die Gesellschaft täuscht über gravierende Probleme hinweg. Mit der funktionalen Differenzierung des Gesellschaftssystems ist die Regelung des Verhältnisses von Inklusion und Exklusion auf die Funktionssysteme übergegangen, und es gibt keine Zentralinstanz mehr (so gern sich die Politik auch in dieser Funktion sieht), die die Teilsysteme in dieser Hinsicht beaufsichtigt" (Luhmann 1997, 630).

Eine solche Zentralinstanz wäre allerdings in normativ wirksamen und gesellschaftlich durchgesetzten Ansprüchen von Menschen mit Beeinträchtigungen, z. B. auf Gleichstellung durch das Gleichstellungsgesetz, gegeben. Obwohl dieses Gesetz alle Lebensbereiche mit der Gleichstellung konfrontiert, bleibt der Luhmann'sche Ansatz wahr, dass niemand – egal ob beeinträchtigt oder nicht – in alle Teilsysteme (und damit in die gesamte Gesellschaft) integriert ist. Allerdings sollte – als Verbindungsstelle zwischen der normativen Forderung nach Inklusion und der systemtheoretisch begründeten Exklusion – das Bemühen der Gesellschaft doch dahingehen, die Inklusion in die für das Individuum oder die soziale Gruppe bedeutsamen, ressourcen- oder identitätsschaffenden Teilsysteme zu ermöglichen.

Ein diese Diskussion aufnehmender oder auch lösender Ansatz könnte im Modell der Teilhabe bzw. Teilnahme liegen. Teilzuhaben an bedeutsamen Prozessen, Organisationen, Institutionen und Lebensbereichen bedeutet das Einbezogensein von Menschen und beschreibt somit zunächst ein Ziel. Zeitgleich ist die dafür notwendige Anstrengung, die etwa in der Gestaltung barrierefreier und nichtdiskriminierender Umwelten bzw. Lebenswelten, eher als (zivil-)gesellschaftliche zu verstehen oder mit Luhmann als Aufgabe der für die unterschiedlichen

Teilsysteme zuständigen Organisationen bzw. sozialen Systeme. Teilnahme hingegen – als komplementärer Begriff – kann nur von Menschen selbst praktiziert werden, wenn sie vorhandene Teilhabechancen nutzen und daran teilzunehmen, aktiv oder passiv. Gleichzeitig bedeutet Teilnahme auch die Anmahnung entsprechender Teilhabebarrieren. Wenn Teilhabegewährung also als Top-down-Strategie auf Teilnahmeinteressen als Bottom-up-Prozess stößt, könnte eine Inklusion gelingen.

Ob und inwieweit sich also erstens eine natürliche Inklusion von Menschen (mit Beeinträchtigungen) erreichen lässt oder ob diese Inklusion zweitens quasi stellvertretend durch soziale Institutionen oder drittens nur in diesen sozialen Institutionen stattfindet, muss noch theoretisch fundiert werden, ehe man den Begriff der Inklusion unreflektiert übernimmt.

Als Letztes sei nur kurz auf aus sozialpsychologischer Sicht wichtige Faktoren wie Ausgrenzung bzw. Stigmatisierung hingewiesen. Obwohl zwischen allgemeiner Einstellung und konkretem Handeln unterschieden werden muss, kann doch gelten, dass es immer noch „beachtliche Vorurteile in der Bevölkerung gibt […]“. Das liegt vor allem daran, dass die soziale Reaktion auf Menschen mit Behinderungen wegen ihrer irrationalen und affektiven Basis eine erhebliche Änderungsresistenz hat“ (Cloerkes 2009, 211).

Für die Gestaltung einer inklusiven Gesellschaft braucht es daher nicht nur Veränderungen in dessen Teilsystemen, etwa im Arbeitsmarkt oder im Schulsystem, sondern auch in den Köpfen der Menschen, die dort ihren Arbeitsplatz haben oder zur Schule gehen, Lehrer/in oder Eltern sind.

Übungen zu Kap. 3.2.5

24. Verständnisfrage: Wie unterscheidet sich das Inklusionsmodell vom Integrationsmodell?
25. Diskussions-/Reflexionsfrage: Ist die theoretische Begründung von Inklusion als neues Paradigma für die Behindertenhilfe tatsächlich nachvollziehbar?

3.2.6 Care-Ethik und Gerechtigkeit

Die Idee der Care-Ethik ist mit der frühen Berufsgeschichte der Sozialen Arbeit und ihrer Idee einer „geistigen Mütterlichkeit“ eng verbunden. „Geistige Mütterlichkeit" war das Motto der bürgerlichen Frauenbewegung Anfang des 20. Jahrhunderts und es stand für die Auffassung, dass der männlich geprägten Armen- und Wohlfahrtspflege mit ihrem starken Kontrollcharakter eine weiblich ausgerichtete Fürsorge gegenübergestellt werden sollte. Dahinter stand die Annahme einer „besonderen, sozial verpflichtenden, weiblichen Fähigkeit zu helfen" (Brückner 2004, 12), die – kombiniert mit zu erwerbendem Wissen über soziale Not und soziale Verwaltung – zum Grundstein für den Beruf der Fürsorgerin werden sollte.

Joan Tronto stellt vier Prozess- und vier Praxisformen von Care heraus (Tab. 3):

Meines Erachtens kommt ein weiterer Aspekt der Sorge hinzu, nämlich, dass beim „Um-Sorgten" das Gefühl des Aufgehobenseins und der Bedürfnisbefriedigung stets mit einem hohen Maß an Selbstbestimmung einhergehen muss. Daher tariert die Care-Ethik das derzeit gültige und gesellschaftlich hoch geschätzte Prinzip der allseitigen Autonomie und Unabhängigkeit neu aus.

Wesentlich angestoßen hat die Debatte um eine Care-Ethik die Entwicklungspsychologin Carol Gilligan, denn sie kritisierte die einseitige Abwertung von Sorge bei gleichzeitiger Priorisierung der Gerechtigkeit in dem Stufenmodell moralischer Entwicklung von Lawrence Kohlberg, die nach Gilligans Ansicht auf der alleinigen Berücksichtigung männlicher Erfahrungswelten beruhe. Sie stellte die Orientierung am Leitwert Sorge als gleichrangige, parallele Perspektive neben die Orientierung an der Gerechtigkeit (Oser / Althof 1992, 293 ff.)

Brückner (2004, 9) sieht deshalb die Aktualität des Prinzips nicht darin, dass es zu einer „heilen Welt" führen könne, impliziert es doch die Gefahr des Scheiterns und die Gefahr der Kolonialisierung des anderen als Hilfsbedürftigen durch moralische Ansprüche sowie die „fürsorgliche Belagerung" (Heinrich Böll). Vielmehr könne es als Korrektiv zum neoliberalen Mainstream durchaus dann seinen Einfluss entfalten, wenn es nicht zu naiv aufgefasst und um die Idee der Gerechtigkeit ergänzt wird. Wenn der Care-Gedanke gerade davon geprägt ist, den einzelnen Menschen zu sehen und eine „kontextsensible Verantwortungsmoral" zu entwickeln, benötigt, wie Großmaß (2006, 322) ausführt, Gerechtigkeit eine Haltung, die von den Besonderheiten des Einzelfalls absieht und die ungefähr gleiche Handlungsfähigkeit aller Beteiligten voraussetzt.

Es stellt sich allerdings die Frage, ob nicht Gerechtigkeit selbst umsorgend sein kann, wenn man beispielsweise eine die gute Lebensführung der Menschen erzeugende, distributive Sozialpolitik als solche versteht

(Nussbaum 2015, 149 ff.). Dieser Gedanke mutet zunächst befremdlich an, wird doch klassischerweise als Agentin der Sorge die pädagogische, pflegerische Tätigkeit angesehen und nicht eine sozialpolitische.

Tab. 3: Ethische Elemente des Care-Begriffs (Conradi 2001, 225)

Prozess engagierter Sorge	**Ethische Elemente der Praxis Care**
Anteilnahme (caring about) ▪ Feststellung, dass Unterstützung nottut ▪ Wahrnehmung eines Bedürfnisses ▪ Sich in die Perspektive anderer hineinversetzen	Aufmerksamkeit (attentiveness) ▪ Aufmerksamkeit für andere und ihre Belange ▪ Überidentifikation führt zu Selbstverlust: die eigenen Bedürfnisse wahrnehmen
Unterstützung (take care of) ▪ Bereit sein, Verantwortung zu übernehmen ▪ Handlungsmächtigkeit (agency) ▪ Beurteilen, wie geholfen werden kann	Verantwortlichkeit (responsibility), ▪ Verantwortlichkeit unterscheidet sich von der Erfüllung von Pflichten ▪ Verantwortungsfragen auch in politische Debatten hineintragen ▪ Hintergründe und Entstehung von Konflikten berücksichtigen ▪ Kritik hierarchischer Vorstellungen von Geschlecht, Klasse und kulturell-ethnischer Zugehörigkeit
Versorgen (care-giving) ▪ Direktes Eingehen auf den Bedarf ▪ Schließt die körperliche Zuwendung ein ▪ Kontakt wischen care-giver und care-receiver	Kompetenz (competence) ▪ Übernahme von Verantwortung und einer angemessenen Versorgung ▪ Bei eigener Unzulänglichkeit dafür sorgen, dass eine andere fachkundigere Person die Versorgung übernimmt
Reaktion (care-receiving) ▪ Antwort der Person, für die gesorgt wurde ▪ Care-receiver beurteilen die Versorgung ▪ Wahrnehmungen der care-giver werden berichtigt	Resonanz (responsiveness) ▪ Das Sich-Einlassen derer, die versorgt werden ▪ Engagierte Sorge ist immer mit Bedingungen der Ungleichheit befassbar – Abhängigkeit ist missbrauchbar ▪ Es ist notwendig, eine Balance zu halten zwischen den Bedürfnissen der care-giver und der care-receiver ▪ Responsiveness als Alternative zur Reziprozität

Schmid (1998) ist der Auffassung, dass sich eine gute Lebensführung darin ausdrückt, dass sich Selbstsorge nicht als ängstliche Sorge, sondern als kluge, d.h. reflektierte, bewusste Sorge, konzipieren lässt. Als Sorge für andere würde sie die Möglichkeit bedeuten, dem funktionalistischen Egozentrismus zu entkommen:

„So wie die Selbstsorge erst dann zu ihrem vollen Begriff kommt, wenn sie die Sorge für Andere mit umfasst, setzt die Sorge für Andere das Selbst voraus, das in der Lage ist, seine Wahl zu treffen, sich selbst zu verpflichten und in diesem Sinne seine Selbstsorge wahrzunehmen" (Schmid 1998, 267).

Übertragen auf das Sorgemodell des Community Care (Kap. 3.4.2) hieße dann eben, sich um die Emanzipation der anderen zu sorgen, d.h., dafür zu sorgen, dass sie zunehmend freier und selbstbestimmter leben können. Gleichwohl geht damit, so Nussbaum (2003, 183), auch eine Herausforderung einher, denn:

„[...] jede reale Gesellschaft ist eine Fürsorge-spendende und eine Fürsorge-empfangende Gesellschaft und muss daher Wege finden, um mit diesen Fakten klarzukommen, Wege, die vereinbar sind mit der Selbstachtung der Fürsorgeempfänger und die den Fürsorgespender nicht ausbeuten".

Doch was bedeutet Gerechtigkeit im Allgemeinen und im Speziellen für Menschen mit geistigen Beeinträchtigungen? In der Gerechtigkeitsphilosophie haben sich – jenseits theologischer Begründungen – neben utilitaristischen Begründungen vor allem liberale Theorien entwickelt. Zu den einflussreichsten liberalen Theorien der heutigen Zeit zählen die von John Rawls und die von Amartya Sen und Martha Nussbaum (Kap. 2.4.3).

Eurich (2008) analysiert diese Ansätze ausführlich und kommt – auf eine Weise, die sich an der Teilhabe von Menschen mit Beeinträchtigungen orientiert, – zu treffendem Schluss:

„Neben der Absicherung der Existenzgrundlagen (moralisches Minimum) und der Gewährleistung der Voraussetzungen gesellschaftlicher Kooperation (Grundgüter, Gesundheit) ist die Begrenzung sozialer Ungleichheit genauso ein Thema wie die Orientierung an Teilhabe, um auf neuere gesellschaftliche Exklusionsphänomene reagieren zu können. Die Grundlage von Teilhabe besteht neben einer hinreichenden Ausstattung mit Ressourcen zum einen in der Befähigung zum eigenständigen Leben, um die individuell gewollten Formen von Selbstbetätigung und Teilnahme am gesellschaftlichen Leben realisieren zu können, um anderen in kulturellen und sozialen Räumen, in denen Menschen die Achtung ihrer Persönlichkeit und in sozialen Zusammenhängen als wertvolle Kooperationspartner anerkannt sind. Ohne diese Erfahrungen bleibt die Orientierung an Teilhabe nicht mehr als ein abstraktes Ziel" (Eurich 2008, 389 f.).

Übungen zu Kap. 3.2.6

26. Verständnisfrage: Welche Facetten des Sorge-Prinzips gibt es?
27. Diskussions-/Reflexionsfrage: Welche Rolle kann „Fürsorge" als Sorge für Andere heute – angesichts von Selbstbestimmung und Autonomie – noch spielen?

3.3 Lebenslage von Menschen mit Beeinträchtigungen und professionelle Unterstützungsformen

Neben einer begrifflichen Annäherung an den Begriff der Lebenslage soll im Folgenden der Schwerpunkt auf die Darstellung der vorliegenden empirischen Erkenntnisse über die Lebensbedingungen von Menschen mit Beeinträchtigungen gelegt werden.

Der soziologische Terminus „Lebenslage" liefert ein Konzept, mit dem heute v.a. im Rahmen der Sozialberichterstattung bzw. der Sozialindikatorenforschung die Lebensverhältnisse von Menschen aufbauend auf einer mehrdimensionalen Sichtweise beschrieben werden können. Im Modell der Lebenslage verbinden sich vertikale Kategorien (Einkommen, Bildungsstand, Wohnen u.a.) mit horizontalen Kategorien wie Alter, Geschlecht, Motivation, Bewältigungsvermögen. Vertikal deshalb, weil damit das Schichtmodell der Soziologie fortgeführt wird. Jedoch wurde seit den 1980ern deutlich, dass diese nicht ausreichen, um die Lebenssituation der Bevölkerung darzustellen und sie daher um horizontale Faktoren erweitert werden müssen, die die vertikalen kreuzen und so ein multidimensionales Bild ergeben.

Für die Soziale Arbeit hat Wendt (1988) als Erster das sozialwissenschaftliche Konzept der Lebenslage derart auf die Soziale Arbeit übertragen, dass aus den gewonnenen Daten über Lebensbedingungen nicht nur sozialpolitische Konsequenzen gezogen werden können, sondern gleichzeitig ein Instrument zur Planung und Strukturierung von sozialarbeiterischen Entscheidungen generiert werden könnte.

> „Die Lage, in der ein Mitbürger die Hilfe eines Sozialdienstes in Anspruch nimmt, ist von der sozialen Charakteristik der Situation her und aus dem individuellen Erleben in ihr zu fassen, von beiden Seiten gleichzeitig vom Betroffenen und denen, die raten und beistehen, zu bestimmen" (Wendt 1988, 79).

Sie wird damit zu einer verbindenden Vorstellung von Strukturen und Prozessen, wenn sich zu der Erfassung räumlich-materieller und sozioökonomischer Gegebenheiten auch psychosoziale Bewältigungsprozesse und gemeinschaftliche Aktionen der Betroffenen gesellen.

Dabei wird angenommen, dass für die soziale Lage von Individuen verschiedene Dimensionen eine Rolle spielen. Anhand des Lebenslagenansatzes lassen sich unterschiedliche Lebensverhältnisse in mehrdimensionaler Perspektive beschreiben. Nicht nur materielle Lebensverhältnisse, sondern auch weitere Einflussfaktoren wie Bildung, Beschäftigung bzw. Arbeitslosigkeit, Krankheit, Wohnsituation, soziale Netzwerke und anderes beeinflussen die Lebenslage.

Das Konzept der Lebenslage ist eng verknüpft mit dem Modell der Lebensqualität. Im Lebensqualitätsmodell von Glatzer/Zapf (1984, 23), einem integrativen Ansatz, der objektive und subjektive Faktoren zusammendenkt, wird der Anspruch wie folgt formuliert:

> „Unter Lebensqualität verstehen wir für unsere Zwecke zunächst einmal gute Lebensbedingungen, die mit einem positiven subjektiven Wohlbefinden zusammengehen. In einer allgemeinen Definition ist die Lebensqualität von Individuen und Gruppen bestimmt durch die Konstellation (...) der einzelnen Lebensbedingungen und der Komponenten des subjektiven Wohlbefindens."

Gleichzeitig ist mit der verallgemeinerten, objektivierten Lebensqualitätsforschung zwar eine Nähe zum Lebenslagenmodell gegeben, ein daraus resultierender Mehrwert wird jedoch dadurch wieder geschwächt, dass die subjektiv empfundene Lebensqualität so außer Acht gerät (Schäfers 2017).

Im Sinne der Qualitätsdiskussion in der Behindertenhilfe hat Beck (1998) das Lebensqualitätsmodell als Ziel im Rahmen der Sicherung der Normalisierungs- und Integrationsbemühungen charakterisiert. Die Lebensqualität von Menschen mit Beeinträchtigungen sollte sich wesentlich verbessern, wenn die sozialen Dienste und Institutionen die

Ansprüche des Normalisierungsprinzips umsetzten. Eine Variante dieser Forderung wurde im Rahmen des Qualitätsmanagementsystems „LEWO II – Lebensqualität in Wohnstätten für erwachsene Menschen mit geistiger Beeinträchtigung“ (Schwarte/Oberste-Ufer 2001) realisiert. Dieses Instrument dient zur Überprüfung von Einrichtungen, inwieweit dort die Lebensqualitätsstandards des Normalisierungs-, des Integrations- sowie des Selbstbestimmungsprinzips verwirklicht wurden. Zudem belegen Studien (Seifert 1997, 2002; Wacker et al. 1998; Dworschak 2004; Schäfers 2008; Peiffer et al. 2009) die hohe Relevanz des Lebensqualitätskonzeptes.

Für die weitere Darstellung wird vorhandenes Datenmaterial zusammengetragen und, wo angesichts des hohen Einflusses auf institutionelle Hilfsangebote nötig, auch die Umweltfaktoren miteinbezogen werden müssen. Professionelle Soziale Arbeit mit Menschen mit Beeinträchtigungen findet in institutionellen oder organisatorischen Zusammenhängen statt, die zum großen Teil sozialstaatlich definiert sind. Entsprechende Hilfen in den Bereichen „Wohnen“, „Bildung“, „Arbeit“, „Freizeit“, „Familie“ und bei Problemen, die „Beratung“ und „Therapie“ benötigen, werden im Folgenden dargestellt und erläutert, auch, um damit gleichzeitig die „Orte“ sozialprofessioneller Unterstützung vorzustellen. Für weitere Lebenslagenanalysen sei u. a. auf Beck/Greving (2012), auf Hedderich et al. 2016 und den *Teilhabebericht der Bundesregierung über die Lebenslagen von Menschen mit Beeinträchtigungen* (2016) verwiesen.

Spezifische Darstellungen im Bereich von Alter-, Geschlecht- oder Migration, können hier nur kurz skizziert werden. Bezüglich der Daten zur Situation von Frauen und Männern mit Beeinträchtigung liegt eine umfangreiche Analyse von Michel/Häußler-Sczepan aus dem *Gender Datenreport des Bundesministeriums für Familie, Senioren,* Frauen und Jugend (2005) vor. Daraus geht u. a. hervor, dass Männer ein höheres Risiko tragen, durch Unfall oder Krankheit beeinträchtigt zu werden. Dafür erhalten Frauen mit Beeinträchtigungen seltener Zugang zu Maßnahmen des Nachteilsausgleichs. Für das Alter gilt, dass je älter Menschen werden, desto mehr Beeinträchtigungen treten auf, wie in Abbildung 3 zu sehen ist. So werden dann auch häufiger Anträge auf Feststellung einer Schwerbehinderung bewilligt.

Wie in Tabelle 4 zu sehen ist, haben nur 3,8 % aller Menschen mit einer Beeinträchtigung diese schon von Geburt an, folglich besteht der Rest aus erworbenen Beeinträchtigungen, darin dominieren die durch Krankheiten (86,4 %) verursachten Beeinträchtigungen.

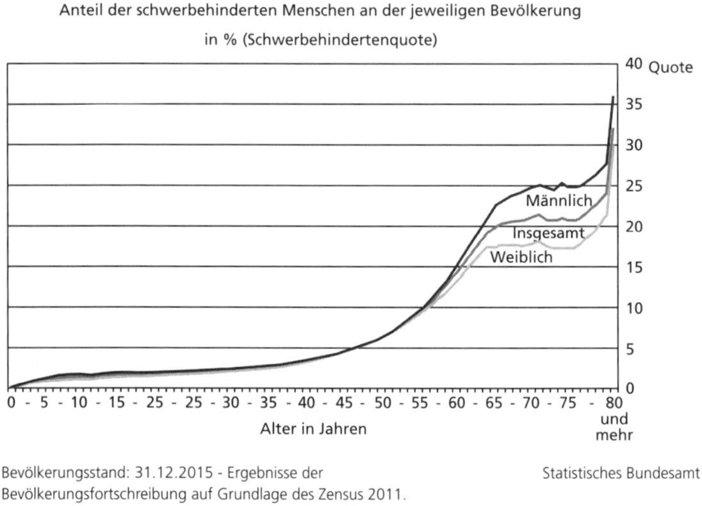

Abb. 3: Vorkommen von Schwerbehinderung im Lebenslauf (Statistisches Bundesamt 2015, 6)

Die Lebenslage von Migrantinnen und Migranten mit einer Beeinträchtigung ist derzeit, angesichts der aktuellen Lage seit 2005, nur vorsichtig zu beschreiben. Zur Häufigkeit von Beeinträchtigungen unter Migranten ist im Teilhabebericht von 2016 Folgendes zu lesen:

„Von den 16,6 Mio. Menschen mit Migrationshintergrund hatten 1.580.120 Menschen eine Beeinträchtigung (...), dies entspricht einem Anteil von 9,5 %. Dieser Anteil ist niedriger als der Anteil der Menschen mit Beeinträchtigungen an der Bevölkerung ohne Migrationshintergrund (16,7 %). (...). Von den 1,58 Mio. Personen mit Beeinträchtigungen und Migrationshintergrund im Jahr 2013 hatten 1,2 Mio. Personen eine anerkannte Behinderung, darunter 845.224 Personen eine Schwerbehinderung und 359.071 Personen eine Behinderung mit einem GdB unter 50 (...). Darüber hinaus waren 375.825 Personen chronisch krank ohne anerkannte Behinderung" (Bundesministeriums für Arbeit und Soziales 2016, 449).

Epidemiologische Daten über die Häufigkeit geistiger Beeinträchtigung sind in weiten Teilen unvollständig und unzuverlässig. Für Deutschland wird ein Anteil von 0,4 % bis 0,6 % an der Gesamtbevölke-

Tab. 4: Schwerbehinderte Menschen am 31.12.2015, nach Ursache der schwersten Beeinträchtigung und Geschlecht (Statistisches Bundesamt 2015, 15 f.)

Ursache der schwersten Beeinträchtigung	**Insgesamt**		**männlich**		**weiblich**	
	Anzahl	**%**	**Anzahl**	**%**	**Anzahl**	**%**
Insgesamt	7615560	100	3866994	100	3748566	100
Angeborene Beeinträchtigung	290248	3,8	161455	4,2	128793	3,4
Arbeitsunfall	63585	0,8	54419	1,4	9166	0,2
Verkehrsunfall	36594	0,5	26582	0,7	10012	0,3
Häuslicher Unfall	6870	0,1	4421	0,1	2449	0,1
Sonstiger oder nicht näher bezeichneter Unfall	23688	0,3	16751	0,4	6937	0,2
Anerkannte Kriegs-, Wehrdienst- oder Zivildienstbeschädigung	24425	0,3	21043	0,5	3382	0,2
Allgemeine Krankheit (einsch. Impfschaden)	6583463	86,4	3289221	85,1	3294242	87,9
Sonstige, mehrere oder ungenügend bezeichnete Ursachen	586687	7,7	293102	7.6	293585	7,8

rung angenommen (Musenberg 2016, 215), also ca. 325.000 – 488.000 Menschen. Eine ähnliche Schätzung hatte auch Thimm (2003) vorgenommen. Legt man die Zahlen der Schüler in den Förderbereichen „Lernen“ und „geistige Entwicklung“ an Förderschulen (273.451) und allgemeine Schulen (82.804) zugrunde und hypostasiert, dass die Beeinträchtigung auch im Erwachsenenalter bestehen bleibt, dann kommt man insgesamt auf eine Zahl von 356.255 Menschen mit einer geistigen- bzw. Lernbeeinträchtigung (eigenen Berechnungen auf der Basis der Dokumentation der Kultusministerkonferenz 2016). Koppelt man das Kriterium „geistige Beeinträchtigung“ mit dem Schwerbehindertenstatus, so wurden zuletzt 299.000 Menschen gezählt (Bundesministerium für Arbeit und Soziales 2016, 40).

3.3.1 Wohnen

> Wohnen ist zentral für die Zufriedenheit von Menschen, vor allem der eigene Wohnraum gibt Sicherheit und bietet Rückzugs- und Erholungsmöglichkeiten. Wohnräume sind auch einer der zentralen Kontexte, in denen soziale Hilfen ihren Platz haben. Im Folgenden werden nach grundlegenden Erörterungen zur Bedeutung des „Wohnens" die klassischen Wohnformen vorgestellt und in ihrer Bedeutung diskutiert. Dabei wird deutlich, wie hoch die Vielfalt an unterschiedlichen Wohnformen derzeit ist und wie dringlich der Bedarf nach einer weiteren Diversifizierung.

Eine Wohnung zu haben ist ein Grundbedürfnis von Menschen. Thesing (2009) stellt dazu anthropologische Überlegungen an, die ich im Folgenden aufnehmen möchte. Er stellt dabei den Begriff des Raumes in den Mittelpunkt, der zweierlei bedeuten kann: Zunächst einmal bezeichnet Raum „das Umgreifende, in dem alles seinen Platz, seinen Ort, seine Stelle hat“ (27). Räume sind meist schon da, bevor Menschen in ihnen wohnen, sodass ihnen nur die Raumaneignung bleibt, d. h. die bewusste oder unbewusste Einflussnahme auf Gestaltung, Aufteilung und Einrichtung des Wohnraums. Raum bedeutet so für den Menschen eine Aufforderung, Aktivität, Tätigsein, kein passives Erfahren oder gar Erdulden des Raumes. Setzt man Menschen also in nicht veränderbare Räume, so verhindert man die menschliche Entfaltungskraft und entzieht ihnen die Möglichkeit, sich mit dem Raum zu verbinden, ihm eine für den Einzelnen relevante Gestalt abzugewinnen.

Zum Zweiten stellt Wohnraum die Möglichkeiten zur Entfaltung weiterer menschlicher Aktivitäten dar, wie z. B. Erholung, soziale Nahkontakte, Freizeit, Essen, Schlafen. In Anlehnung an Thesing (2009, 30 ff.) können weitere Grundbedürfnisse in den Zusammenhang mit Wohnen gebracht werden:

- Die Wohnung bietet darüber hinaus Geborgenheit, Schutz und Sicherheit und eine gewisse Form von Privatheit, die in einer bürgerlichen Gesellschaft mit demokratischen Formen sogar vor staatlichem Handeln geschützt ist (Artikel 13 Grundgesetz: Unverletzlichkeit der Wohnung).
- Die Wohnung schafft die Erfahrung von Beständigkeit und Vertrautheit, indem Menschen den Wohnraum nach ihren Vorstellungen mit Dingen ausstatten, die ihnen guttun und in denen sie sich wohlfühlen.
- Damit eng verbunden ist die Eigenschaft der Wohnung als Raum für Selbstverwirklichung und Selbstverfügung: Innerhalb der – nicht immer selbst zu verändernden – baulichen Grundstrukturen kann eine Wohnung nach eigenem Geschmack gestaltet werden.
- In erweiterter Form bietet der Wohnraum daher auch die Möglichkeit zur Selbstdarstellung, indem Geschmäcker gezeigt, Hobbys gepflegt und symbolische Handlungen vollzogen werden können, um dem anderen zu zeigen, wer man ist.

Die oben beschriebenen Grundlagen des Wohnens (vgl. zu weiteren Dimensionen und diesbezüglichen Studien Dieckmann 2012, 235 ff. und Wansing 2016, 455) gelten natürlich auch für Menschen mit einer Beeinträchtigung. Obwohl es in den letzten Jahrzehnten in Deutschland erhebliche Verbesserungen des Wohn- und Unterstützungsspektrums gegeben hat, leben immer noch ca. 60 % der Menschen mit Beeinträchtigungen nach Auszug aus dem Elternhaus in stationären Einrichtungen (Seifert 2016, 455). Grundsätzlich bedarf die Gestaltung des Wohnens von Menschen mit Beeinträchtigung noch erheblicher Verbesserungsbedarfe, um dem Prozess der De-Institutionalisierung einen Prozess der Inklusion, mithin ein Leben innerhalb der Gemeinde, folgen zu lassen. Denn räumliche Integration alleine schafft noch keine soziale Integration. Zudem fehlen nach wie vor noch barrierefreie Wohnungen und an die Bedürfnisse nach selbstbestimmten Leben angepasste Wohn-, Pflege-, Betreuungs- bzw. Unterstützungsarrangements (Seifert 2016, 458). Wie viele genau und in welcher Form ist derzeit unbekannt (Bundesministerium für Arbeit und Soziales 2016, 253).

Institutionelle Unterstützung

Die mittlerweile sehr differenzierte Palette von unterstützten Wohnformen reicht in Deutschland von Wohnheimen, kleineren Formen des Gruppenwohnens (Wohngruppe und ambulant betreute Wohngemeinschaft), Paarwohnen bzw. Eltern-Kind-Wohnen bis hin zum ambulant betreuten Einzelwohnen und sehr vereinzelt auch dem Wohnen in Gast- und Pflegefamilien.

Dieckmann (2012) berichtet davon, dass im Jahr 2000 bundesweit 90 % der geistig beeinträchtigten Menschen, die Unterstützung im Wohnalltag benötigen, in stationären Wohneinrichtungen lebten. Neuere Studien sprechen von ca. 54 %, und davon wiederum zwei Drittel mit geistiger Beeinträchtigung (Bundesarbeitsgemeinschaft der überörtlichen Träger der Sozialhilfe 2016, 7), die in stationären Settings wohnen und betreut werden. Strubel (2004, 156f.) konstatierte, dass 70 % aller Menschen mit geistiger und mehrfacher Beeinträchtigung in Institutionen mit mehr als 40 Plätzen untergebracht sind, davon alleine 30 % in Einrichtungen mit mehr als 200 Plätzen. Dies steht eindeutig dem in einer Studie festgestellten, mehrheitlichen Wunsch gegenüber, ein ambulantes Wohnangebot zu bevorzugen (Metzler/Rauscher 2004). Bundesweit zeigt sich der Trend zur Stärkung ambulant betreuter Wohnformen, wenngleich mit einem deutlichen Stadt-Land-Unterschied und Unterschieden zwischen den Bundesländern (Bundesarbeitsgemeinschaft der überörtlichen Träger der Sozialhilfe 2016, 10 ff.).

Die Entwicklung der Angebotsnutzung im Bereich Hilfen zum selbstbestimmten Leben im ambulant betreuten oder stationären Wohnen im Rahmen von Eingliederungshilfe unterstreicht diese Tendenz: Zwar ist die Zahl der Leistungsberechtigten im stationären Wohnen von 2008 bis 2014 um 16 % gestiegen, die Zahl derjenigen des ambulant betreuten Wohnens im gleichen Zeitraum um 95 % (Bundesministerium für Arbeit und Soziales 2016, 254 f.).

Beck (2003, 866) gibt an, dass alleine 50 % der 40-jährigen und noch 33 % der 50-jährigen Menschen mit einer geistigen Beeinträchtigung bei ihren Eltern wohnen. Nach Klauß (2015, 4) sollen 2010 noch 38 % der jungen Erwachsenen zwischen 22 und 25 Jahren im Elternhaus leben und der Teilhabebericht benennt, dass „rund 300.000 volljährige Menschen mit Beeinträchtigungen […] im Haushalt ihrer Eltern bzw. eines Elternteils [leben]“ (Bundesministerium für Arbeit und Soziales 2016, 57). Dreiviertel dieser Volljährigen sind im Alter von 18 bis 44 Jahren und ein weiteres Viertel im Alter von 45 bis 64 Jahren.

Nach einer Erhebung des Lebenshilfe-Bundesverbandes beträgt die Zahl derjenigen Menschen mit Beeinträchtigungen, die in ihrer Familie lebten, 300.000, davon waren ca. 160.000 minderjährige Kinder bzw. Jugendliche. Dagegen leben 16.000 Menschen in gemeindeintegrativen Wohneinrichtungen und immerhin noch 58.000 in Großeinrichtungen mit und 20.000 Menschen in Psychiatrien und Großeinrichtungen ohne pädagogische Ausrichtung (Schädler 2002).

Wenngleich auch in der Bundesrepublik seit den 1970er Jahren eine rasante Entwicklung bezüglich der Wohn- und Betreuungsformen in Gang geraten ist, können wir nach wie vor grob die sozialinstitutionelle von der normalen Wohnform des selbstständigen, unbetreuten Wohnens abgrenzen. Dazwischen gibt es seit ca. zehn Jahren diverse Formen des selbstständigen, aber betreuten Wohnens sowie Sonderformen, die jedoch quantitativ keine bedeutende Rolle spielen. Als Beispiel wären alternative Lebensgemeinschaften wie die von Jean Vanier zuerst 1964 in Frankreich gegründete und jetzt weltweit vertretene Gemeinschaft „L'arche" zu nennen.

Wohnheim/Wohnstätte

Wie oben dargestellt wurde, stellt für die meisten Menschen mit einer geistigen Beeinträchtigung das Leben in institutionalisierten, mehr oder weniger großen betreuten Wohnformen nach wie vor die Normalität dar. Dazu gehören an erster Stelle Wohnheime bzw. Wohnstätten und ambulant betreute Wohngemeinschaften sowie das Modell der Hausgemeinschaften.

Nach einer Definition der Bundesarbeitsgemeinschaft der überörtlichen Träger der Sozialhilfe (2006, 25) werden in Wohnheimen Menschen gepflegt und mit einer regelmäßigen Betreuung bedacht, die in Einzelfällen auch eine Beaufsichtigung miteinschließt. Sie kommt zu dem Schluss, dass derzeit noch erheblich mehr Menschen in Wohnheimen leben, „als dies fachlich notwendig ist, da die ambulanten Betreuungsangebote aus den unterschiedlichsten Gründen nicht angeboten oder entsprechend nachgefragt werden." Wie an den durchgeführten De-Institutionalisierungsprojekten, z. B. in Gütersloh, gezeigt werden konnte, besteht in den allermeisten Fällen die Chance, sogenannte Langzeitbereiche von Kliniken und Anstalten in Wohnheime bzw. Wohnstätten umzuwandeln.

Wohnheime sind zumeist mittlere bis große Komplexeinrichtungen, die neben dem Wohnraum auch tagesstrukturierende Angebote, zu denen auch Tagesförder- oder Beschäftigungsstätten und Werkstätten gehören können, Unterkunft, Verpflegung, Betreuung und Pflege anbieten. Daneben existieren auch Pflegeheime, die sich mehr auf die Pflege als auf die Rehabilitation konzentrieren und schwere Pflegefälle z. B. mit schweren körperlichen Missbildungen betreuen, sowie Wohnheime in Internatsform, die Kinder und Jugendliche mit Beeinträchtigungen zur Schul- und Berufsausbildung aufnehmen.

Die Wohngruppen bzw. Wohngemeinschaften sind Konzepte, die aus der Psychiatrie-Enquete entstanden und u. a. vom Deutschen Verein für öffentliche und private Fürsorge aufgegriffen wurden, der bereits 1975 für die Gruppe der psychisch kranken Menschen formulierte:

„Durch die Bezeichnung Wohngemeinschaft für psychisch Kranke/seelisch Behinderte wird klargelegt, daß sich das vorliegende Konzept ausschließlich auf diesen Personenkreis bezieht. Die Herausnahme geistig Behinderter aus psychiatrischen Einrichtungen zugunsten einer gesonderten Förderung und Versorgung ist fortzuführen" (Deutscher Verein für öffentliche und private Fürsorge, zitiert nach Thesing 2009, 91).

Allerdings wurden bereits in den 1970er Jahren die ersten Wohngemeinschaften aufgebaut. Als Wohngemeinschaften werden diejenigen Einrichtungstypen verstanden, in denen das Zusammenleben von mehreren Personen stattfindet, die

„keine Familie sind, sondern sich aufgrund übereinstimmenden Willens der Mitglieder zu dieser Form des Zusammenlebens in Selbstverantwortung für die Regelung der eigenen Angelegenheiten zusammengeschlossen haben. Sie regeln eine Mithilfe fremder Personen bei den Angelegenheiten des täglichen Lebens eigenverantwortlich" (Bundesarbeitsgemeinschaft der überörtlichen Sozialhilfeträger 1987, zitiert nach Thesing 2009, 96).

Diese fast zynische Beschreibung, die eher der Wirklichkeit studentischer Wohngemeinschaften denn der Realität von Menschen mit Beeinträchtigungen entspricht, ist doch weitestgehend für eine gegenüber den großen Wohnheimen alternative Form des Wohnens gebräuchlich gewesen. Wohngruppen werden als kleine Einheiten bezeichnet, die von dem Leistungserbringer der Eingliederungshilfe organisiert und deshalb in ihrer Zusammensetzung viel weniger dem Freiwilligkeitsprinzip unterliegen.

„Es leben Personen zusammen, die durch Verantwortung und Pflichten zur Selbstversorgung überfordert wären und deshalb nicht selbstständig leben können. Sie wirken jedoch nach ihren individuellen Fähigkeiten und Kräften bei der Selbstversorgung und dem Leben der Gruppe mit. Es ist eine je nach Bedarf der Bewohner gestaffelte Betreuung rund um die Uhr möglich" (Bundesarbeitsgemeinschaft der überörtlichen Sozialhilfeträger 1987, zitiert nach Thesing 2009, 97).

Vereinzelt werden Wohngemeinschaften bzw. Wohngruppen auch als „Außenwohngruppen" bezeichnet, um zum Ausdruck zu bringen, dass einerseits weitere Kompetenzen im Bereich der selbstständigen Lebensführung bestehen und andererseits die Wohngruppen dadurch noch selbstständiger von der Haupteinrichtung sind. „Die Bewohner benötigen das umfassende Förderangebot zwar auch regelmäßig und nicht nur gelegentlich, jedoch nur in Teilbereichen" (Thesing 2009, 97).

Viele Einrichtungen sind dazu übergegangen, ihr Konzept vollständig auf die Wohngruppen-Gliederung umzustellen, d.h., dass es ein Haupthaus nur noch mit Verwaltung und anderen zentralen Angeboten (z.B. auch Werkstätten oder Ähnlichem) gibt und ansonsten die Wohnangebote in Wohngruppen oder Wohngemeinschaften stattfinden. Wohngruppen als Form gruppengegliederter Heime unterscheiden sich von ambulant betreuten Wohngruppen bzw. Wohngemeinschaften in der Hauptsache dadurch, dass in Letzteren Menschen mit Beeinträchtigung unabhängig von Betreuungsvereinbarungen zwar gemeinsam in einer Wohnung leben, jedoch einen anderen Vermieter als die Betreuungseinrichtung haben können. Dies muss allerdings nicht der Fall sein, es können auch Betreuungs- und Mietleistung zusammenfallen.

Rösner/Peiffer (2006) stellen aber zu Recht fest, dass das einfache Umetikettieren „stationärer Wohngruppen in ambulante Wohngemeinschaften" nicht akzeptabel ist, da damit auch konkrete Veränderungen, z.B. Reduktion der Mitarbeiterzahl bzw. deren Anwesenheit und die zunehmende Selbststeuerung des Alltages durch die Nutzer, erfolgen müssten. Eine Möglichkeit, die Vorteile von stationärer Vollpflege mit den Vorteilen ambulanter Betreuung zu kombinieren, bildet die sogenannte Hausgemeinschaft, die in Hamburg von „Leben mit Behinderung Hamburg GmbH" konzipiert wurde. Dort leben 20 bis 25 Menschen mit Beeinträchtigungen in einem Wohnhaus zusammen, wobei diejenigen mit stärkerem Hilfebedarf in Wohngemeinschaften mit bis zu fünf Personen leben und diejenigen mit geringerem Hilfebedarf in Einzelwohnungen. Bei einer konstanten, aber unterschiedlichen Regelbetreuung, die in den Wohngemeinschaften intensiver als in den Einzelwohnungen ist, können BewohnerInnen mit geringerem Hilfebedarf in bestimmten Fällen auch die Leistungen der Wohngemeinschaften in

Anspruch nehmen. Zudem können sie sicher sein, dass sich immer MitarbeiterInnen im Haus aufhalten, da die Wohngemeinschaften eine 24-Stunden-Betreuung erhalten (Rösner/Peiffer 2006).

Zusammenfassend kann festgestellt werden, dass die Bezeichnung Wohngemeinschaft nach obiger Definition für nur wenige Formen des Gruppenwohnens gelten kann, vielmehr trifft die Bezeichnung „Wohngruppe" eher den normativen Gehalt dieser Wohneinrichtungen, in dem eben keine freiwillige Gemeinschaft vorherrscht.

Allen Formen des Gruppenwohnens gemein soll allerdings die verstärkte Hinwendung zum Leben in der Gemeinde sein. Das Leben in kleinen Gruppen und damit auch in Wohnungen bzw. kleinen Häusern selbst stellt dabei die zwar regionale und physische, jedoch noch lange nicht die soziale Integration sicher.

Ambulant betreutes Einzelwohnen

Vom eben Benannten zu unterscheiden sind die reinen Formen ambulant betreuten Einzelwohnens, die sich dadurch auszeichnen, dass hier der Nutzer in einer eigenen Wohnung entweder alleine oder mit einem Partner bzw. einer eigenen Familie lebt.

> „Ambulant betreutes Wohnen unterscheidet sich von der stationären Versorgung dadurch, dass nun nicht mehr die ‚Rund-um-Versorgung' durch einen Träger im Vordergrund steht, sondern – vereinfacht dargestellt – das Wohnen mit den notwendigen individuellen Hilfen. Institutionell vorgegebene Strukturen (z. B. gemeinschaftliche Essenseinnahme, feste Essenszeiten, Tage der offenen Tür) entfallen. Behinderte Menschen sollen mehr Aspekte des Alltagslebens selbst bestimmen und eigenverantwortlich regeln" (Bundesarbeitsgemeinschaft der überörtlichen Träger der Sozialhilfe 2006, 13 f.).

Gegenüber den stationären Wohnformen ist das ambulant betreute Einzelwohnen nicht nur aus Selbstbestimmungs-Gesichtspunkten, sondern wohl auch aus ökonomischer Sicht im Vorteil. So ließ die *Bundesarbeitsgemeinschaft der überörtlichen Träger der Sozialhilfe* (2016) errechnen, dass die mittleren Fallausgaben im Betreuten Wohnen sich 2015 auf ca. 9.600 Euro gegenüber ca. 42.000 Euro in stationären Wohnformen beliefen. So ist also auch unter diesem Aspekt der Ausbau von ambulanten Betreuungsformen wünschenswert, zumal im Zuge der Ambulantisierungsbestrebungen rein quantitativ eine Zunahme der ambulanten Betreuung erfolgen muss. Ambulante Betreuung bzw. Wohnformen haben zudem aus sozialethischer Sicht das Ziel,

- Menschen mit Beeinträchtigungen ein weitestgehend autonomes und selbstbestimmtes Leben im eigenen Wohnraum zu ermöglichen,
- die dafür notwendigen Hilfen bereitzustellen, wobei wirklich nur die für den individuellen Fall benötigten Hilfen in Frage kommen und keine Pauschalleistungen wie in der stationären Versorgung,
- die Wahrscheinlichkeit einer Teilhabe am Leben in der Gemeinschaft damit erhöht wird,
- durch die Selbstständigkeit auch die Selbsthilfefähigkeiten der Betroffenen erhöht werden sollen und
- sekundäre Behinderungsfolgen (erlernte Hilflosigkeit, Hospitalismus) verringert bzw. verhindert werden können.

Übungen zu Kap. 3.3.1

28. Verständnisfrage: Welche Wohnformen lassen sich in der Eingliederungshilfe unterscheiden?
29. Diskussions-/Reflexionsfrage: Stellen Sie sich vor, Sie müssten für eine junge Frau mit einer geistigen Beeinträchtigung, die noch bei ihren Eltern wohnt, einen Wohnplatz suchen. Was sollten Sie bei der Wohnung und der Art der Betreuung beachten, um die geeignete Form zu finden?

3.3.2 Bildung

Der Bildungsgang eines Menschen ist in Industrie- und Wissensgesellschaften eine zentrale soziale Ressource und entscheidet häufig über spätere Möglichkeiten und Begrenzungen hinsichtlich Berufsausbildung und -ausübung, Einkommen und damit über die soziale Position. Die Bildungsmöglichkeiten und -wege für Menschen mit Beeinträchtigungen werden im Folgenden erläutert und hinsichtlich ihrer integrativen Wirkungen beleuchtet. Für viele Menschen mit einer geistigen Beeinträchtigung ist es aufgrund eines fehlenden oder geringeren Schulabschlusses und weiterer Bildungsbenachteiligungen schwer, eine Beschäftigung auf dem allgemeinen Arbeitsmarkt und damit ein angemessenen Lebensstandard und soziale Anerkennung zu erhalten.

Im Folgenden sollen die in Deutschland typischen Bildungsorte (Kindertageseinrichtungen und verschiedene Schulformen) beschrieben werden und zwar inwiefern in ihnen eine gemeinsame Bildung von Kindern mit und ohne geistige Beeinträchtigung gelingt. Aufgrund der besonderen Übergangssituationen zwischen Schule und Beruf wurden auch typische Ausbildungen und ausbildungsvorbereitende Angebote aufgenommen.

Hingewiesen sei schon jetzt darauf, dass SchülerInnen mit geistiger Beeinträchtigung ein relativ hohes Risiko tragen, im Laufe ihrer Schullaufbahn immer stärker segregiert zu werden. Gelingt die Inklusion im vorschulischen Bereich und in der Grundschule noch recht gut, wird diese an weiterführenden Schulen immer unwahrscheinlicher. Kommen emotional-soziale Entwicklungsverzögerungen oder störendes oder auffälliges Verhalten hinzu, steigt das Risiko, doch auf einer Förderschule statt in allgemeinbildenden Schulen beschult zu werden.

Die Behindertenrechtskonvention fordert allgemein, dass Kinder mit Beeinträchtigungen (die englische Originalfassung spricht von disabilities) „gleichberechtigt mit anderen Kindern alle Menschenrechte und Grundfreiheiten genießen können" (Art. 7 Abs. 1; hier und im Folgenden im Wortlaut der offiziellen deutschsprachigen Übersetzung), wozu eben gerade auch die Pflicht der unterzeichnenden Vertragsstaaten zählt, „ein integratives Bildungssystem auf allen Ebenen und lebenslanges Lernen" (Art. 24 Abs. 1 der deutschsprachigen Übersetzung) zu garantieren. Zur Garantie von gleichberechtigten Bildungschancen fordert die Behindertenrechtskonvention, dass Kinder mit Beeinträchtigungen nicht vom „Grundschulunterricht und vom Besuch weiterführender Schulen ausgeschlossen werden" (Art. 24 Abs. 2 a), „gleichberechtigt mit anderen in der Gemeinschaft, in der sie leben, Zugang zu einem integrativen, hochwertigen und unentgeltlichen [zu diesen Schulen, D.R.] haben" (Art. 24 Abs. 2 b), „angemessene Vorkehrungen für die Bedürfnisse des Einzelnen getroffen werden" (Art. 24 Abs. 2 c) und „innerhalb des allgemeinen Bildungssystems die notwendige Unterstützung geleistet wird, um ihre erfolgreiche Bildung zu erleichtern" (Art. 24 Abs. 2 d). Gleichzeitig sollen zur „vollständigen Integration wirksame individuell angepasste Unterstützungsmaßnahmen in einem Umfeld, das die bestmögliche schulische und soziale Entwicklung gestattet, geboten werden" (Art. 24 Abs. 2 e). Diese Maßgaben sollen sich auf die gesamte Bildungsspanne und alle weiteren Bildungsorte (Berufsausbildung, Erwachsenenbildung, Hochschule) im Sinne lebenslangen Lernens beziehen (Art. 24 Abs. 5) und die Lehr-

und weitere Fachkräfte sollen von den Vertragsstaaten hierzu in ausreichender Zahl und mit gezielter Qualifikation zur Verfügung gestellt werden (Art. 24 Abs. 4). Es sollen zudem Maßnahmen ergriffen werden, um spezielle Formen der Kommunikation (Brailleschrift, Gebärdensprache u. a.) einsetzen zu können (Art. 24 Abs. 3).

Mehrfach kritisiert und unter anderem in der sogenannten Schattenübersetzung (Netzwerk Artikel 3 e.V.) anders übersetzt, wurde der Begriff der Integration in der offiziellen deutschen Übersetzung. Statt die englischen Begriffe „inclusion" und „inclusive", wie sie im offiziellen Dokument der Vereinten Nationen verwendet werden, zu nutzen, wird durchgängig „Integration" oder „integrativ" verwendet (Wansing 2015).

Es handelt sich hierbei keineswegs nur um semantische oder translatorische Schwierigkeiten, meint doch Inklusion als Prozess und Ziel etwas fundamental und radikal anderes als Integration (Kap. 3.2.5). Daneben ist es für den Bildungsbereich jedoch faktisch von geringerer Bedeutung, da „Integration" vielfach, beginnend mit der Salamanca-Erklärung der UNESCO (UNESCO 1994), ebenfalls auf Veränderungen des Schulsystems abzielte, etwas, was sonst der „Inklusion" vorbehalten schien. Die ursprüngliche Zielsetzung von Integration ging dabei teilweise verloren und wurde erst mit dem Inklusionsbegriff wieder aufgegriffen (Prengel 2010, 19). Wenn Kinder und Jugendliche auch im integrativen Sinne von Beginn an in integrativen Bildungsinstitutionen gemeinsam spielen und lernen sollen, dann ist damit zwangsläufig eine Anpassung von Lernräumen und Lernmitteln und ein differenzierender Unterricht gemeint. Gleichzeitig ist damit auch – und vielleicht stärker – der Versuch gemeint, „Kinder und Jugendliche soweit zu fördern, dass sie in ein allgemeines Bildungssystem passen, welches sich wiederum nicht wesentlich verändert" (Heimlich 2016, 121). Dies wiederum ist – faktisch ebenfalls eher tendenziell – ein Unterschied zu inklusiven Bemühungen, denn hier sollte das soziale Modell von Behinderung eine größere Rolle spielen. In diesem Modell werden Umwelten (z. B. Bildungseinrichtungen) so gestaltet, dass sie, der Vielfalt der SchülerInnen entsprechend, angemessene Lernprozesse anstoßen können oder wie Biewer/Schütz (2016, 125) es formulieren:

> „Mit der Etikettierung einzelner Kinder werden im Integrationssystem Ressourcen zur Förderung behinderter Kinder bereitgestellt, während bei Inklusion ohne spezielle Klassifizierung von Kindern diese Ressourcen dem System der Schule zugewiesen werden."

In diesem Sinne wird Inklusion also durch eine generalisierende Ressourcenbereitstellung realisiert, die vielfältige Lernbedingungen adressiert und allen zugutekommt, während im integrativen Sinne nur Einzelne, auf ihre besonderen Bedürfnisse zugeschnittene, Unterstützung erhalten. Ob sich diese Idee gesellschaftstheoretisch mit Luhmann überhaupt in dieser Abstraktheit wird beweisen können, oder ob die mit sozialpsychologisch erklärbaren Stigmatisierungs- und Ausgrenzungsprozessen verbundenen Probleme viel tiefsitzender sind, wäre zu prüfen.

Gestalterisch haben jedenfalls in den letzten zehn bis 20 Jahren in Deutschland die Bemühungen zugenommen, das Bildungssystem durchlässiger zu machen, quasi „inklusiver“ oder „integrativer“, ohne, dass bislang von gelungener Inklusion die Rede sein kann.

So kritisiert der Fachausschuss der Vereinten Nationen auch im Zuge der Prüfung des ersten Staatenberichts der Bundesrepublik, dass „der Großteil der Schülerinnen und Schüler mit Behinderungen in dem Bildungssystem des Vertragsstaats segregierte Förderschulen besucht“ und „im Interesse der Inklusion das segregierte Schulwesen zurückzubauen, und empfiehlt, dass Regelschulen mit sofortiger Wirkung Kinder mit Behinderungen aufnehmen, sofern dies deren Willensentscheidung ist“ (CRPD, 2015, 7).

Im Folgenden wird die derzeitige Lebens- und Bildungssituation von Kindern mit Beeinträchtigungen beschrieben.

Institutionelle Unterstützung

Schon recht früh nach der Geburt stellt sich heutzutage für die meisten Eltern die Frage nach dem Bildungsweg ihrer Kinder. Schon sehr früh wird eventuell nach Krippenplätzen geschaut, bereits mit zwei Jahren entscheiden sich, aufgrund des gültigen Rechtsanspruchs, viele Eltern dafür, ihr Kind in eine Kindertageseinrichtung oder Kindertagespflege zu geben und spätestens mit drei Jahren suchen viele nach einem Kindergartenplatz, mit Schuleintritt nach einer Schule usw.

Dieser Weg führt Kinder sukzessive in Institutionen, die sie auf ihrem Bildungsweg begleiten. Zugleich bleiben die Eltern wichtige Bezugspersonen, die im emotionalen, kognitiven und sozialen Bereich Modelllernen ermöglichen, in Krisen unterstützen, das Bindungsbedürfnis der Kinder erfüllen und somit eine tragende Rolle in der (früh-)kindlichen Entwicklung einnehmen.

Bildungsfragen sind Lebensfragen, die zunächst die Eltern für die Kinder, dann in zunehmendem Maße zusammen mit ihnen entscheiden.

Umso schwieriger wird es sein, auf diese Bildungsfragen Antworten zu finden, wenn das Kind eine Beeinträchtigung im körperlichen, sozialen bzw. kognitiven Bereich oder Sinnesbeeinträchtigungen aufweist, und umso stärker drängt sich die Frage nach dem Integrations- oder Inklusionsvermögen des bestehenden Erziehungs- und Bildungssystems auf, denn:

- Kinder mit und ohne Beeinträchtigung werden in der Regel noch immer nicht gemeinsam gefördert oder beschult.
- Integrative bzw. inklusive Krippen, Kindergärten, Horte und Tagesgruppen nehmen zwar zu (von 2009–2015 um 30 %), stellen jedoch noch immer nicht die Regel dar und die entsprechenden Angebote sind in den Bundesländern sehr ungleich verteilt (Bundesministerium für Arbeit und Soziales 2016, 94).
- Nach dem Kindergarten ist es meist schon schwierig, eine Regelbeschulung für Kinder mit Beeinträchtigungen zu erreichen.
- Ein völliger Bruch ergibt sich in der Regel, wenn es zwar zu einer Regelbeschulung in der Grundschule gekommen, diese jedoch auf weiterführenden Schulen nicht möglich ist.
- Zudem ist der weitere Bildungsweg, z. B. in Hochschulen, durch vielfältige Barrieren gefährdet.

Noch bevor (oder während) die eigentlichen Bildungsinstitutionen, beginnend mit dem Kindergarten, besucht werden, greift bei Kindern mit Entwicklungsverzögerungen zumeist die Frühförderung. Auf sie soll in Kapitel 3.3.5 näher eingegangen werden.

Kindertagesstätte/frühkindliche Bildung

Bildung, Betreuung und Erziehung können Einfluss nehmen auf die späteren Berufs- und Beschäftigungschancen und daher spielt auch die frühkindliche Förderung bei Kindern mit einer geistigen Beeinträchtigung eine große Rolle.

Zur Bedeutung von Kindertageseinrichtungen mit ihrem hohen inklusiven Potential – 90 % der Kinder mit Beeinträchtigungen im Vorschulalter werden gemeinsam mit Gleichaltrigen ohne Beeinträchtigung in Tageseinrichtungen betreut – sei an dieser Stelle auch auf den Teilha bebericht (Bundesministerium für Arbeit und Soziales 2016, 92 ff.) sowie einschlägige Veröffentlichungen (Albers 2012) hingewiesen.

Daneben hat seit 2005 und dem Ausbau der Kindertagesbetreuung in Deutschland jedes Kind ab dem vollendeten ersten Lebensjahr Anspruch auf Förderung in Kindertageseinrichtungen und in der Kindertagespflege. Außerdem können Familien, die keine Kindertagesbetreuung in Anspruch nehmen, seit August 2013 die Zahlung von Betreuungsgeld beantragen. Neben Kindertagesstätten, die auch ein Angebot für Ein- bis Dreijährige unterhalten, sind Tagespflegestellen von großer Bedeutung: „41,3 Prozent der Tagespflegepersonen fördern im Betreuungsalltag Kinder mit einer Behinderung oder sozialer Benachteiligung“, so das Bundesministerium für Familie, Senioren, Frauen und Jugend (2015) im fünften Bericht zur Evaluation des Kinderförderungsgesetzes. Da sie zumeist von Einzelpersonen erbracht werden, ist hier eine geringere sonder- oder heilpädagogische Kompetenz zu erwarten und damit tendenziell auch eine geringere Förderkompetenz.

Im Vergleich zur Darstellung in der Erstauflage dieses Buches ist die Zahl der integrativen Kindertageseinrichtungen um 30 % gestiegen und die Zahl der spezialisierten Tageseinrichtungen um die gleiche Prozentzahl zurückgegangen (Bundesministerium für Arbeit und Soziales 2016, 93 f.). Gleichzeitig ist die Zahl derjenigen Kinder mit sonderpädagogischem Förderbedarf aufgrund einer körperlichen, geistigen oder seelischen Beeinträchtigung von 2008 bis 2015 um 27 % gestiegen (Bundesministerium für Arbeit und Soziales 2016, 94), wobei es sich insgesamt um 3,1 % der drei- bis sechsjährigen Kindern in Regeleinrichtungen handelt. Die Quote ist zudem in den Bundesländern sehr unterschiedlich (Bundesministerium für Arbeit und Soziales 2016, 95 f.).

Grundsätzlich sind nach wie vor zwei Formen von Elementarbildung in Institutionen für Kinder mit einer geistigen Beeinträchtigung zu unterscheiden. Das sind zum einen die auf spezielle Förderung (Sprachbildung, Bewegungslernen, Lernen der Selbstversorgung, soziales Lernen, kognitives Lernen) abzielenden heilpädagogischen Einrichtungen, die eine besondere Ausstattung mit Fachkräften und kleinere Gruppen auszeichnet (Speck 2016). Zum anderen ist der Bereich der integrativen elementarpädagogischen Einrichtungen zu nennen, also Kindertagesstätten, die in Gruppen oder einzelne Kinder mit sonderpädagogischem Förderbedarf aufnehmen. Die rechtliche Grundlage für die Förderung von Kindern mit Beeinträchtigungen besteht in § 55 SGB IX (Leistungen zur Teilhabe am Leben in der Gemeinschaft) und § 56 SGB IX (Heilpädagogische Leistungen). Insgesamt wurden 2015 ca. 82.000

Kinder mit einer einrichtungsgebundenen Eingliederungshilfe und Kinder mit sonderpädagogischem Förderbedarf in Einrichtungen der frühkindlichen Bildung betreut, davon 42 % in Gruppen mit bis zu 20 % Kindern mit Eingliederungshilfen und 28 % mit 20 bis 50 % Kindern mit Eingliederungshilfen. Nur 1 % erhielt diese Unterstützung in Gruppen mit mehr als 50 % Kindern mit Eingliederungshilfebedarf. Die anderen 29 % erhielten Förderung in Einrichtungen mit nahezu ausschließlich Kindern mit Eingliederungshilfen bzw. sonderpädagogischem Förderbedarf (Autorengruppe Bildungsberichterstattung 2016, 61).

Neben Integrationsgruppen, die Kinder mit Beeinträchtigungen aufnehmen, werden einzelne Kinder in Regelgruppen aufgenommen. Nachteilig kann sich allerdings auswirken, dass die MitarbeiterInnen nicht qualifiziert genug sind. Die Arbeit der ErzieherInnen wird deshalb von FachberaterInnen und heil- oder sonderpädagogisch geschulten Fachkräften unterstützt oder sie verfügen selbst über eine solche Qualifikation. Seit einigen Jahren wird versucht, der Umstellung auf eine inklusive Pädagogik mit stetigen Qualifikationsbemühungen zu begegnen (Sulzer / Wagner 2011). Insgesamt verfügt nur 30 % des Personals in Kindertageseinrichtungen, in denen beeinträchtige Kinder betreut werden, über eine einschlägige Ausbildung (Autorengruppe Bildungsberichterstattung 2014, 185).

Wie Heimlich (2013, 36 ff.) feststellt, sind die Formen der Umsetzung inklusiver Pädagogik sowie die Qualifikationen der Fachkräfte aufgrund der föderalen Struktur der Bildungspolitik, die ja bis zu kommunalen Besonderheiten reicht, sehr unterschiedlich. Zu den Rahmenbedingungen für integrative Gruppen gehört, dass es sich günstigstenfalls um eine altersgemischte Gruppe von 15 bis 18 Kindern mit möglichst jeweils drei bis fünf Kindern mit unterschiedlichen Beeinträchtigungen handelt. Wie gesagt, ist durch das rein statistische Vorkommen von Beeinträchtigungen im Kindesalter damit jedoch die Integrationswirkung, also das gemeinsame Lernen, häufig nur während der gemeinsam im Kindergarten bzw. der Kindertagesstätte verbrachten Zeit gewährleistet. In allen anderen Zeiträumen bzw. Lebensfeldern ergibt sich dadurch, dass die Kinder mit Beeinträchtigungen vielleicht aus dem größeren Einzugsbereich des Kindergartens kommen, das Problem, dass nachmittags keine unorganisierte und freie Begegnung der Kinder, z. B. auf der Straße oder auf Spielplätzen, möglich ist (Kron 2002, 180).

Dagegen sind die Rahmenbedingungen für eine Einzelintegration in Regelkindergärten günstiger, wenn z. B. nur ein oder zwei Kinder in eine Gruppe aufgenommen werden. Dies setzt allerdings auch voraus, dass ein flächendeckendes Angebot dieser Art vorhanden ist und dass sich die Qualifikation der ErzieherInnen dementsprechend gestaltet. Mühl (2006, 283) stellt als weiteres Qualitätsmerkmal die individuelle Bildungsplanung heraus, um die Bedürfnisse und Interessen des Kindes gezielt berücksichtigen zu können. Die Zufriedenheit der Eltern und Fachkräfte ist in dieser Form sehr gut und auch die soziale Integration dürfte besser gelingen (Kron 2002, 181f.).

Schule

Weitaus schwieriger als im Kindergarten erweist sich die Integration von Kindern mit Beeinträchtigungen in die Schule, wobei die Grundschule sich noch einmal positiv von weiterführenden Schulen abhebt (Bundesministerium für Arbeit und Soziales 2016, 105). Wahrscheinlich zentral für diese Diskrepanz ist der unterschiedliche Anspruch der als „Tages- und Betreuungseinrichtungen" verstandenen Kindergärten und den als Bildungsorten verstandenen Schulen mit ihrem „curricular gefassten Leistungssoll" (Speck 2008, 447), ihrer gänzlich anderen Sozialisationsintention und anderen Faktoren (Gruschka 2015). Auch wenn Kindertageseinrichtungen zunehmend einen Bildungsauftrag vertreten, geht es in den Kindertageseinrichtungen noch um ein ganzheitliches Lernen in sozialer, kognitiver und emotionaler Hinsicht. Dagegen reduziert sich Schule, was die vom pädagogischen System intendierte Zielrichtung betrifft, mehr auf kognitives Lernen.

Dieser wesentliche Unterschied der erhöhten kognitiven Teilnahmekompetenz korreliert mit der in Anschluss an die Gesellschaftstheorie von Luhmann begründbaren Autonomie der Teilsysteme, ihren jeweiligen Zielen entsprechend zu agieren (Kap. 3.2.5). Im ganzheitlichen Lernen ist die Inklusion von Kindern mit einer kognitiven Beeinträchtigung einfacher zu realisieren bzw. widerspricht weniger den gesellschaftlichen Erwartungen. Zudem ist der institutionelle Übergang durch Schulformen und Zuweisungspraktiken beeinflusst (Huf/Kelle 2015).

Die Anzahl der Schülerinnen und Schüler mit sonderpädagogischer Förderung ist von rd. 487.000 im Jahr 2005 um 4 % auf rd. 508.000 im Jahr 2014 gestiegen (Bundesministerium für Arbeit und Soziales 2016, 101). Sie können, neben der sonderpädagogischen Förderung, Hilfen zur Schulbildung gemäß § 75 SGB IX (im Falle sog. seelischer Behinderung gemäß § 35a SGB VIII), sogenannte Schulbegleitungen erhalten. Diese begleiten „die Kinder und Jugendliche überwiegend im schulischen Alltag […], die auf Grund besonderer Bedürfnisse im Kontext Lernen, Verhalten, Kommunikation, medizinischer Versorgung und/oder Alltagsbewältigung der besonderen und individuellen Unterstützung bei der Verrichtung unterrichtlicher und außerunterrichtlicher Tätigkeiten bedürfen“ (Dworschak 2010, 133f.).

Wie Tabelle 5 zeigt, sind Menschen mit Beeinträchtigungen nach wie vor von „normalen“ schulischen Möglichkeiten weitgehend ausgeschlossen. Eine Sonderauswertung für Kinder mit einer geistigen Beeinträchtigung bzgl. des höchsten Schulabschlusses liegt nicht vor, jedoch ist die Regelbeschulungsquote dieser Kinder im Vergleich zu Kindern mit einer Beeinträchtigung des Körpers oder der Sinne deutlich geringer und damit verbunden auch die Wahrscheinlichkeit, einen höheren Schulabschluss als den der besuchten Schule zu erreichen.

„Am häufigsten wurden im Schuljahr 2014/2015 Schüler und Schülerinnen mit Förderbedarf im Bereich der emotionalen oder sozialen Entwicklung an Regelschulen unterrichtet (47 %). Von den Schülerinnen und Schülern mit Beeinträchtigungen in den Bereichen Sprache, Hören und Sehen besuchen zwischen 39 % und 42 % eine Regelschule. 31 % der Schüler und Schülerinnen mit einem Förderbedarf der körperlichen und motorischen Entwicklung besuchen eine Regelschule. In den Förderschwerpunkten Krankheit und geistige Entwicklung ist der Besuch einer Regelschule eher selten (8–9 %)“ (Bundesministerium für Arbeit und Soziales 2016, 104).

Wie Cloerkes bereits 2003 eindrücklich nachweisen konnte, unterliegen die Regelbeschulungsquoten einem föderalen Einfluss, der dazu führt, dass Kinder mit Beeinträchtigungen z. B. im Schuljahr 2000/2001 in Sachsen-Anhalt nur zu 1,0 % im Vergleich zu Rheinland-Pfalz mit 42 % in Regelschulen integrativ beschult wurden. Sollte diese Datenlage stimmen, d. h., haben die Bundesländer wirklich die genaue Zahl der sonderpädagogisch geförderten Schüler in ihren Regelschulen angegeben, so ergibt sich hier für ein Kind mit sonderpädagogischem Förderbedarf eine 40-fache Chance, auf einer Regelschule beschult zu werden, wenn es in Rheinland-Pfalz lebt anstatt in Sachsen-Anhalt (Cloerkes 2003, 19).Und auch heute sieht die Lage nicht viel anders aus, denn die in den Schulgesetzen der einzelnen Bundesländer definierten Maßnahmen zur Umsetzung der schulischen Inklusion unterscheiden sich stark (Döttinger/Hollenbach-Biele 2015; Mißling/Ückert 2014). Die Quoten der Regelbeschulung liegen im Bundesdurchschnitt bei 34 % (Schuljahr 2014/2015), mit einer Mittelwertabweichung von plus 43 % (Bremen) bis minus 11 % (Hessen).

Tab. 5: Schulabschlüsse von Männern und Frauen mit Beeinträchtigungen, Ergebnisse des Mikrozensus 2009 (Pfaff et al. 2012, 232)

Höchster allgemeinbildender Schulabschluss	Insgesamt			Männer			Frauen		
	beeinträchtigte		nicht-beeinträchtige	beeinträchtigte		nicht-beeinträchtige	beeinträchtigte		nicht-beeinträchtige
	1000	%	%	1000	%	%	1000	%	%
ohne allg. Schulabschluss	620	6,6	3,2	330	6,7	3,1	290	6,5	3,4
Haupt-/Volksschulabschluss	5468	58,6	38,7	2889	58,9	38,0	2578	57,9	39,3
Realschul- oder gleichwertiger Abschluss	1986	21,2	30,3	907	18,5	28,0	1079	24,2	32,3
Fachhochschulreife	365	3,9	6,2	257	5,2	7,8	108	2,4	4,8
Allgemeine oder fachgebundene Hochschulreife (Abitur)	873	9,3	21,3	498	10,1	22,8	375	8,4	19,9
ohne Angabe	50	0,5	0,3	24	0,5	0,2	26	0,6	0,3
Insgesamt	9361	100	100	4904	100	100	4456	100	100

Primarstufe

Die Grundschulen erreichen, wie oben bereits angedeutet, mit 2,8 % eine im Vergleich zu anderen Schularten relativ gute Quote bzgl. der Beschulung von Kindern mit Beeinträchtigungen in Regelschulen (Bundesministerium für Arbeit und Soziales 2016, 105). Allerdings ist Heyer (2002, 192) mit der Feststellung recht zu geben, dass die

> „für alle gemeinsame Grundschule, wie sie von der deutschen Nationalversammlung nach der Revolution von 1918 am 11. August 1919 [...] beschlossen wurde,[...] bis heute in ihren Konsequenzen nicht voll verwirklicht wurde" [Hervorhebung, D.R.].

Sie diene nach Heyer auch heute noch als „Vorschule der Vorbereitung der Kinder auf die weiterführenden Schulen des in Deutschland immer noch gegliederten Schulsystems", und sogar „der Auslese für das ‚höhere' Schulwesen" (192).

Auch nach Aufgabe des Begriffes einer „Bildungsunfähigkeit" für Kinder mit (geistigen) Beeinträchtigungen, wird die Schwelle der gemeinsamen Beschulung meist deshalb nicht überschritten, weil im Regelfall immer noch die Leistungsaspekte über dem kooperativen und sozialen Lernen von leistungsdifferenten Kindern stehen. Mit anderen Worten: Zunächst zählt das Lernziel, dann der Lernprozess (Speck 2016).

Allerdings sind die Anforderungen an Lehrer und Schüler auch als so hoch anzusehen, dass eine Regelbeschulung von Kindern mit Beeinträchtigungen eine große Herausforderung darstellt und es nicht verwunderlich ist, wenn man bislang nicht über Schulversuche hinausgelangt ist und nur ca. 2,8 % der Kinder mit Beeinträchtigungen an einem gemeinsamen Unterricht in Grundschulen teilnehmen.

Zu den pädagogischen Grundlagen einer integrativen, fast inklusiven Beschulung kann man mit Heyer (2002, 193 ff.) zählen:

- eine integrative Grundhaltung aller Beteiligten, d. h. einen Kooperationssinn, der auf der Überzeugung für eine Koedukation von Kindern mit und ohne Beeinträchtigung fußt,
- eine Individualisierung des Unterrichts, d. h. so wie schon im Kindergarten sollen auch in der Grundschule individualisierte Lernpläne, die Wissensvermittlung steuern,
- eine differenzierte Förderung und Betreuung von Kindern mit Beeinträchtigungen und mit speziellen Lernproblemen, die Defizite, Stärken und kindliche Bedürfnisse gleichermaßen beachtet und damit Normalität schafft,

- die Gemeinsamkeit in der Vielfalt, d. h. das Aushalten von Diversifizierung seitens der Kinder ob mit oder ohne Beeinträchtigung,
- Nähe zwischen schulischer und außerschulischer Lebenswelt, z. B. gefördert durch die wohnortnahe Beschulung von Kindern mit Beeinträchtigungen, sodass auch nachmittags und am Wochenende spontane Begegnungen stattfinden können,
- lernanregende und Beeinträchtigungen berücksichtigende Gestaltung von Schulraum und Schulgelände mit sowohl barrierefreien als auch die Bildsamkeit von Kindern mit und ohne Beeinträchtigungen anregenden Merkmalen,
- die Toleranz von Fehlern und ihre Umdeutung als Lernchance, d. h. die Ansicht, dass Fehler erlaubt seien und man aus ihnen lernen könne,
- die zunehmende Eigenverantwortung des Lernenden, d. h. die Wahrnehmung von Stärken und Entwicklungsschritten hin zu einer Verselbstständigung,
- eine differenzierte Bewertung von Leistungen und Lernständen und
- eine Kooperationskultur im Unterricht und im sonstigen Schulleben.

Diese Anforderungen scheinen also umso leichter umzusetzen, je niedriger die kognitiven, formalen Bildungsanforderungen sind bzw. je stärker sich der Leistungsgedanke der Schulen und ihr Selektionsauftrag durchsetzt.

Sekundarstufe

An weiterführenden Schulen wird die integrative und vor allem die inklusive Beschulung noch deutlich schwieriger.

In ihnen werden folgende Förderquoten (Anteil der Schülerinnen und Schüler mit sonderpädagogischer Förderung an allen Schülerinnen und Schülern im Alter der Vollzeitschulpflicht) erreicht.

- Schulartunabhängige Orientierungsstufe: 5,0 %
- Hauptschule: 3,9 %
- Schulart mit mehreren Bildungsgängen: 3,5 %
- Integrierte Gesamtschulen: 3,4 %
- Freie Waldorfschulen: 0,5 %
- Realschulen: 0,5 %
- Gymnasien: 0,2 %

Inhaltlich ergeben sich nach Maikowski (2002, 204) diverse Probleme für SchülerInnen sowie ihre Eltern im Übergang von den Grundschulen in die weiterführenden Schulen, die sich u. a. in der fehlenden Kontinuität in den Peergroups, aber auch bei den Lehrkräften zeigen. Diese für alle SchülerInnen nach der Grundschule schwierige Lebensphase erfährt durch die kognitiven und psychosozialen Schwierigkeiten von Kindern mit solchen Beeinträchtigungen eine zusätzliche Problematik.

Noch schwieriger wird der Übergang in die Sekundarstufe II. Zu diesen Gründen zählen vor allem die für eine Integration schlechteren Rahmenbedingungen für Schüler mit körperlichen Beeinträchtigungen und die für Schüler mit kognitiven Beeinträchtigungen sicherlich nicht zu erreichende intellektuelle Leistungsfähigkeit, die dort gefordert wird.

Förderschulen

Die früher als „Sonderschulen" bezeichneten Schulen werden heute als Förderschulen bzw. Förderzentren mit spezifischen Förderschwerpunkten verstanden: Diese umfassen die Bereiche Sehen, Hören, Sprache, körperliche und motorische Entwicklung, geistige Entwicklung, Lernen und emotionale und soziale Entwicklung.

Diese Förderschulen bzw. -zentren sind Einrichtungen, die vollständig auf die Förderung der jeweiligen Beeinträchtigungen eingestellt sind (mit Diagnose- und Fördermaterial sowie Räumlichkeiten und personell mit sonderpädagogischen Lehrkräften und anderen personellen Ressourcen). Neben der Beschulung in den Zentren selbst können SchülerInnen mit sonderpädagogischem Förderbedarf in Regelschulen gefördert werden, indem die sonderpädagogische Lehrkraft mit einem bestimmten Stundenkontingent an eine oder mehrere Regelschulen abgeordnet wird und dort die Förderdiagnostik, die Beratung und ggf. Fördermaßnahmen für SchülerInnen mit sonderpädagogischem Förderbedarf übernimmt.

Tabelle 6 zeigt, dass der Förderschwerpunkt „Lernen" mit rd. 35 % der umfangreichste ist, ca. 40 % der Förderschülerinnen und rd. 32 % der Förderschüler weisen diesen Förderbedarf auf, und weitere 22 % bilden den Förderschwerpunkt „geistige Entwicklung" (Bundesministerium für Arbeit und Soziales 2016, 108).

Ein frappierender Befund bezieht sich auf den relativ hohen Anteil von ausländischen SchülerInnen an den Förderschulen, da sie ca. 43 % aller dem Förderschwerpunkt Lernen zugeordneten SchülerInnen aus-

Tab. 6: Schülerinnen und Schüler an Förderschulen nach Förderschwerpunkten und Geschlecht, Schuljahr 2014/15 (Bundesministerium für Arbeit und Soziales 2016, 109)

	Insgesamt		**Jungen**		**Mädchen**	
Förderschwerpunkt	**Anzahl**	**Anteil**	**Anzahl**	**Anteil**	**Anzahl**	**Anteil**
Lernen	116.036	34,6 %	69.142	32,1 %	46.894	39,3 %
Sehen	4.787	1,4 %	2.818	1,3 %	1.969	1,7 %
Hören	10.734	3,2 %	6.492	3,0 %	4.242	3,6 %
Sprache	31.819	9,5 %	22.182	10,3 %	9.637	8,1 %
Körperliche und motorische Entwicklung	24.621	7,3 %	15.653	7,3 %	8.968	7,5 %
Geistige Entwicklung	38.316	22,2 %	46.319	21,5 %	28.170	23,6 %
Emotionale und soziale Entwicklung	38.316	11,4 %	32.198	14,9 %	6.118	5,1 %
Förderschwerpunkt übergreifend	14.019	4,2 %	8.644	4,0 %	5.375	4,5 %
Ohne Zuordnung	9.724	2,9 %	6.476	3,0 %	3.248	2,7 %
Kranke	10.463	3,1 %	5.796	2,7 %	4.667	3,9)
Insgesamt	335.008	100 %	215.720	100 %	119.288	100 %

machen (Bundesministerium für Arbeit und Soziales 2016, 109). Diese Effekte sind allesamt nur zu einem sehr geringen Anteil auf soziokulturell bedingte Bildungsmängel zurückzuführen, dafür verstärkt auf die Selektionseffekte der Grundschulen und auf die fehlende soziale Integration. Kornmann (2013) benennt zudem schulorganisatorische, unterrichtsdidaktische und einstellungsbezogene Faktoren sowie die Tatsache, dass in Deutschland durch den „monolingualen Habitus" (Gogolin, zitiert nach Kornmann 2013, 76) ein Selektionseffekt erzeugt wird, indem migrationsbedingte Sprachbarrieren evtl. mit einer geistigen Beeinträchtigung verwechselt werden, weshalb eine differentialdiagnostische Abklärung dringend geboten erscheint.

Angesichts der empirischen Wirklichkeit solcher Schulen bleiben jedoch Zweifel, ob sich die Umbenennung auch in einer tatsächlichen stärkeren Förderung und vor allem in einer Normalisierung und sozialen Integration niederschlägt. Bloemers (Opp 2005c, 108) fragt deshalb zu Recht, ob

> „sich hinter dem Namen ‚Förderschule' und ‚Förderzentrum' nicht doch […] dieselben Merkmale zweckrationaler Ausgliederung nach Schulleistungskriterien und der Einteilung von Menschen in Gruppen mit fremdbestimmten Festlegungen nach Rangordnungen und kodifizierten Regelungen verbergen, wie hinter dem bisherigen Sonderschulbegriff".

Über alle weiteren Erörterungen hinweg ist festzustellen, dass

- es eine Zunahme an emotionalen und sozialen Störungen gibt, die zu einem entsprechenden Förderbedarf führen,
- es einen zunehmend hohen und überproportionalen Anteil von ausländischen Kindern an den Förderschulen gibt,
- der Anteil der Kinder mit Lernschwierigkeiten einem sozialen Bias unterliegt, nämlich dem sozioökonomischen Status der Eltern und
- dass seit jeher der Anteil der Jungen an den Förderschulen mit 60 % über dem Geschlechterverhältnis von Jungen und Mädchen liegt (Schröder 2000, 103 f.).

Fornefeld (2013, 147) beschreibt die Entwicklung ähnlich, wenn sie schreibt: „Zu Beginn der 1990er Jahre war ca. ein Drittel der Schüler einer Klasse vom Down-Syndrom betroffen. Die Möglichkeit der pränatalen Diagnostik hat inzwischen dazu geführt, dass die meisten dieser Kinder nicht mehr geboren werden. Zugenommen hat die Gruppe der Schüler mit schwerer bzw. Komplexer Behinderung,[…]. Sie macht in manchen Regionen bis zu 50 % der Schülerschaft aus. In den 2010er Jahren nimmt auch die Zahl der Schüler zu, die mit starken Verhaltensauffälligkeiten von den Förderschulen ‚Lernen' und ‚emotionale soziale Entwicklung' überwiesen werden."

Unabhängig von dieser quantitativen Einschätzung kann festgehalten werden, dass die Förderschule für geistige Entwicklung die „besonderste" der Sonderschulen ist, sich also noch viel weniger am allgemeinen Schulsystem orientiert, als es die Schulen mit Förderschwerpunkten tun. Abbildung 4 gibt Aufschluss über diesen Bildungsgang und seine besondere Struktur.

Abb. 4: Struktureller Aufbau der Förderschule mit dem Förderschwerpunkt geistige Entwicklung (Fornefeld 2013, 145)

Werkstufe Berufsvorbereitungsstufe (i.d.R. 3 Jahre)	
Oberstufe (i.d.R. 3 Jahre)	Schüler mit schwerer Beeinträchtigung
Mittelstufe (i.d.R. 2 Jahre)	
Unterstufe (i.d.R. 2 Jahre)	
Vorstufe (i.d.R. 1 Jahr)	

Der Aufbau des Bildungsweges folgt einer elfjährigen Schulpflicht, an dessen Ende die Vorbereitung auf ein Arbeitsleben vorgesehen ist. Einen weiteren Überblick über die einzelnen Stufen gibt Fornefeld (2013, 144 f.). Die Schulen werden zu fast 70% als Ganztagsschulen betrieben (Bundesministerium für Arbeit und Soziales 2016, 107).

Ausbildung

Von großer Bedeutung für den restlichen Lebenslauf von Menschen mit Beeinträchtigungen ist die Aufnahme einer Ausbildung oder eines Studiums zur Vorbereitung auf eine Erwerbstätigkeit. Da für Menschen mit einer geistigen Beeinträchtigung nicht alle Ausbildungswege ohne Weiteres offenstehen, sind sie besonders auf Förder- und Bildungsmaßnahmen angewiesen. Ein Problem stellt jedoch dar, dass rund 76% aller SchülerInnen mit sonderpädagogischem Förderbedarf die Schule, zumeist die Förderschule, ohne einen Schulabschluss verlassen (Niehaus et al. 2012). Alle Maßnahmen sollen dazu beitragen, dass trotz Beeinträchtigung eine Beschäftigung in einem geschützten Arbeits- und Beschäftigungsbereich oder auf dem allgemeinen Arbeitsmarkt gefunden werden kann. Ginnold (2004, 297) merkt hierzu allerdings kritisch an, dass Gesellschaft und Politik eher bereit sind, „in berufliche Desintegration weitaus mehr zu investieren als in die berufliche Integration von Menschen mit Behinderung".

Für die Ausbildungssituation junger Menschen mit geistiger Beeinträchtigung, und hier sind wohl vornehmlich jene zu sehen, die als lernbeeinträchtigt gelten und daher entweder integrativ/inklusiv beschult oder eine Förderschule mit dem Schwerpunkt Lernen besucht haben, kommen folgenden Angebote in Betracht:

- Berufsberatung: Diese findet in der Regel durch die Agentur für Arbeit statt und wird durch Rehateams aus Berufsberatern und Schwerbehindertenvermittlung realisiert.
- Berufsvorbereitung: Hier stehen verschiedene Hilfen zur Verfügung: Angefangen von der schulischen Berufsvorbereitung, z. B. durch die Werkstufen an den Förderschulen für geistige Entwicklung oder Lernen, über Berufsvorbereitungsjahre sowie Berufsbildungsbereiche in Werkstätten für behinderte Menschen bis hin zu berufsvorbereitenden Bildungsmaßnahmen in Förderlehrgängen in Ausbildungswerkstätten/Betrieben. Im Berufsgrundbildungsjahr können vor allem Jugendliche mit einem Schulabschluss eine berufsfeldübergreifende Grundbildung erwerben. Dagegen stellt das Berufsvorbereitungsjahr für diejenigen ohne Schulabschluss eine schulische Maßnahme dar. Aus diesem Grund kann das Berufsvorbereitungsjahr auch mit einem Hauptschulabschluss abgeschlossen werden.
- Gemäß § 57 SGB IX stellt der Berufsbildungsbereich als Teil der Werkstätten für Menschen mit Behinderung oder auch in Tagesförderstätten (häufig organisatorisch ein Teil der Werkstatt für behinderte Menschen) eine Möglichkeit der Berufsbildung, vor allem für Menschen mit geistiger Beeinträchtigung dar (Kap. 3.3.3).
- Berufsausbildung: Die eigentliche Berufsausbildung, wiederum eher etwas für Menschen mit einer Lernbeeinträchtigung, findet entweder in den Betrieben selbst statt (Duales System aus Berufsleben und Berufsschule) oder in Berufsbildungs- oder Berufsförderungswerken (§ 51 SGB IX). Hier greifen bei Bedarf ausbildungsbegleitende Hilfen.

Laut § 64 Berufsbildungsgesetz (BBiG) sollen Menschen mit Beeinträchtigungen ebenso wie Menschen ohne Beeinträchtigungen in anerkannten Ausbildungsberufen ausgebildet werden. Es stehen hierzu Maßnahmen der Assistierten Ausbildung und der begleiteten betrieblichen Ausbildung bereit. Auch ist neben den allgemein anerkannten Ausbildungsberufen eine an die besondere Situation von Menschen mit Beeinträchtigungen angepasste Ausbildung mit reduzierten Anforderungen möglich. Diese besonderen Ausbildungsgänge werden vor allem durch die Berufsbildungswerke angeboten. In diesem Bereich bietet der sozialpädagogische Fachdienst zusätzliche Hilfen zur Persönlichkeitsbildung, zur sozialen Integration, zur Eingliederung in das Berufsleben und zur Rehabilitation im Allgemeinen an.

Zusammenfassend kann gesagt werden, dass sich die Berufsbildung für Menschen mit Beeinträchtigung je nach Art und Ausmaß der Beeinträchtigung zwar noch unterschiedlich, aber insgesamt doch nach wie vor als nur ausreichend in Bezug auf das Integrationsziel herausstellt. Die wesentlichen Gründe hierfür liegen, wie oben beschrieben, im deutschen Schulsystem. Zusätzlich stellt der Übergang von der Schule in den Beruf auch eine risikobehaftete Lebensphase dar, die individuell-biografisch bewältigt werden muss (Ginnold 2004). So wird auch verschiedentlich eine inklusive Berufsbildung gefordert (Euler/Severing 2014).

Weiterhin wird die Berufsbildung dadurch negativ beeinflusst, dass die Vielfalt von Ausbildungsberufen, die Menschen mit Beeinträchtigungen zugänglich gemacht werden, gering ist und sie zusätzlich durch die strukturellen Rahmenbedingungen, z. B. auf dem allgemeinen Arbeitsmarkt, in eine Konkurrenzsituation mit anderen schlecht qualifizierten, aber nicht Arbeitssuchenden mit einer Beeinträchtigung bringen (Galiläer, 2011).

Übungen zu Kap. 3.3.2

30. Verständnisfrage: In welchen Schulformen und bis zu welchem Schulabschluss gelingt bislang die integrative Beschulung von Kindern mit Beeinträchtigungen am ehesten?
31. Diskussions-/Reflexionsfrage: Was müsste geschehen, damit noch mehr Menschen mit Beeinträchtigungen über eine Berufsausbildung in den allgemeinen Arbeitsmarkt wechseln könnten?

3.3.3 Arbeiten

Der Übergang von der Schule in die Berufsausbildung ist mit vielen Komplikationen verbunden, daher gestaltet sich der Übergang in die Arbeitswelt ebenfalls kritisch. Er stellt einen weiteren Lebensübergang dar, der mit Selbstständigkeit und sozialer Integration verbunden sein sollte. Inwieweit dies für Menschen mit Beeinträchtigungen zutrifft, soll im Folgenden beleuchtet werden. Es werden zentrale Funktionen von Arbeiten ebenso dargestellt wie die mittlerweile vorhandenen Arbeitsmöglichkeiten und diese hinsichtlich ihrer Integrationskraft bewertet.

„Jeder Mensch will notwendig sein“ – so der Titel eines von Dörner (1994b) herausgegebenen Sammelbands zum Thema „Neue Chancen für das Recht auf Arbeit aller psychisch Kranken und Behinderten“. Er beschreibt in Kurzform die anthropologische Grundlage menschlicher Tätigkeit und die in mehrfacher Hinsicht sinnstiftende Funktion. In einer materialistischen Perspektive versteht man Arbeit als Aneignung der Welt durch menschliches Handeln. Dies kann sich in der Produktion von Gütern, Kunst, Gestaltung von Lebensräumen usw., aber auch in sozialen Prozessen ausdrücken. Auch Struve (2012, 242) betont den grundsätzlichen Charakter von Arbeit als menschlicher Tätigkeit:

> „Der tätige Mensch, selbst der, der im Prozess gemeinsam geteilter Arbeit hilft, der einem Produkt ein Teilergebnis hinzufügt oder der bewegt wahrnimmt, Erkenntnisse sammelt, schafft für sich im Prozess der Produktion, Erhaltung und Nutzung von Gebrauchswerten Bewusstsein."

Hannah Arendt (1996) unterscheidet Arbeit als eine Grundbedingung des menschlichen Lebens vom Herstellen bestimmter Produkte und zwar insofern, dass Arbeit niemals endet. Sie dreht „sich in unendlicher Wiederholung in dem immer wiederkehrenden Kreise, den der biologische Lebensprozeß ihm vorschreibt und dessen ‚Mühe und Plage' erst mit dem Tod des jeweiligen Organismus ein Ende findet" (117).

Der Wert der Arbeit in diesem Sinne besteht für das menschliche Leben somit darin, dass er spezifische biopsychosoziale Funktionen erfüllt. Psychologisch gesehen stellt die Arbeit eine Möglichkeit dar, sich zu verwirklichen, die eigene Persönlichkeit zu entwickeln, Zufriedenheit über Erreichtes zu empfinden und Selbstwertsteigerung durch Anerkennung durch andere zu erlangen. Gleichzeitig wird die soziologische Bedeutung von Arbeit durch ihren integrierenden Charakter verwirklicht. Zumindest in der heutigen Arbeits- und Erwerbsgesellschaft, wie sie seit der Industrialisierung bis heute im Wesentlichen existiert, ist Arbeit entlang einer „Normalbiografie" (Schule, Ausbildung, Beruf, Rente) für viele Menschen im Sinne von Erwerbstätigkeit (Arbeit gegen Bezahlung) eine wesentliche Stütze ihrer sozialen Integration. In anderer Hinsicht lehrt uns die Geschichte der Psychiatrie bzw. des Umgangs mit Menschen mit Beeinträchtigungen, dass sich die Produktivität einer Gesellschaft bzw. das in ihr jeweils vorherrschende Produktions- und Sozialsystem deutlich auf die Frage nach der sozialen Integration derjenigen auswirkte, die zunehmend nicht mehr „benötigt" wurden oder sogar „störten". Wo die vormoderne Hausgemeinschaft noch die Selbstverständlichkeit der Sorge für die schwächeren Familienmitglieder kannte (also eine Care-Arbeit), so entwickelt sich deren Rolle in den feudalen und später marktgesellschaftlich organisierten Zusammenhängen immer mehr zu der von Außenseitern (Dörner 1994a).

Erst mit der Reformpsychiatrie in Deutschland, England, Italien, die 1970 begann, entstanden neue, gemeindenahe Möglichkeiten für Menschen mit Beeinträchtigungen, einer Arbeit bzw. Beschäftigung nachzugehen, wie z. B. die Werkstätten für behinderte Menschen, u. a. mit Werkstattplätzen und später auch „Außenarbeitsplätzen" in regulären Betrieben und schließlich sogenannten Integrationsprojekten sowie Arbeitsplätzen auf dem allgemeinen Arbeitsmarkt.

Wenn man über die Beschäftigungssituation von Menschen mit Beeinträchtigung spricht, dann muss man auch deren Arbeitslosigkeit bzw. Nichterwerbstätigkeit mit in den Blick nehmen. Zwar zählen 2013 zu den 38,8 Mio. erwerbstätigen Personen ca. 2,9 Mio. Menschen mit Beeinträchtigungen, der Anteil der Erwerbstätigen an allen Personen im Alter von 18 bis 64 Jahren (Erwerbstätigenquote) betrug bei Menschen ohne Beeinträchtigungen jedoch 80 % und bei Menschen mit Beeinträchtigungen nur 49 % (Bundesministerium für Arbeit und Soziales 2016, 166).

Allein von den 7,5 Millionen anerkannten Menschen mit schweren Beeinträchtigungen und den ihnen Gleichgestellten waren 2015 rund 1.042.000 Menschen auf dem allgemeinen Arbeitsmarkt beschäftigt und rund 180.000 Personen mit schweren Beeinträchtigungen waren arbeitslos (Bundesministerium für Arbeit und Soziales 2016, 183). Von 2007 bis 2014 stieg die Zahl von Menschen mit Schwerbehinderung, die bei einem Arbeitgeber mit zwanzig oder mehr Mitarbeitern beschäftigt sind, um 26 %, d. h. von 807.000 auf 1.014.000. Zu betonen ist dabei, dass die Zahl der Beschäftigten stärker gestiegen ist, als die Zahl der in Deutschland lebenden Menschen mit Schwerbehinderung. Das beweist, dass das Beschäftigungswachstum nicht nur eine Folge der demografischen Entwicklung ist (Bundesagentur für Arbeit 2016, 7).

Die Zahl der wegen verminderter Erwerbsfähigkeit berenteten Personen lag 2015 bei rund 1,8 Mio. Darin eingeschlossen sind alle, die weniger als sechs Stunden täglich arbeiten können (Bundesministerium für Arbeit und Soziales 2016, 228). Rente wegen voller Erwerbsunfähigkeit (weniger als 3 Stunden erwerbsfähig) bezogen ca. 500.000 Menschen (Deutsche Rentenversicherung 2016, 274, Kap. 3.3.6)

Institutionelle Unterstützung

Im Anschluss an die Situation bezüglich der ersten Schwelle von der Schule in die Ausbildung stellt sich auch die zweite Schwelle, von der

Ausbildung in den Beruf, für Menschen mit Beeinträchtigungen als problematisch dar.

Aus diversen beeinträchtigungsspezifischen, aber auch gesellschaftlichen bzw. strukturellen Gründen benötigen sie daher Hilfe bei der Integration bzw. Inklusion in das Arbeitsleben. Dies schließt das Vorbereiten, das Finden und das Sichern einer Arbeitsstelle mit ein.

Integrative Hilfen

Für die Sicherung von Ausbildungs- und Arbeitsplätzen von Menschen mit schweren Beeinträchtigungen sind seit dem Inkrafttreten des SGB IX 2001 die Integrationsämter (früher Hauptfürsorgestellen) zuständig. Sie sorgen u. a. für die technische Anpassung des Arbeitsplatzes, begleitende Hilfen, Gründung und Erhaltung einer selbständigen beruflichen Existenz sowie Arbeitsassistenz und überwachen den gesetzlich verankerten Kündigungsschutz nach § 168 ff SGB IX sowie die Ausgleichsabgabe (§ 160b SGB IX), die Betriebe mit mindestens 20 Beschäftigten leisten müssen, wenn sie die gesetzlich vorgeschriebene Beschäftigungsquote von 5 % an Arbeitnehmern mit Beeinträchtigungen nicht erfüllen können. Derzeit muss gem. § 77 Abs. 1 Satz 1 SGB IX pro unbesetztem Pflichtplatz eine Gebühr zwischen 125,00 Euro und 320,00 Euro gezahlt werden.

Die Integration wird weiterhin durch eine Rehaberatung der Agentur für Arbeit gewährleistet und durch Integrationsfachdienste unterstützt, die mittlerweile in allen Bezirken der Bundesagentur für Arbeit tätig sind. Integrationsfachdienste sind nach § 192 SGB IX besondere Dienste, die Menschen mit schweren Beeinträchtigungen beraten, unterstützen und auf geeignete Arbeitsplätze vermitteln sollen. Dazu gehören u. a. auch eine Einschätzung der Fähigkeiten und Interessen des Betroffenen sowie die Akquise von geeigneten Ausbildungs- und Arbeitsplätzen in Betrieben. Zudem sollen Arbeitgeber informiert, beraten und ihnen dabei geholfen werden, schwerbehinderte Menschen dauerhaft zu beschäftigen. Über die Aufgabe der Einmündung in den Beruf hinaus können die Integrationsfachdienste im Sinne der Nachbetreuung und Krisenintervention bei bereits bestehenden Arbeitsverhältnissen aktiv werden, um eine Kündigung zu verhindern oder Probleme, z. B. durch psychosoziale Betreuung, zu bearbeiten.

Jüngste Entwicklungen und Projekte in diesem Sektor nutzen den Gedanken und das Konzept der Unterstützten Beschäftigung (Doose

2012), welches, ursprünglich in den USA entwickelt, seit ca. 1990 auch in der Bundesrepublik Deutschland seine Anwendung (gemäß § 55 SGB IX) findet. Als wesentliches Element zählt hier das Prinzip „first place, then train“. Unter dem Begriff der Unterstützten Beschäftigung vereinen sich individuelle, auf die Fähigkeiten und Bedürfnisse des Arbeitssuchenden abgestimmte Unterstützungsformen. Doose (2012, 119) nennt folgende Phasen der Unterstützten Beschäftigung:

- Erstinformation und Beauftragung,
- individuelle Berufsplanung; Erstellung eines beruflichen Profils,
- individuelle Arbeitsplatzakquisition oder Arbeitsplatzentwicklung,
- Vorbereitung des Arbeitsverhältnisses, Arbeitsplatzanalyse und Arbeitsplatzanpassung,
- Job Coaching: Unterstützung der Einarbeitung, der betrieblichen Integration und ggf. der Qualifizierung am Arbeitsplatz,
- nachgehende Integrationsbegleitung, ggf. Krisenintervention und Arbeitsassistenz.

Unabhängig von diesen Diensten können Arbeitnehmer mit Beeinträchtigungen eine Arbeitsassistenz beantragen, die ihnen bei ansonsten bestehender Arbeitsfähigkeit eine Unterstützung bieten soll. Die Bundesarbeitsgemeinschaft für Unterstützte Beschäftigung (2005, 5) definiert Arbeitsassistenz wie folgt:

> „Unter Arbeitsassistenz wird eine dauerhafte, regelmäßig und zeitlich nicht nur wenige Minuten täglich anfallende Unterstützung am Arbeitsplatz verstanden. Sie setzt voraus, dass die Assistenz-NutzerInnen für ihren Arbeitsbereich qualifiziert sind. Arbeitsassistenz ist nicht Job Coaching oder psychosoziale Betreuung/berufsbegleitende Unterstützung. Es können zwar mehrere Leistungen erforderlich sein und dementsprechend parallel gewährt werden. Dennoch handelt es sich um unterschiedliche Formen personaler Unterstützung im Arbeitsleben."

Und die Bundesarbeitsgemeinschaft der Integrationsämter und Hauptfürsorgestellen (2014, 38) fasst es wie folgt:

> „Wie bereits das Wort ‚Assistenz' zeigt, ist Arbeitsassistenz eine Hilfestellung bei der Arbeitsausführung, nicht aber die Erledigung der vom schwerbehinderten Arbeitnehmer zu erbringenden arbeitsvertraglichen Tätigkeit selbst. Es geht dabei um kontinuierliche, regelmäßig und zeitlich nicht nur wenige Minuten täglich anfallende Unterstützung am konkreten Arbeits-

platz. Notwendig ist diese, wenn weder die behinderungsgerechte Arbeitsplatzgestaltung noch eine vom Arbeitgeber bereitgestellte Unterstützung (z. B. durch Arbeitskollegen) ausreichen, um dem schwerbehinderten Menschen die Ausführung der Arbeit in wettbewerbsfähiger Form zu ermöglichen."

Schließlich besteht ein Anspruch auf ein Budget für Arbeit (nach § 61 SGB IX), mit dem z. B. Job-Coaching, Arbeitsassistenz oder auch ein an den Arbeitgeber zu zahlender Betrag des sog. Minderleistungsausgleich zu bestreiten ist. Es beträgt laut § 61 Abs. 2 SGB IX „bis zu 75 Prozent des vom Arbeitgeber regelmäßig gezahlten Arbeitsentgelts, höchstens jedoch 40 Prozent der monatlichen Bezugsgröße nach § 18 Absatz 1 des Vierten Buches". So ermöglicht das Budget für Arbeit eine Wahl zwischen einem Werkstattarbeitsplatz und einem Beschäftigungsverhältnis auf dem allgemeinen Arbeitsmarkt. Es besteht zudem laut § 220 SGB IX ein Rückkehrrecht in die WfbM (Werkstätten für behinderte Menschen).

Inklusionsbetriebe (§ 215 SGB IX) sind – im Gegensatz zu Betrieben auf dem allgemeinen Arbeitsmarkt oder Werkstätten für Menschen mit Behinderung dadurch geprägt, dass sie mindestens 30 % der Menschen mit schweren Beeinträchtigungen beschäftigen; sie sollen aber in der Regel auch nicht mehr als 50 % beschäftigen. Sie sind gemäß § 215 Abs. 1 SGB IX

„rechtlich und wirtschaftlich selbständige Unternehmen oder unternehmensinterne oder von öffentlichen Arbeitgebern (...) geführte Betriebe oder Abteilungen zur Beschäftigung schwerbehinderter Menschen auf dem allgemeinen Arbeitsmarkt, deren Teilhabe an einer sonstigen Beschäftigung auf dem allgemeinen Arbeitsmarkt auf Grund von Art oder Schwere der Behinderung oder wegen sonstiger Umstände voraussichtlich trotz Ausschöpfens aller Fördermöglichkeiten und des Einsatzes von Integrationsfachdiensten auf besondere Schwierigkeiten stößt".

Werkstätten für behinderte Menschen als besondere Hilfe

Als im Gegensatz zu den integrativen Hilfen eher als besonders zu benennende Institutionen der beruflichen Hilfe, jedoch in ihrem quantitativen Anteil zu berücksichtigenden Einrichtungen, müssen die Werkstätten für behinderte Menschen (WfbM) erwähnt werden. Wer wegen Art und Schwere einer Beeinträchtigung nicht, noch nicht oder noch nicht wieder auf dem allgemeinen Arbeitsmarkt tätig sein kann, hat

<table>
<tr><td rowspan="2">Vermittlung auf den allg. Arbeitsmarkt
Übergangsformen (z. B. Integrationsprojekte, ‚Außenarbeitsplätze')</td><td>Arbeitsbereich
Gruppenarbeit in verschiedensten Bereichen (Industriemontage, Dienstleistungen, Gärtnerei, etc.)</td><td>Abteilung für schwerstbeeinträchtigte Menschen
– Tagesförderstätte –</td><td rowspan="3">Begleitender Dienst

Ärztlicher Dienst

Psychologischer Dienst

Sozialdienst</td></tr>
<tr><td colspan="2">Berufsbildungsbereich – 24 Monate</td></tr>
<tr><td>Andere berufliche Reha</td><td colspan="2">Eingangsverfahren – 4 Wochen bis 3 Monate</td></tr>
</table>

Abb. 5: Aufbau von Werkstätten für behinderte Menschen (eigene Abbildung auf der Basis von Fornefeld 2013, 166)

nach § 136 SGB IX einen Anspruch auf Teilhabe am Arbeitsleben in anerkannten Werkstätten für behinderte Menschen.

Neben dem Arbeitsbereich gibt es, wie in Abbildung 5 zu sehen, in der WfbM Angebote von einem sozialen, psychologischen bzw. z. T. auch ärztlichen Dienst, Angebote angeschlossener Tagesförderstätten und auch spezielle Angebote (Snoezelen, Gymnastik, Ergotherapie) sowie die Beratung von an einer Arbeit in der Werkstatt interessierten Menschen mit Beeinträchtigungen und deren Angehörigen und vermittelnden Fachdiensten.

Werkstätten für behinderte Menschen verfügen immer über einen Berufsbildungsbereich, der den Einstieg der Betroffenen in das Arbeitsleben durch den Qualifikationserwerb von grundlegenden Arbeitsfähigkeiten fördern soll. Mit der zweijährigen, obligatorischen Qualifizierung mit Grundfähigkeiten im Berufsbildungsbereich verbunden ist der sogenannte Eingangsbereich der Werkstatt für behinderte Menschen, der neben der Qualifizierung auch zum Ziel hat, einen Eingliederungsplan zu erstellen. Die Leistungen werden entweder vom zuständigen beruflichen Rehabilitationsträger oder von der Bundesagentur für Arbeit übernommen. Die Beschäftigten selbst erhalten derzeit ein Ausbildungsgeld oder Übergangsgeld, welches im ersten Jahr monatlich 63 Euro und im zweiten Jahr monatlich 75 Euro beträgt.

Im sonstigen Arbeitsbereich der WfbM erhalten Beschäftigte ein Arbeitsentgelt von zurzeit (Stand 2015) durchschnittlich ca. 180 Euro, wobei die Spannbreite nach Angaben der Bundesarbeitsgemeinschaft Werkstätten für behinderte Menschen (2016a) zwischen 125 Euro und 223 Euro liegt. Die Werkstätten sind angehalten, ca. 70 % ihres erwirtschafteten Arbeitsergebnisses als Arbeitsentgelte an die Beschäftigten mit Beeinträchtigungen auszuzahlen. Zusätzlich beeinflusst die Leistungsfähigkeit des Beschäftigten die Zahlung, da neben einem Grundbetrag (von derzeit 75 Euro) leistungsangemessene Steigerungsbeträge gezahlt werden können. Mit dem SGB IX ist schließlich ein Arbeitsförderungsgeld eingeführt worden. Beschäftigte, deren Arbeitsentgelt 325 Euro monatlich nicht übersteigt, erhalten derzeit ein Arbeitsförderungsgeld in Höhe von bis zu 52 Euro. Bei einem Arbeitsentgelt bis zu 299 Euro wird das Arbeitsförderungsgeld in voller Höhe gezahlt, sonst in der Höhe der Differenz.

Die Werkstätten werden mittlerweile von einer 2-Säulen-Finanzierung getragen, bestehend aus den Produktionseinnahmen und der Finanzierung durch die überörtlichen Sozialhilfeträger.

Neben dem Berufsbildungs- und Arbeitsbereich sind häufig auch Tagesförderstätten organisatorischer Teil der WfbM. Noch 2013 hält die Bundesarbeitsgemeinschaft der überörtlichen Sozialhilfeträger fest, dass es neben den integrierten Tagesförderstätten „unter dem verlängerten Dach der WfbM" (5) auch teilstationäre Angebote sowie tagesstrukturierende Maßnahmen im stationären Wohnen gibt. Außerdem wird festgehalten, dass die Vielfalt und Intensität der Maßnahmen in den Bundesländern ein weites Spektrum aufweisen.

Gemäß § 219 Abs. 2 sind die Tagesförderstätten für jene Personen da, die nicht in einer WfbM aufgenommen werden können, da bei ihnen „trotz einer der Behinderung angemessenen Betreuung eine erhebliche Selbst- oder Fremdgefährdung zu erwarten ist oder das Ausmaß der erforderlichen Betreuung und Pflege die Teilnahme an Maßnahmen im Berufsbildungsbereich oder sonstige Umstände ein Mindestmaß wirtschaftlich verwertbarer Arbeitsleistung im Arbeitsbereich dauerhaft nicht zulassen".

In Deutschland gibt es ca. 700 Werkstätten mit über 2.700 Betriebsstätten, in denen 2014 ca. 265.000 Personen beschäftigt waren. Wie Tabelle 7 zu entnehmen ist, sind Menschen mit einer geistigen Beeinträchtigung am häufigsten dort beschäftigt, gefolgt von Menschen mit einer psychischen und Menschen mit einer körperlichen Beeinträchtigung.

Werkstätten für behinderte Menschen sind jedoch berufliche Sackgassen, da sie eine sehr geringe Vermittlungsquote von weniger als 1 % in den allgemeinen Arbeitsmarkt vorweisen können.

Neben dem Ausscheiden aus der WfbM gibt es noch die Möglichkeit, auf einem sog. „Außenarbeitsplatz", also z. B. in einem Betrieb

Tab. 7: Anzahl der Beschäftigten in WfbM's , aufgeschlüsselt nach Art der Beeinträchtigung, 1.1.2016 (Bundesarbeitsgemeinschaft Werkstätten für behinderte Menschen 2016b)

	Anzahl	**Anteil**
Menschen mit geistiger Beeinträchtigung	234.260	75,89 %
Menschen mit körperlicher Beeinträchtigung	10.469	3,39 %
Menschen mit psychischer Beeinträchtigung	63.962	20,72 %
Insgesamt	308.691	100 %

des allgemeinen Arbeitsmarktes tätig zu sein und trotzdem noch organisatorisch und rechtlich zur WfbM zu gehören. Der Vorteil liegt für manche Betroffene darin, dass sie in anderen Firmen tätig sind, jedoch den arbeitsrechtlichen Status eines WfbM-Angehörigen behalten. Fälschlicherweise werden diese Arbeitsplätze als Außenarbeitsplätze bezeichnet, suggeriert diese Bezeichnung doch, dass sich die Werkstatt im Inneren der Gesellschaft befinde und die Arbeitsplätze in normalen Firmen im Außen. Es spricht aus Integrationsaspekten vieles dafür, diese Bezeichnung fallen zu lassen. Doose (2012, 110) berichtet, dass diese Möglichkeit bislang nur wenig genutzt wird, so waren 2001 nur 3072 solcher „Außenarbeitsplätze" (1,4 % aller Werkstattarbeitsplätze) zu verzeichnen. Detmar et al. (2008, 51) führen aus, dass 2006 knapp 200 WfbM rund 4.000 vereinbarte ausgelagerte Plätze angaben. Dies entspricht einem Anteil von knapp viereinhalb Prozent an allen Plätzen dieser WfbM. Es wird also durchaus ein Trend zu mehr solcher Arbeitsplätzen deutlich.

Übungen zu Kap. 3.3.3

32. Verständnisfrage: Welche „Aufnahmebedingungen" herrschen in Werkstätten für behinderte Menschen vor?
33. Diskussions-/Reflexionsfrage: Welches Spannungsverhältnis ergibt sich aus dem Produktionsdruck in Werkstätten und dem Förderbedarf der Beschäftigten mit Beeinträchtigungen? Diskutieren Sie die Auswirkungen des Wettbewerbes und der Marktorientierung einiger WfbMs hinsichtlich dieses Spannungsverhältnisses.

3.3.4 Freizeit

Freizeit ist neben der Arbeit ein sehr wichtiger Lebensbereich, der sich gerade in seiner gegenüber der Arbeitswelt unterschiedlichen Art und Weise, wie Menschen hiervon profitieren, besonders kennzeichnen lässt. Im Folgenden werden Potenziale und Probleme der Freizeitnutzung und -gestaltung von Menschen mit Beeinträchtigungen beschrieben und institutionelle Unterstützungsformen dargestellt.

Die „freie Zeit", die ein Mensch für sich in Anspruch nehmen kann, hängt von der durch Arbeit, familiäre Pflichten, sozialem Engagement usw. gebundenen Zeit ab. Sie unterliegt stärker als die in den Kapiteln 3.3.1 bis 3.3.3 genannten Bereiche der individuellen Möglichkeit zur selbstbestimmten und selbst gestalteten Praxis menschlichen Handelns, ist aber auch durch gesellschaftliche Bedingungen gerahmt.

Freizeit wirkt sich förderlich auf das Wohlbefinden von Menschen aus. Dies kann sie jedoch nur, wenn sie im Kontrast zur gebundenen und strukturierten Zeit ihre Kraft darin entfaltet, dem Körper, der Seele und dem Geist Muße zu ermöglichen. Eine Freizeit, wie sie die Konsum- und Erlebnisgesellschaft den Menschen zumutet, kann dagegen genau die gegenteiligen Effekte hervorbringen. Menschheitsgeschichtlich ist dabei bemerkenswert, dass zumindest in den westlichen, entwickelten Ländern die Menschen noch nie so viel freie Zeit zur Verfügung hatten, also Zeit, die nicht für Erwerbstätigkeit oder Subsistenz aufgewendet werden muss. Gleichzeitig fühlen sich manche Menschen oft, auch in ihrer Freizeit, gehetzt.

Freizeit ist in moderner Zeit jedoch mehr als nur freie Zeit, die man für sich zur Verfügung hat. Oft ist sie an Orte der Freizeit gebunden, an Sport- und Spielstätten, an Vereine, Clubs und Konsumstätten (Kino, Kneipe, Restaurant).

Markowetz (2007) beschreibt die historische Entwicklung des Begriffes, der zwar eng an die Industriegesellschaft gebunden, jedoch schon von Immanuel Kant und Jean-Jacques Rousseau in seiner Bedeutung erkannt wurde. Für Karl Marx bestand das Charakteristikum von Freizeit in der „disponiblen Zeit", deren emanzipatorischen Wert für die Herausbildung von menschlicher Freiheit er früh erkannte. Freiheit und Freizeit scheinen also nicht nur etymologisch eng beieinanderzuliegen.

Für Menschen mit Beeinträchtigungen gewinnt dieser Aspekt stärker als für andere Bevölkerungsgruppen eine große Bedeutung dadurch, dass Freiheit und Selbstbestimmung in vielen Bereichen, so auch bezüglich der Freizeit, nicht immer als gegeben angesehen werden kann. Abgesehen davon, dass dabei übersehen wird, dass auch viele Menschen ohne Beeinträchtigungen in ihrer Freizeitwahl nicht selbstbestimmt handeln, sondern sich z. B. durch Konsumangebote „locken lassen“, stellt doch die Lage von Menschen mit Beeinträchtigungen eine spezifische Situation dar. Allerdings werden eben gerade der bewussten Eigenentscheidung und den freien Wahlmöglichkeiten von Menschen mit Beeinträchtigungen durch die soziale Struktur der Freizeitmöglichkeiten sowie der Zugänglichkeit (materiell wie immateriell) einige Schranken auferlegt.

In Erweiterung des 3-Zeiten-Modells von Opaschowski hat Theunissen (1997) ein 5-Zeiten-Modell entwickelt, das „Arbeitszeit, Verpflichtungszeit, Bildungszeit, freie Dispositionszeit, Ruhe- und Schlafenszeit“ ebenso miteinbezieht wie die für Menschen mit einem Pflegebedarf bedeutende „Versorgungszeit“.

Allerdings dürfte heute Konsens darüber bestehen, dass sich die Freizeitbedürfnisse von Menschen mit Beeinträchtigungen nicht von denen ohne Beeinträchtigung unterscheiden. Wir können Markowetz (2007, 315) allerdings zustimmen, wenn er feststellt, dass Menschen mit Beeinträchtigungen eher ihre individuellen Freizeitbedürfnisse als die sozialen befriedigen können. Dies hängt fundamental mit ihrer sozialen Situation zusammen, die Freizeit häufig zu einer eher einzeln und alleine zu bewerkstelligenden Aufgabe (Fernsehen, Spielen, Lesen usw.) macht. Theunissen et al. (2000) haben in einer Studie folgende Merkmale der Freizeitsituation von Menschen mit Beeinträchtigungen festgestellt:

- Freizeit- und Bildungsangebote finden häufig zielgruppen-, aber nicht altersspezifisch statt, d. h. z. B., dass junge wie alte Menschen zusammen basteln.
- Freizeit- und Bildungsangebote finden häufig innerhalb der institutionellen Grenzen statt und sind nicht inklusiv ausgerichtet, was z. B. hieße, die Sportgruppe in einem Sportverein statt in der trägereigenen Turnhalle stattfinden zu lassen.
- Die Angebote werden überwiegend positiv bewertet, jedoch wünschen sich über die Hälfte der Befragten gemeinsame Freizeitmöglichkeiten mit Menschen ohne Beeinträchtigung.

Gerade die Auswahl an Freizeitmöglichkeiten ist durch die professionelle Auswahl präjudiziert, d. h., das Freizeiterleben wird mehr durch die Freizeitkonzepte der Werk- und Wohnstätten und durch individuelle Präferenzen der MitarbeiterInnen bestimmt als durch die subjektiven Bedarfe der NutzerInnen (Bundesministerium für Arbeit und Soziales 2016, 365 ff.). In stationären Wohneinrichtungen der Behindertenhilfe stellt sich das Bild einer „vorgeformten" Freizeithilfe häufig stärker dar, mit all den damit verbundenen Vor- und Nachteilen (Markowetz 2000, 31). Neben der sicherlich wichtigen Erfahrung, Freizeit auch in Gruppen von MitbewohnerInnen usw. zu erfahren, stellt doch gerade die individuelle Freizeitnutzung für die professionelle Unterstützung von Menschen mit Beeinträchtigungen eine große Herausforderung dar. Theunissen (1997, 92) fordert deshalb auch eine „tagesstrukturierte Freizeitarbeit", in der

„der Pädagoge (Bezugsassistenz; Vertrauensperson) die Freizeitgestaltung des Einzelnen begleitet, indem er z. B. mit dem Betroffenen spazieren geht, kulturelle Veranstaltungen besucht, Sport treibt, spielt u. a. m., so daß eine gemeinsam inniglich erlebte Du-Erfahrung stattfinden kann".

Hier dürfte die Freizeitassistenz als Möglichkeit der inklusiven Freizeitgestaltung an Bedeutung gewinnen, will man dem Freiheitscharakter von Freizeit auch bei Menschen mit Beeinträchtigungen mehr Rechnung tragen (Markowetz 2016). Niehoff (2006, 408) stellt daher zu Recht fest, dass „gerade in der Freizeit aufgrund der relativen Freiheit von Zwängen und Leistungsdruck Begegnungen" zwischen Menschen mit und ohne Beeinträchtigungen möglich seien.

Nach Artikel 30 UN-BRK besteht ein gleichberechtigtes Recht von Menschen mit und ohne Behinderungen, am kulturellen Leben teilzunehmen.

Institutionelle Unterstützung

Neben dem Wohnbereich und der Arbeit bzw. Beschäftigung spielt natürlich auch für Menschen mit Beeinträchtigung die Freizeit, die freie Zeit und die damit verbundene soziale Einbindung in befriedigende soziale Beziehungen eine bedeutende Rolle.

Dieser Bereich ist jedoch nach wie vor in theoretischen Erörterungen wie in praktischen Projekten nur wenig repräsentiert. So stellen Markowetz/Cloerkes (2000) im Vorwort ihres Buches über „Freizeit im Leben behinderter Menschen" fest, dass

„die Integration behinderter Menschen im Freizeitbereich nicht in dem Maße stattgefunden hat, wie es von den Betroffenen selbst, ihren Eltern,

Angehörigen und Selbsthilfezusammenschlüssen eingefordert, gesellschaftlich erwünscht und von Fachleuten für möglich gehalten wird. Unter bildungs-, sozial- und gesellschaftspolitischen wie integrationspädagogischen Gesichtspunkten betrachtet, rangiert das Anliegen der sozialen Rehabilitation im Lebensbereich Freizeit weit hinter dem der schulischen und der beruflichen Rehabilitation".

Woran mag dies liegen? Freizeit im Sinne von freier Zeit wird in unserer heutigen Gesellschaft vor allem in Zusammenhang gebracht mit Arbeit. Danach unterscheiden sich Arbeit und Freizeit darin, dass Erstere sehr stark fremdbestimmend auf den Einzelnen einwirkt und Freizeit als das Gegenteil davon vor allem Freiheitsgrade verwirklichen hilft. Man kann über seine Zeit frei verfügen. Zusätzlich wird der Gegensatz von Anspannung während der Arbeit und Entspannung im Bereich der Freizeit häufig als Abgrenzung zwischen ihnen herangezogen. Neben einer konsumtheoretischen Perspektive interessiert uns hier vor allem der soziale Aspekt von Freizeit, der sich in den vier Freizeitbedürfnissen „Kommunikation", „Integration", „Partizipation" und „Enkulturation" ausdrückt. Diese Bedürfnisarten wurden von Opaschowski (1990) zusammen mit vier weiteren, eher individuellen Bedürfnissen nach „Rekreation", „Kompensation", „Edukation" und „Kontemplation" beschrieben.

Die von Markowetz (2000, 17) auch als personengebundene Freizeit bezeichnete freie Zeit erstreckt sich dabei vor allem auf kommunikative, gruppenbezogene oder auch soziale Freizeitnutzung, für deren Realisierung Menschen mit Beeinträchtigungen auch professionelle Unterstützung benötigen. Auch wenn sich das Ausmaß dieser Hilfen im Vergleich zu den sonstigen Lebensbereichen vielleicht eher gering darstellt, so sind doch die qualitativen Aspekte der Unterstützung von ebenso großer Bedeutung wie im Bereich Arbeit oder Wohnen.

Zudem hängt Freizeit, was die individuellen Aspekte betrifft, zentral mit dem Wohnen zusammen, da viele der oben genannten individuellen Freizeitbedürfnisse von Menschen mit Beeinträchtigungen eng an das Wohnumfeld gebunden sind.

Dass hier die soziale Seite der Freizeit vermehrt interessieren soll, hängt mit dem spezifischen Blickwinkel der Sozialen Arbeit auf diesen Lebensbereich zusammen. Freizeit wirkt – wie alle anderen Lebensbereiche auch –, wenn sie auf ihre sozialen Effekte und Bedingungen hin untersucht wird, vor allem dann integrativ, wenn die Bedürfnisse mit den Fähigkeiten zur selbstständigen Nutzung und den kompensatorischen Hilfen (Begleitung, Assistenz usw.) in einem für die Selbstbestimmung und Wahlfreiheit der Menschen mit Beeinträchtigungen günstigen Verhältnis stehen.

Für kleine Kinder (bis zum Schulalter) mit und ohne Beeinträchtigung stellt sich Freizeit zunächst als wohnungsnahe Freizeit dar. Im sozialökologischen Sinne werden die Zonen der Freizeitaktivität dann mit fortschreitendem Lebensalter auf weitere Nachbarschaft, entfernter wohnende Freunde/Gleichaltrige, Freizeit- und Konsumstätten in der Gemeinde und später auch darüber hinaus erweitert.

Für Kinder mit Beeinträchtigung ergeben sich bei dieser Ausweitung der Freizeitzonen je nach Beeinträchtigung entweder bewegungs- und mobilitäts- bzw. kommunikationsbezogene Einschränkungen, die es ihnen und ihren Eltern schwieriger machen, an außerhäuslichen Aktivitäten teilzunehmen. Auch Spielplätze oder Sport- und Spielstätten sind vielfach nicht barrierefrei oder von einer gewissen Leistungserwartung – im Mitmachen können – geprägt. Aus diesem Grund spielen vor allem die Förderschulen, die als Ganztagsschulen organisiert sind, für die außerhäusliche Freizeit eine große Rolle.

„Der Besuch von Sonderschulen ist einerseits mit dem Verlust an freier Zeit (Dispositionszeit) verbunden, andererseits sind Sonderschulen gut mit Spiel-, Lern- und Arbeitsmaterialien ausgestattet und verfügen über eine Vielzahl an ‚Fachräumen', Spielplätzen, Sportstätten, Schwimm- und Bewegungsbädern, Disco-, Snoezelen- und Werkräumen usw." (Markowetz 2000, 23).

Durch dieses Freizeitangebot werden natürlich Entlastungseffekte aufseiten der Eltern und Entspannungs-, Kreativitäts- und Aktivitätseffekte aufseiten der Kinder mit Beeinträchtigungen ausgelöst. Allerdings bleibt das Risiko, dass sich die Freizeitangebote nicht auf völlig freiwilligem Niveau bewegen, sondern sich durch die Angebotsorganisation der Schulen, durch Interessen der Lehrkräfte u.a. institutionelle Einflüsse ergeben.

Daher übernehmen Familienentlastende Dienste (FeD), Selbsthilfeverbände und andere Organisationen eine wichtige Funktion, wenn sie außerfamiliäre und außerschulische Zusatzangebote unterbreiten. Doch auch diesen Freizeitangeboten haftet der Mangel an Vielfalt der angebotenen Freizeitaktivitäten an, da auch sie – mit Ausnahme einer individuellen Betreuung durch den FeD – eher dem organisatorisch-institutionellen Rahmen entsprechen als den frei gewählten Interessen der Menschen mit Beeinträchtigungen. So sind geplante Ferienfreizeiten in ihrer Örtlichkeit meist festgelegt und Menschen mit Beeinträchtigungen können sich diesen Freizeiten nur anschließen. Allerdings berichtet Cloerkes (2000) davon, dass sich durch integrative Ferienmaßnahmen von Menschen mit und ohne Beeinträchtigungen positive Erfahrungen mit Spaß an der Sache und einem zwanglosen Umgang untereinander zeigen.

Die für die Freizeit von Menschen ohne Beeinträchtigungen sonst vorhandene Diversifikation von Angeboten und Nutzerinteressen sollte deshalb auch für die Freizeit von Menschen mit Beeinträchtigungen gelten.

Der von Institutionen der Behindertenhilfe angebotene Freizeitsektor (Teilhabe am gemeinschaftlichen und kulturellen Leben, § 55 Absatz 2 Nr. 7 SGB IX) ist dabei ebenso angesprochen wie der Urlaubs- und Reisesektor, der neben Gruppenreisen ein Individualspektrum enthalten sollte, um dem „normalen" Reiseverhalten von bestimmten Menschen entsprechen zu können (Bundesministerium für Arbeit und Soziales 2016, 370). Einer integrativen Reisegestaltung stehen bis heute bestimmte Verhaltensunsicherheiten kommerzieller Reiseanbieter entgegen, die u. a. im Zusammentreffen der Reisenden mit und ohne Beeinträchtigungen bestehen. Bis auf spezialisierte Reiseanbieter, die häufig der Behindertenhilfe und ihren Organisationen nahestehen, hat sich bis heute der allgemeine Reisemarkt noch nicht der Zielgruppe der Menschen mit Beeinträchtigungen geöffnet (Wilken 2000).

Zusätzlich zu den bislang erörterten Freizeitsektoren kommt auch der Erwachsenenbildung eine zentrale Rolle zu, da nicht nur für Menschen ohne Beeinträchtigungen in der heutigen Medien- und Wissensgesellschaft Freizeit auch Bildung bedeutet (Lesen, Theaterbesuche usw.) (Lindmeier 2000).

Übungen zu Kap. 3.3.4

34. Verständnisfrage: Welche Funktionen hat Freizeit für Menschen im Allgemeinen?
35. Diskussions-/Reflexionsfrage: Welche Funktionen hat Freizeit für Menschen mit einer Beeinträchtigung und welche dieser Funktionen sind in der bestehenden Gesellschaft von ihnen schwerer zu realisieren?

3.3.5 Familie

Familien mit Kindern mit Beeinträchtigungen übernehmen zusätzlich zu den üblichen Sozialisationsaufgaben eventuell weitere Aufgaben, z. B. im Bereich der Pflege oder der Betreuung. Sie befinden sich damit noch stärker als andere Familien in Situationen, die in bestimmten Fällen durch professionelle Fachkräfte unterstützt werden müssen. Gleichzeitig haben auch Menschen mit Beeinträchtigungen einen Kinder- und damit Familienwunsch oder leben auch als Volljährige noch in ihrer Herkunftsfamilie. Die Funktion der Familie soll durch Beratung, Unterstützung und Entlastung der Familie gestärkt werden.

Thimm (2002, 11) gibt eine Schätzung an, dass in knapp 3 % aller Mehrpersonenhaushalte ein minderjähriges Kind mit einer Beeinträchtigung lebt, wobei Kinder mit einer schweren-, mehrfachen- oder geistigen Beeinträchtigung einen überproportionalen Anteil daran haben dürften. Aus der Studie zur Gesundheit von Kindern und Jugendlichen in Deutschland (KiGGS) des Robert Koch-Instituts von 2010 kann geschlossen werden, dass es ca. 1,3 Millionen Kinder und Jugendliche in Deutschland gibt, die entweder eine anerkannte Schwerbehinderung haben oder eine langfristige Einschränkung aufgrund von Krankheit, Verhaltensstörung oder anderem gesundheitlichen Problem (ohne amtlich festgestellte Behinderung) (Bundesministerium für Arbeit und Soziales 2013, 52). Hieraus ist jedoch nicht ersichtlich, wie viele Kinder und Jugendliche eine geistige Beeinträchtigung haben.

Zudem lebt mit 300.000 Personen ein relativ großer Teil der volljährigen Menschen mit Beeinträchtigungen in ihren Herkunftsfamilien. Ausgenommen von dieser Zahl sind alle erwachsenen Personen, die vor allem durch Unfälle und Krankheiten beeinträchtigt sind.

Neben dieser überwiegenden Form, dass Menschen mit Beeinträchtigung bei ihren Eltern, Großeltern oder anderen nahen Verwandten leben, besteht eine weitaus geringere Gruppe von Menschen mit Beeinträchtigungen, die selbst Kinder haben und in einer Partnerschaft mit einem Menschen mit oder ohne Beeinträchtigung leben.

Für Familien mit Kindern mit Beeinträchtigungen gibt es in Deutschland ein relativ gut ausgebautes Netz an institutionellen und materiellen Hilfen; für Menschen mit Beeinträchtigungen, die eine eigene Familie gegründet haben, sieht die generelle Versorgungssituation schlechter aus. Neben immer noch vorherrschenden eugenischen Vorbehalten gegen die Fortpflanzung von Paaren mit Beeinträchtigungen begründet sich dieser Mangel vor allem in der fehlenden Infrastruktur.

Herkunftsfamilie

Die Familie stellt als primäres Sozialisations- und Sicherungssystem wesentliche Ressourcen für die Entwicklung und Versorgung von Menschen mit Beeinträchtigungen bereit (Engelbert 2003, 209 ff.):

- Sozialisation und Erziehung: Die Familie vermittelt erste und grundlegende Werthaltungen, Regeln für den Umgang mit anderen Menschen und mit gesellschaftlichen Normen und die Fähigkeit zum sozialen Handeln (Kontaktaufnahme und -pflege mit der außerfamiliären Umwelt).
- Emotionale Unterstützung: Familien bieten die Möglichkeit zum Erfahren und Ausprobieren von verschiedenen Emotionalitäten (Wut, Trauer, Angst, Freude) in einem akzeptierenden Raum. Die frühe Bindungsqualität zwischen Eltern und Kindern entscheidet über die spätere Möglichkeit, aus einem breiten Schatz von Emotionen schöpfen zu können.
- Alltagsorganisation und Versorgung: In einem im Zuge des Aufwachsens immer entbehrlicheren Maße organisieren und strukturieren Eltern den Alltag der Familie mit ihren Kindern zusammen und versorgen diese mit den nötigen Rahmenbedingungen (Essen, Wohnraum, Schutz usw.).

Gleichzeitig stellt die Familie als nur temporäres Sozialsystem, aus dem sich die Kinder mit der Zeit individualisieren und fortentwickeln, eine schwierige Figur in Bezug auf die Loslösungsmöglichkeiten von jungen Menschen mit Beeinträchtigungen dar. Bezüglich dieser Besonderheit kann man Familien mit Kindern mit Beeinträchtigungen von anderen in der Hinsicht unterscheiden, dass bei ihnen die „natürliche" Entwicklung im Sinne einer Loslösung von der Herkunftsfamilie oft schwieriger und konfliktträchtiger verläuft (Heckmann 2004, 23 ff.). Hierzu beschreibt Seifert (2004, 312 ff.) spezifische Anforderungen an Eltern im Zusammenleben mit einem Kind mit einer Beeinträchtigung: Für die tagtägliche Integrationsaufgabe benötigen die Eltern

- Kraft und Beharrlichkeit, da die Reaktionen der Umwelt nicht immer positiv sind,

- die Möglichkeit, die z. T. zeitintensive Betreuung in andere Anforderungen des Alltags (Berufsleben, andere Geschwister) zu integrieren,
- ein soziales Netz von UnterstützerInnen, um partielle Entlastung zu erhalten, und
- den Kontakt zu Gleichbetroffenen, um die emotionale Belastung zu kompensieren.

Familien mit Kindern mit Beeinträchtigungen sind höheren Belastungen ausgesetzt als vergleichbare Familien, in denen keine Kinder mit Beeinträchtigungen leben (Engelbert 2012).

Daneben ist vor allem die Aufgabe der Förderung von Ablöseprozessen in Familien mit Kindern mit Beeinträchtigungen eine besonders problematische. Durch die intensive Betreuung und Pflege baut sich eine emotionale Bindung auf, die sich nicht von selbst – z. B. durch die zunehmende Selbstständigkeit des Kindes – in Richtung Autonomie und Loslösung entwickelt und z. T. mit Schuldgefühlen seitens der Eltern verbunden ist.

Interessant für die psychosoziale Betreuung erscheinen in diesem Zusammenhang vor allem die Problemlöse- und Bewältigungsmuster von Familien mit Kindern mit Beeinträchtigungen. Mühlum (1999, 55) beschreibt den Prozess der Bewältigung anhand der sogenannten „5 C“: Catastrophe, Crisis, Coping, Competence, Contentment. Daneben hat sich insbesondere das Krisenmodell von Schuchardt (2003) als hilfreich erwiesen.

Zudem sind diese Familien durch die häufig andauernde Pflege und Versorgung ihrer Kinder mit Beeinträchtigungen stärker als andere Familien von sozialer Benachteiligung, dem Verlust bzw. der Einschränkung sozialer Kontakte und psychischen wie physischen Erschöpfungszuständen der Eltern geprägt.

Zusätzlich stellt Thimm (2002, 11) als Belastungsfaktoren die tendenzielle Diskriminierung von Familien mit Kindern mit Beeinträchtigungen fest:

„Als belastend wirkt sich für Eltern eines behinderten Kindes in zunehmendem Maße aus, dass im Planungshorizont von Schwangerschaftsverhütung, pränataler Diagnostik, Schwangerschaftsabbruch und neuerdings selektierender Präimplantationsdiagnostik immer weniger Raum bleibt für ein geschädigtes Kind: es wird als gesellschaftlicher Störfall angesehen, den es zu vermeiden gilt. Ärzte und Eltern, die das anders sehen, werden möglicherweise in Zukunft aus der Solidargemeinschaft entlassen und haben für die Folgen selbst aufzukommen.“

Familien mit Kindern mit Beeinträchtigungen sind also doppelter Belastung ausgesetzt: Zum einen der gesellschaftlichen Diskriminierung und zum anderen den häufig schwierigeren Bedingungen für ein gesundes, entspanntes und die Bedürfnisse aller Familienmitglieder befriedigendes Leben. Krisen als Zuspitzung der familiären Situation bedürfen deshalb ebenso professioneller Unterstützung wie auch die Organisation des familiären Alltags. Daneben besitzen gerade Eltern von Kindern mit Beeinträchtigungen häufig ein erstaunlich hohes Potenzial an Lebensbewältigungskompetenz, was sich u. a. auch in deren Durchsetzungs- und Selbsthilfepotenzial zeigt (vgl. z.B. die Gründung der Lebenshilfe und anderer Vereinigungen).

In einer Analyse der familien- wie behindertenpolitischen Situation in 14 Bundesländern kommt Haack (2002) zu dem Ergebnis, dass einerseits der Wandel der Familienformen sowie andererseits die materielle Situation der Familien zu beachten ist. Die Bereitschaft zur Pflege und Versorgung eines Kindes mit einer Beeinträchtigung hängt sehr stark von den gesellschaftlichen Bedingungen der Familien (materielle Lage, Wohnsituation, infrastrukturelle Bedingungen), dem Wandel der Familienformen (Zunahme von Ein-Eltern-Familien, Patchwork-Familien) und dem Wertewandel (Individualisierung, Utilitarismus, Hedonismus, Materialismus) ab.

Ist für die Erziehung und Versorgung von Kindern eine nicht unerhebliche Distanzierung von individualisierten Lebenszielen und Wünschen (Karriere, hohes Einkommen, viel Freizeit usw.) schon bei Familien mit Kindern ohne Beeinträchtigungen vonnöten, um sich dem Familienleben und den besonderen Bedürfnissen von Kindern widmen zu können, so verschärft sich dies bei Familien mit Kindern mit Beeinträchtigungen umso mehr, als diese länger und intensiver auf Pflege und direkte Betreuung und Begleitung angewiesen sind. Die Verselbstständigung der Kinder, die den Eltern im zunehmenden Maße auch wieder mehr Freiräume für die Verwirklichung sonstiger Lebensziele lässt, verläuft bei Kindern mit Beeinträchtigungen häufig langsamer und unvollständiger. Weiterhin beschreibt Heckmann (2004, 31) die Schwierigkeit der notwendigen Neufindung der Elternrolle, die zwar auch bei der Geburt von Kindern ohne Beeinträchtigungen stattfinden muss, sich jedoch aufgrund der vielleicht länger andauernden Pflegebedürftigkeit erheblich schwieriger wieder normalisiert.

Auch das soziale Netzwerk von Familien und deren Binnenbeziehungen weisen Besonderheiten und vor allem Risiken auf. Heckmann (2004) hat in der Analyse zweier Untersuchungen einerseits die besonderen Belastungen im Übergang von der Schule in die Ausbildung beschrieben, die u. a. auch zu psychosomatischen Symptomen bei den Eltern führen, und andererseits die hohe soziale Unterstützung innerhalb der Familie bei gleichzeitigem Befund eines zwar relativ kleinen, aber stützenden außerfamiliären Netzwerks.

Gleichzeitig ist die materielle Ausstattung von Familien ein wesentlicher Faktor, der eine adäquate Erziehung und Versorgung von Kindern bestimmt. Da neuere Zahlen nicht vorliegen, muss derzeit noch davon ausgegangen werden, dass die Hauptpflegepersonen (vor allem sind dies Frauen) zu 77 % nicht erwerbstätig sind, wobei sich 68 % der Hauptpflegepersonen durchaus im erwerbsfähigen Alter befinden (Bundesministeriums für Gesundheit und soziale Sicherung 2004, 135). Dieser Befund kann vor allem in Richtung einer Schlechterstellung bezüglich des Familiengesamteinkommens interpretiert werden, da nur ein Einkommen zur Verfügung steht. Dabei steht fest, dass noch stärker als in Familien mit Kindern ohne Beeinträchtigungen vor allem die Frauen ihre Erwerbstätigkeit im Zuge der Geburt von Kindern mit Beeinträchtigungen aufgeben. Die Bedeutung sozialpolitischer Kompensation für Familien mit Kindern mit Beeinträchtigungen, insofern sie Einkommensverlust ausgleichen und gleichzeitig eine höhere emotionale Last tragen müssen, steht deshalb außer Frage (Engelbert 2012). Auch haben alleinerziehende Elternteile eine noch stärkere Belastung. Kinder mit Beeinträchtigungen leben signifikant häufiger mit nur einem Elternteil als ihre Altersgenossen ohne Beeinträchtigungen (Bundesministerium für Arbeit und Soziales 2013, 74).

Dass Erwachsene mit einer geistigen Beeinträchtigung selbst Kinder haben, kommt statistisch gesehen relativ selten vor. Orthmann Bless (2016, 498) gibt an, dass international gesehen von ca. 2–3 % ausgegangen wird, wobei die Inzidenz in den vergangenen Jahren gestiegen sei (Pixa-Kettner 2012, 230). Ihre elterliche Kompetenz ist bzgl. der Betreuung und adäquaten Förderung ihrer Kinder durch die eigene geistige Beeinträchtigung ebenso eingeschränkt wie durch den oft erschwerten Zugang von geeigneten allgemeinen Unterstützungsmaßnahmen, etwa durch die eigenen Eltern, durch andere Eltern, durch Freunde etc. So sind sie häufig auf spezifische Unterstützung aus der Eingliederungshilfe, die als begleitete Elternschaft entweder ambulant im familiären Haushalt oder in Institutionen der Behindertenhilfe stattfindet, angewiesen. In § 9 Absatz 1 Satz 3 SGB IX wird festgehalten, dass den besonderen Bedürfnissen von Müttern und Vätern mit Beeinträchtigungen bei der Erfüllung ihres Erziehungsauftrages Rechnung zu tragen ist.

Institutionelle Unterstützung

Die Unterstützung von Familien mit Kindern mit Beeinträchtigungen erfolgt je nach Angebot und persönlichen Voraussetzungen über verschiedene Sozialleistungsgesetze (z. B. im Rahmen der Pflegeversicherung (§ 39, 45a SGB XI), im Rahmen der Eingliederungshilfe (§ 53, 54 SGB XII) oder über die Jugendhilfe (§ 35a SGB VIII)).

Um den mitunter belastenden Alltag bzw. die Funktion der Familie zu unterstützen, haben sich seit den 1980er Jahren vor allem Familienentlastende Dienste und weitere Hilfen für Familien mit Kindern mit Beeinträchtigungen entwickelt. Ebenso gehören in dieses Feld auch die Elternarbeit (Warnke 1990) und die Frühförderung (Kronenberg 2016; Sarimski 2017).

Familienentlastende Dienste (FeD), auch als familienunterstützende Dienste bezeichnet, verfolgen das Ziel, die Gesundheit der betreuenden Familienmitglieder zu erhalten und sie in ihrer Betreuungs- und Pflegesituation zu unterstützen. Zusätzlich soll damit bewirkt werden, dass sie ihre eigene Teilnahme am gesellschaftlichen, kulturellen und politischen Leben aufrechterhalten können.

Die Angebote erstrecken sich von stunden- oder tageweisen Betreuungs- und Pflegehilfen innerhalb oder außerhalb der Familie bis hin zu Freizeitangeboten und Urlauben. Darüber hinaus sind je nach Organisation des Dienstes auch kriseninterventorische oder durch einen pflegerischen Mehrbedarf (z. B. durch Krankheit der Kinder) notwendig werdende Hilfen möglich. Ferner ermöglichen Familienentlastende Dienste Familienmitgliedern mit Beeinträchtigungen im Rahmen der Eingliederungshilfe den Besuch von Veranstaltungen und Einrichtungen, die der Geselligkeit, der Unterhaltung, kulturellen oder sportlichen Zwecken dienen.

Die Familienentlastenden Dienste bieten darüber hinaus sozialpädagogische Beratung und Begleitung der Familie sowie die Vermittlung von Hilfen an. Familienentlastende Dienste sind nach einer Modellphase (1991 bis 1995) mittlerweile als regelhafte Angebote in der Versorgungslandschaft fest etabliert. Von einem flächendeckenden, tatsächlich regionalisierten Angebot, wie es u. a. Thimm (2002) forderte, kann jedoch noch nicht gesprochen werden (Bundesministerium für Gesundheit und Soziale Sicherung 2004, 136). Aktuelle Zahlen zur Verbreitung und zum Angebot dieser Unterstützungsangebote fehlen.

Die Arbeit der Familienentlastenden Dienste wird entweder durch die Pflegeversicherung, durch die Sozialhilfe oder durch die Krankenversicherung fallbezogen finanziert (Rohrmann et al. 2000) und zusätzlich je nach Bundesland mit unterschiedlich hohen Landeszuschüssen gesichert.

Frühförderstellen

Frühförderung hat sich als eine hilfreiche Methode innerhalb der Hilfen für Familien mit Kindern mit Beeinträchtigungen oder Entwicklungsverzögerungen herausgestellt und etabliert. Weiß et al. (2004) geben unter Berufung auf einen Bericht des Bundesministeriums für Arbeit und Sozialordnung (2002) eine Zahl von mehr als 1.000 Einrichtungen an, die präventive und unterstützende Angebote für Kinder im Säuglings-, Kleinkind- und Vorschulalter vorhalten. Dabei steht neben der „Bereitstellung von Informationen, Hilfen bei der Entwicklung tragender familiärer Alltagsroutinen" auch das Angebot von entwicklungsfördernden Spiel- und Lernbedingungen (Opp 2005b, 97) im Vordergrund. Sie wird i.d.R. Kindern in der Altersgruppe von null bis sieben Jahren angeboten und als interdisziplinäre Aufgabe verstanden.

In § 46 SGB IX werden neben den medizinischen Leistungen der Früherkennung und Frühförderung auch nichtärztliche, therapeutische, psychologische, heilpädagogische, sonderpädagogische, psychosoziale Leistungen und die Beratung der Erziehungsberechtigten durch interdisziplinäre Frühförderstellen beschrieben.

Der Einsatz der Frühförderung findet i.d.R. als mobile Frühförderung außerhalb von stationären Einrichtungen (§ 3 Frühförderungsverordnung) statt, wobei diese Form dem Anspruch einer familienorientierten und familienzentrierten Hilfe am ehesten gerecht wird, da die lebensweltliche und speziell häusliche Situation besser berücksichtigt werden kann. Mobile Frühförderung findet meistens in der Wohnung des Kindes mit Beeinträchtigung statt.

Zudem konnte durch das SGB IX die Frühförderung als Komplexleistung, d.h. interdisziplinäre Zusammenarbeit aus einer Hand, definiert werden. So ist die Finanzierung von Maßnahmen der Frühförderung in verschiedenen Leistungsgesetzen, nämlich dem SGB XII (Sozialhilfe), SGB IX (Rehabilitation und Teilhabe), im SGB V (Krankenversicherung) und für Kinder mit seelischer Behinderung im SGB VIII (Kinder- und Jugendhilferecht) festgeschrieben. Die genannten Rehabilitationsträger (auch die Jugendhilfe) haben deshalb gemeinsame Entgelte nach § 9 Abs. 1 Frühförderungsverordnung festzulegen, die zwischen ihnen aufgeteilt werden.

In der Frühförderung wird davon ausgegangen, dass sich Beeinträchtigungen bei Kindern bis zu einem gewissen Maße durch gezielte pädagogische und medizinische Förderung positiv beeinflussen lassen. Dazu dienen vor allem bindungs- und sozialisationstheoretische Grundannahmen (Opp 2005b, 97ff.), wie die Gefahr des Hospitalismus, die Resilienzannahme, die Bedeutung familiärer Bindungen, das Bewältigungsmodell von Schuchardt (2003) sowie neuropsychologische Annahmen über die besondere Plastizität des menschlichen Nervensystems in den ersten Lebensjahren.

Allerdings warnt Opp (2005b, 102) davor, zu hohe Erfolgserwartungen an Frühförderung zu stellen. So seien einerseits die Lernmöglichkeiten des jungen Gehirns z. T. geringer als angenommen, die frühe Förderung des Kindes selbst allein nicht ausreichend, die elterliche Kompetenz zu schätzen statt als defizitär wahrzunehmen, die Subjektivität des Kindes zu beachten und monokausale Erklärungen des kindlichen Verhaltens zugunsten ökologischer Zusammenhänge zu unterlassen.

„Der sozialökologische Ansatz – derzeit für den Gesamtbereich der Frühförderung zentral – schaut gezielt über die ‚Störung', also die Entwicklungsauffälligkeit des Kindes, hinaus und versucht, in einer Sichtweise vernetzter Zusammenhänge die hemmenden wie förderlichen Einflussfaktoren der kindlichen Entwicklung zu erkennen" (Weiß et al. 2004, 17).

Allerdings weist Opp (2005b, 104) auch auf Erfolge der Frühförderung hin, die etwa unter Bezug auf amerikanische Studien durchaus vorzuweisen seien. In einer 15 Jahre umspannenden Längsschnittstudie seien bei früh geförderten Kindern

- ein erfolgreicher Schulabschluss zu 29 % häufiger,
- die jugendliche Delinquenzquote um 33 % geringer und
- die sonderpädagogische Platzierung um 41 % geringer.

Diese Erfolge basieren sicherlich auf der erweiterten Sichtweise, die gleichzeitig familienorientiert, ressourcen- und problemorientiert und umfeldorientiert auf die Entwicklung von Kindern schaut.

Weiß et al. (2004, 102 ff.) führen unterschiedliche Studien an, die zeigen, dass sich vor allem im Bereich der umweltbedingten Entwicklungsgefährdungen Erfolge erzielen lassen und es demgegenüber bei manifesten Beeinträchtigungen, wie etwa dem Downsyndrom, durch professionelle Unterstützung des Kindes nicht zu weitergehenderen

Erfolgen als bei einer auch ohne professionelle Hilfe guten Pflege- und Erziehungssituation in den Familien kommt.

Engelbert (zitiert nach Weiß et al. 2004, 47) kommt nach Auswertung einer Studie über Frühförderstellen in Nordrhein-Westfalen deshalb zu dem Schluss: „Mit der Arbeit von Sozialarbeitern und Sozialpädagogen nimmt die quantitative Bedeutung von Familienorientierung in Frühförderstellen deutlich zu." Diese Zunahme zeige sich u. a. im häufigeren Angebot von Elternangeboten und Mutter-Kind-Gruppen.

Weiß et al. (2004, 45 f.) weisen darauf hin, dass nicht in allen Frühförderstellen auch Sozialpädagoginnen oder Sozialpädagogen tätig sind. Die Funktion der Sozialen Arbeit wird dabei vor allem im Bereich der Beratung, Unterstützung und Vernetzung gesehen. Mit Klein (2002, 6) ist jedoch davon auszugehen, dass die tatsächliche Feldkompetenz der Sozialen Arbeit damit nur rudimentär beschrieben ist und die – auch für andere Arbeitsfelder, wie etwa die Soziale Arbeit im Krankenhaus typische – Reduktion auf die Rechtsberatung und Vernetzungstätigkeit um auch sozialtherapeutische und Ansätze einer psychosozialen Beratung erweitert werden müsste. Weiß et al. (2004, 47) nehmen diese Erweiterung auf, indem sie auch die eigentliche Frühförderarbeit als Aufgabe der Sozialen Arbeit sehen, insbesondere bei Familien in schwierigen Lebenslagen (Armut, soziale Benachteiligung). Diese Forderung wird von den Autoren mit einer weiterführenden Definition der Zielgruppe von Frühförderung untermauert, indem sie fordern, die Entwicklungsgefährdung der Kinder in personaler und sozialer Integration zu verstehen. Weiterhin argumentieren sie: „Der Begriff der Entwicklungsgefährdung ist überdies kompatibel mit dem Risiko- und Resilienzkonzept, die insbesondere im entwicklungspsychologischen Forschungskontext der letzten Jahrzehnte zunehmende Beachtung finden" (Weiß et al. 2004, 55).

Meines Erachtens könnte man noch treffender formulieren, dass sich Soziale Arbeit in der Frühförderung sowohl um die personale Entwicklung im Sinne personaler Integrität als auch um die soziale Entwicklung im Sinne sozialer Integration kümmert. Mit der Integrität entspräche man der biopsychischen Leiblichkeit der Kinder und mit dem Begriff der Integration der Bedeutung sozialer Netzwerke und sozialer Beziehungen. Ihnen in beiden Bereichen die bestmögliche Förderung zuteilwerden zu lassen, sichert einerseits die individuelle Entwicklung und andererseits das Eingebundensein in befriedigende, normale soziale Beziehungen. Auch empirisch ist die Forderung nach einer deutlichen Berücksichtigung nicht nur biologischer Risiken, wie etwa genetische

Disposition oder prä-, peri- oder postnatale Komplikationen, sondern auch sozialer Risiken, wie etwa Fehl- oder Unterernährung, alkohol- oder drogenbedingte Schädigungen des Fötus und andere, durch eine sozioökonomische und sozioökologische Deprivation der Familien deutlich zu belegen. So kommt etwa der Elfte Kinder- und Jugendbericht von 2002 zu dem Ergebnis, dass „ein Zusammenhang zwischen sozialer Schichtzugehörigkeit und Behinderung – und zwar nicht nur im Fall der sogenannten Lernbehinderung [besteht]. Die unteren sozialen Schichten sind bei nahezu allen Behinderungsarten überproportional betroffen“ (zitiert nach Weiß et al. 2004, 65).

Eine engere Kooperation zwischen Jugendhilfe und Frühförderung ist deshalb unbedingt zu entwickeln, damit soziale Risiken nicht entweder verursachend oder verstärkend zu einer Beeinträchtigung führen. Der Lebenslauf-Perspektive (Mühlum 1999) kommt in diesem Kontext eine besondere Bedeutung zu, da in diesem Modell eine ganzheitliche Sichtweise auf den Menschen als körperliches, psychisches und soziales Wesen, seine Entwicklung innerhalb seiner Lebensspanne und seine Eingebundenheit in soziale Bezüge deutlich wird. Lebensperspektiven eröffnen sich durch Fähigkeiten und Potenziale, wie sie auch durch Einschränkungen und Probleme limitiert werden. Frühe Förderung von Menschen mit Beeinträchtigungen kann dementsprechende Weichen stellen.

Sozialpädiatrische Zentren (SPZ)

Mit den Sozialpädiatrischen Zentren geht ein weiteres Handlungsfeld in das Gebiet der Früherkennung, Unterstützung und Behandlung ein, welches sich neben der Altersgruppe der null bis sechsjährigen Kinder auch um Kinder im Schul- und Jugendalter kümmert. SPZ sind in der oben angeführten Frühförderungsverordnung ebenso wie Interdisziplinäre Frühförderstellen als Institutionen aufgeführt. Darüber hinaus können auch Sonderkindergärten und integrative Plätze in Regelkindergärten nach §24 KJHG/SGB VIII dem System Frühförderung zugeordnet werden. Daneben zählen auch Kinderärzte, Kinder- und Jugendpsychotherapeuten usw. zu den Professionen, die eine Frühförderung betreiben, mindestens im Sinne von Früherkennung (Weiß et al. 2004).

Sozialpädiatrische Zentren gelten nach §119 SGB V als ambulante Krankenbehandlung und sind damit eher dem medizinischen Sektor zugeordnet, woraus sich hinsichtlich des professionellen Profils von

Sozialer Arbeit als Teil der Frühförderung und Sozialpädiatrie allerdings in der Praxis insofern keine Schwierigkeiten ergeben müssten, als die Soziale Arbeit, insbesondere ihr sozialpädagogischer Anteil, wesentliche Impulse für die Prinzipien der Familien- und Ressourcenorientierung sowie der Einbindung des sozialen Umfeldes geben kann. Sie bieten eine interdisziplinäre Diagnostik und Behandlung an. Im Gegensatz dazu sind die Frühförderstellen vor allem pädagogisch bzw. psychologisch geleitet.

Elternschaft und Familie von Menschen mit Beeinträchtigung

Pixa-Kettner et al. (1996) stellten im Rahmen einer Untersuchung zum Thema fest, dass in der Bundesrepublik zum damaligen Zeitpunkt 969 Elternschaften mit insgesamt 1366 Kindern existierten. In einer bundesweiten Untersuchung (Pixa-Kettner 2007) wurden sogar 1584 Elternschaften mit 2199 Kindern seit 1990 und somit eine Zunahme von 40 % festgestellt. Auch hier zeigen sich bundeslandspezifische Differenzen im Vorkommen der Elternschaften von Menschen mit einer geistigen Beeinträchtigung, so sind etwa in Sachsen mit +6,2 % mehr Elternschaften bekannt, als es dem eigentlichen Bevölkerungsanteil der Eltern entspräche, und in Bayern mit –9,7 % deutlich weniger (Pixa-Kettner 2007, 316).

Die Zahlen lassen sich jedoch als unvollständig betrachten, da die tatsächliche Zahl der Elternschaften durch die geringe Teilnahme von Einrichtungen (1996: 38,6 %, 2007: 33,6 % der angeschriebenen Institutionen) nicht ermittelt werden konnte. So gehen Pixa-Kettner et al. (1996) von einer „Dunkelziffer“ von ca. 2500 Elternschaften aus. Unabhängig von der exakten Zahl an Elternschaften und Familien von Menschen mit Beeinträchtigungen gilt es Folgendes festzuhalten:

- Obwohl nur knapp 4 % der Beeinträchtigungen von Geburt an bestehen, während die meisten im Laufe des Lebens etwa durch Krankheiten oder Unfälle entstehen, wird das eugenische Risiko von Schwangerschaften von Frauen mit Beeinträchtigungen in der Bevölkerung immer noch sehr hoch eingeschätzt.
- Elternschaft von Menschen mit geistigen Beeinträchtigungen stellt nach wie vor ein Tabu Thema dar, an dem sich sowohl historische als auch aktuelle Vorurteile, Ängste und Unwissen zeigen (Pixa-Kettner et al. 1996, 50 ff.; Hermes 2004).

- Die soziale Reaktion auf Schwangerschaft und Geburt ist demzufolge in der Regel negativ.
- Dementsprechend hoch ist auch die Skepsis, ob insbesondere Frauen mit einer geistigen Beeinträchtigung ihrer Rolle als Mutter in ausreichendem Maß nachkommen können. Fremdbestimmung tritt deshalb häufiger als bei Eltern ohne Beeinträchtigungen auf und zwar in Form früher Beeinflussungsversuche der Umgebung in Richtung Schwangerschaftsabbruch, in Bezug auf Sorgerechtsentzug nach der Geburt oder in Bezug auf die Forderung zum Einzug in eine stationäre Einrichtung.
- Besonders drastisch sind die häufige Trennung des Kindes von den Eltern mit Beeinträchtigungen und dessen Fremdunterbringung und das Problem der kontrastierenden Einschätzungen von Jugendhilfe, insbesondere Jugendämtern, und betreuenden Einrichtungen aus der Behindertenhilfe. Dabei steht im Wesentlichen fest, dass geistige Beeinträchtigung nicht alleine als Prädiktor für das Vorkommen von Kindeswohlvernachlässigung usw. gesehen werden kann (Pixa-Kettner/Bargfrede 2004, 80). Allerdings wird in einer australischen Studie von McConell, Llewellyn, Ferronto (Pixa-Kettner/Bargfrede 2004) festgestellt, dass Paare/Eltern mit Beeinträchtigung in Sorgerechtsverfahren überrepräsentiert sind. Die Übertragbarkeit auf europäische Staaten steht noch aus, allerdings bleibt festzustellen, dass weniger die Beeinträchtigung selbst als vielmehr die damit verbundenen sozialen Probleme ein besonderes Risiko darstellen (Pixa-Kettner/Bargfrede 2004, 83).

Hilfen für Eltern mit geistiger Beeinträchtigung und ihren Kindern finden wir bislang in Modellvorhaben entwickelt, wie sie vereinzelt auch in die Regelversorgung übernommen wurden, z. B. das Wohnangebot „TANDEM“ der Alsterdorf Assistenz Ost (Hamburg). Diese Formen der Unterstützung werden als begleitete Elternschaft bezeichnet. Insgesamt sind noch bessere Rahmenbedingungen zu schaffen, die es Eltern mit Beeinträchtigungen ermöglichen, ihr Recht auf eine selbstbestimmte Elternschaft wahrzunehmen (Deutscher Verein für öffentliche und private Fürsorge 2014).

Übungen zu Kap. 3.3.5

36. Verständnisfrage: Welche Aufgaben übernehmen Familienentlastende Dienste?
37. Diskussions-/Reflexionsfrage: Überlegen Sie, wie sich die Entwicklungen der Familienformen auf die Arbeit der Familienentlastende Dienste auswirken.
38. Diskussions-/Reflexionsfrage: Wie kann sich eine geistige Beeinträchtigung auf die Elternschaft und Elternkompetenz auswirken und wie kann dies unterstützt werden?

3.3.6 Einkommenssituation

Die Einkommenssituation spielt bei der Betrachtung der Lebenslage von Menschen mit Beeinträchtigungen eine wesentliche Rolle und sollte deshalb als sozioökonomische Variable genauer betrachtet werden. Grundsätzlich kann man festhalten, dass insbesondere Menschen mit einer geistigen und psychischen Beeinträchtigung, insofern sie Leistungen der Eingliederungshilfe beziehen, aber auch wenn sie eine Erwerbsminderungsrente oder Grundsicherung beziehen, schlechter gestellt sind als Menschen ohne Beeinträchtigung. Beeinträchtigung und Armut stehen in einem reziproken Verhältnis, denn einerseits steigt das Armutsrisiko durch Beeinträchtigungen und andererseits werden armere Menschen häufiger chronisch krank und es entstehen daher auch häufiger dauerhafte Beeinträchtigungen.

Menschen mit Beeinträchtigungen verfügen durchschnittlich über ein 400 Euro niedrigeres Einkommen als Personen ohne Beeinträchtigungen (Bundesministerium für Arbeit und Soziales 2016, 198).

Angesichts der relativ geringen Erwerbsquote (Kap. 3.3.3) von Menschen mit Beeinträchtigungen kommt die Bundesregierung in ihrem Teilhabebericht auch zu dem Schluss, dass

„im erwerbsfähigen Alter […] Renteneinkommen für 30 % der Menschen mit Beeinträchtigungen die Haupteinkommensquelle [bilden], dieser Anteil ist zehn Mal so hoch wie unter den Menschen ohne Beeinträchtigungen mit 3 %. Auch bei den Leistungen der Mindestsicherung (Grundsicherung nach SGB II und Sozialhilfe nach SGB XII) gibt es gravierende Unterschiede, sie bilden für 15 % der Menschen mit Beeinträchtigungen gegenüber 5 % der Menschen ohne Beeinträchtigungen die Haupteinkommensquelle" (Bundesministerium für Arbeit und Soziales 2016, 195).

Hierzu ist anzumerken, dass Menschen im Alter von 40–65 Jahren vermehrt Erwerbsminderungsrenten beziehen und dass ein deutlicher Anstieg des Anteils der psychischen Beeinträchtigungen zu verzeichnen ist (Bundesministerium für Arbeit und Soziales 2016, 395). Zudem korreliert der Grad der Behinderung mit der Erwerbsquote und dem Einkommensbezug (Bundesministerium für Arbeit und Soziales 2016, 197). Aber auch früh erworbene Beeinträchtigungen führen, vermittelt über geringe Schulbildung und fehlende Arbeitsmarktintegration, zu einer Einkommensarmut (Richter-Kornweitz / Weiß 2014). Zudem sind insbesondere Beeinträchtigungen des Lernens in besonderem Maße sozial beeinflusst, etwa durch deprivierende, stressreichere Lebensbedingungen der Eltern oder auch der Kinder selbst (Weiß 2016).

So kommt es insgesamt zu einem höheren Armutsrisiko von Menschen mit Beeinträchtigungen (Bundesministerium für Arbeit und Soziales 2017, 412). Auch zeigt eine Berechnung von Maschke (2003), dass der Einbezug von Mehrbedarfen aufgrund der Beeinträchtigung zu einer signifikanten Erhöhung der Armutsquote führt (bei angenommenen 150 Euro Mehrbedarf liegt diese schon bei 15,3 % und damit über der allgemeinen Armutsquote). Auch wenn durch das Bundesteilhabegesetz und die damit erfolgende Überführung der Eingliederungshilfe in das SGB IX die Freigrenzen beim Einkommen und Vermögen sukzessive angehoben werden, wird auch in der letzten Stufe (ab 2020) beim Bezug von Eingliederungshilfe eine Beteiligung gefordert. Die Vermögensfreigrenze wird dann bei 50.000 Euro liegen und jährlich angepasst, kleine Barbeträge werden auf 5.000 Euro Freibetrag erhöht, zur Finanzierung von Eingliederungshilfeleistungen wird das Jahreseinkommen mit 2 % herangezogen, wenn es die in § 136 SGB IX benannten Grenzen überschreitet. Das Einkommen und Vermögen der Ehe- und LebenspartnerInnen wird bei der Bedarfsfeststellung nicht mehr herangezogen.

Neben der Erwerbsminderungsrente stellt die Grundsicherung nach SGB II und die Sozialhilfe nach SGB XII einen weiteren Bereich des Einkommensbezugs dar. 2014 bezogen ca. 490.000 Personen Grundsicherung (nach dem SGB XII) wegen voller Erwerbsminderung, was 43 % mehr sind als noch 2007 (Bundesministerium für Arbeit und Soziales 2016, 200).

Jantzen (1974) vertritt hinsichtlich der Beziehung von sozialer Lage und Behinderung einen marxistischen Ansatz und formuliert daher zwei Hypothesen:

- „Mit sinkender sozialer Schicht steigt der relative Anteil Behinderter, und zwar umso stärker, je eher die Behinderungsform in ihrer Bestimmtheit durch soziale und biologische Faktoren sich nach der sozialen Seite hin öffnet“ (103).
- „Mit dem Eintritt der Behinderung beginnt eine Veränderung der individuellen Position innerhalb der Sozialstruktur, die bezogen auf gängige Schichtmodelle als Absinken bzw. Abwärtsmobilität gekennzeichnet werden kann“ (117).

Auch wenn die von Jantzen radikal formulierte Analyse der sozialen Bedingungen, in denen Menschen mit Beeinträchtigungen leben, z. T. schockierend ist, so enthält sie doch hinsichtlich der auf den kapitalistischen Warenproduktionsprozess bezogenen Schlussfolgerungen über die Rolle von Menschen mit Beeinträchtigungen in kapitalistischen Systemen einen nicht zu leugnenden Wahrheitsgehalt.

Festzuhalten bleibt die soziale Realität, die mit Cloerkes (2007, 99) wie folgt formuliert werden kann: „Behindert wird vor allem der, der arm ist, und wer behindert wird, wird arm. Behinderung und Armut sind eng miteinander verflochten.“

Menschen mit Beeinträchtigungen können allerdings, neben der Mindestsicherung nach dem SGB II und dem SGB XII, über sogenannte Nachteilsausgleiche je nach Behinderungsgrad unterschiedliche Vergünstigungen (Steuerbegünstigungen, Rundfunkgebührenbefreiung, Ausbildungshilfen usw.) in Anspruch nehmen.

Übungen zu Kap. 3.3.6

39. Verständnisfrage: Welche sozio-materiellen Befunde lassen sich feststellen, die Menschen mit Beeinträchtigung einem erhöhten Armutsrisiko aussetzen?
40. Diskussions-/Reflexionsfrage. Wie stehen Beeinträchtigung und soziale Lage zueinander? Wie bedingt das eine das jeweils andere?

3.3.7 Soziales Netzwerk

Die Lebenslage von Menschen im Allgemeinen und damit auch für Menschen mit einer Beeinträchtigung ist neben den bereits erörterten Parametern auch durch ihre sozialen Kontakte, genauer durch ihr soziales Netz mit den darin zu verortenden sozialen Beziehungen zu bestimmen.

Die Netzwerke von Menschen mit Beeinträchtigungen wurden Ende der 1980er und Anfang der 1990er Jahre relativ intensiv untersucht, so z.B. von Kniel/Windisch (1993), Thimm et al. (1987) oder neueren Datums von Dworschak 2004, Kniel/Windisch 2005, Hanslmeier-Prockl 2009 oder Franz/Beck 2015). Aus diesen Studien lassen sich übergreifend folgende Merkmale der Netzwerke von Menschen mit einer geistigen Beeinträchtigung festhalten:

- Sie verfügen über kleinere und dichtere soziale Netzwerke als Menschen ohne Beeinträchtigung.
- Sie leben öfter in Haushaltsgemeinschaften mit anderen, dafür jedoch seltener in ehelichen bzw. nicht ehelichen Partnerschaften als Menschen ohne Beeinträchtigungen.
- Menschen mit Beeinträchtigungen haben weniger Freunde und Vertrauenspersonen als Personen, die keine Beeinträchtigung haben. Die Vertrauenspersonen der Menschen mit Beeinträchtigungen kommen dabei überproportional häufig aus dem eigenen Haushalt.
- Etwa die Hälfte der Menschen mit Beeinträchtigung hat mindestens eine Person in ihrem sozialen Netzwerk, die ebenfalls beeinträchtigt ist. Die Anzahl der Menschen, die ebenfalls beeinträchtigt sind, steigt im sozialen Netzwerk mit hohem Behinderungsgrad und niedrigem Bildungsniveau.
- Die hohe Anzahl haushaltsinterner und verwandtschaftlicher Kontakte von Menschen mit Beeinträchtigungen weist im Gegensatz zur sonst üblichen Mischung aus haushaltsinterner und haushaltsübergreifender Vernetzung ebenfalls auf eine mangelnde soziale Integration bei Menschen mit Beeinträchtigungen hin.
- Menschen mit Beeinträchtigungen verfügen insgesamt, aber auch bedarfsspezifisch und bei der persönlichen Versorgung, über weniger unterstützende Personen als Personen ohne Beeinträchtigungen.
- Die wenigen Unterstützer rekrutieren sich häufig, insbesondere in Bezug auf beeinträchtigungsspezifischen Hilfebedarf, aus dem Kreis

der Lebenspartner, der Haushaltsangehörigen und der Verwandtschaft.
- In sehr hohem Maße sind professionelle Helfer repräsentiert.

Dworschak (2004) konnte in einer Untersuchung von 143 Netzwerken von Menschen mit Beeinträchtigungen in verschiedenen Wohnformen ebenfalls eine hohe Repräsentanz und damit Bedeutung für die soziale Unterstützung bei den Mitbewohnern und Mitarbeitern feststellen.

In einer vergleichenden Studie haben Hamel/Windisch (1993) festgestellt, dass das Netzwerk von Menschen mit Beeinträchtigungen um durchschnittlich fünf Mitglieder kleiner ist als jenes von Menschen ohne Beeinträchtigungen. Familie und Freunde/Bekannte spielen zwar in beiden Netzwerken eine große Rolle, jedoch ist ein höherer Anteil von Freunden, aber auch Nachbarn und Vereinsmitgliedern bei den Menschen ohne Beeinträchtigungen zu verzeichnen. Im Bereich der sozialen Unterstützung spielt der Faktor „Behinderung" eine noch größere Rolle, da sowohl die Wechselseitigkeit der sozialen Beziehungen bei Vorliegen von Behinderungen nicht gegeben ist als auch die Möglichkeit zur intimen und vertrauensvollen Kommunikation über Probleme und Belastungen.

Aus dem Gender Datenreport der Bundesregierung lässt sich zudem entnehmen, dass Frauen und Männer mit schweren Beeinträchtigungen häufiger als diejenigen ohne Beeinträchtigungen gänzlich auf einen Freundeskreis verzichten müssen. Zusätzlich gaben Frauen und Männer mit schweren Beeinträchtigungen jeweils doppelt so oft wie diejenigen ohne Beeinträchtigungen an, überhaupt keine Freundinnen und Freunde zu haben. Der Bericht kommt zu der Schlussfolgerung:

„Aus den dargestellten Ergebnissen zur Verfügbarkeit sozialer Netze bestätigt sich erneut die geringere Einbindung behinderter Frauen und Männer in außerfamiliale Netze und die größere Bedeutung der Familie. Einschränkungen bei der Wahrnehmung von Teilhabechancen wirken sich auf Größe und Stabilität sozialer Netze aus. Die geringere berufliche Integration und geringere materielle Ressourcen erschweren ebenso wie hohe Anforderungen bei der Alltagsbewältigung oder ideelle Barrieren im Zusammenleben behinderter oder nicht behinderter Frauen und Männer den Aufbau tragfähiger sozialer Beziehungen" (Bundesministerium für Familie, Senioren, Frauen und Jugend 2005, 599).

Übungen zu Kap. 3.3.7

41. Verständnisfrage: Welche Besonderheiten lassen sich bezüglich der sozialen Netzwerke von Menschen mit Beeinträchtigungen feststellen?
42. Diskussions-/Reflexionsfrage: Betrachten Sie einmal Ihr soziales Netzwerk, wie unterscheidet es sich von dem von Menschen mit Beeinträchtigungen?

3.4 Aktuelle Entwicklungen in der Behindertenhilfe

Die Behindertenhilfe befindet sich in der Bundesrepublik in einem Prozess fortwährender Anpassung an neue ethische, professionelle und wissenschaftliche Forderungen. Hier sollen einige der aktuellen Entwicklungen komprimiert dargestellt werden.

Die Behindertenhilfe ist seit den 1970er Jahren in den allgemeinen Reformprozess der psychiatrisch-psychosomatischen Neuerungen eingebunden gewesen. Der Abschlussbericht der Psychiatrie-Enquete des Deutschen Bundestages von 1975 über die Lage der Psychiatrie in der Bundesrepublik Deutschland sah explizit auch die Versorgung von Menschen mit einer geistigen Beeinträchtigung als „menschenunwürdig" an. Man konnte die gemeinsame und vergleichbare Situation der Menschen mit einer geistigen Beeinträchtigung und psychischen Erkrankung u. a. deshalb so gut feststellen, weil beide Personengruppen noch gemeinsam in den damaligen großen Landeskrankenhäusern und Heimen untergebracht waren. Es wurde bemängelt, dass die Personengruppe der Menschen mit einer geistigen Beeinträchtigung nicht ausreichend und ihrem Bedarf entsprechend gefördert und heil- sowie sozialpädagogisch betreut werden könne. Ebenfalls wurde – genauso wie für die psychisch erkrankten Menschen – ein Mangel an komplementären, gemeindenahen Diensten festgestellt.

Seit etwa Ende der 1980er Jahre ist, angeregt durch Erfahrungen aus den skandinavischen Ländern, speziell für die Versorgung und Lage von Menschen mit einer geistigen Beeinträchtigung eine Normalisierung der Lebensbedingungen, eine Förderung ambulanter, gemeindeintegrativer Angebote sowie eine weitestgehende Auffächerung der Hilfsangebote festzustellen. Die regionalen Unterschiede in der Quantität wie Qualität der angebotenen Dienste in Deutschland sind z. T. erheblich, eine vergleichende Übersicht gibt es nicht. Allerdings ist die Ambulantisierungsquote in Deutschland sehr unterschiedlich (Bundesarbeitsgemeinschaft der überörtlichen Träger der Sozialhilfe 2016, 15).

Im Zuge der Psychiatriekritik der 1970er und 1980er, die auch mit einer Expertenkritik verbunden war, entstanden auch diverse Selbsthilfegruppen bzw. -verbände oder Interessensvertretungen von Menschen mit Beeinträchtigungen.

3.4.1 Ambulantisierung

Ambulant vor stationär – das bezieht sich zunächst und vor allem auf das Wohnen. Alles andere, was sich an Versorgungsmomenten anschließt (Behandlung, Unterstützung im Alltag, Arbeit, Freizeit), ergibt sich hieraus. Deshalb kommt auch der ambulanten Ausrichtung von Wohnformen eine zentrale Bedeutung innerhalb eines Inklusionsprozesses zu.

Schon das Bundessozialhilfegesetz von 1996 kannte den derzeit noch (bis Ende 2019 gültigen) in §13 Abs. 1 des SGB XII formulierten Grundsatz, der vorsieht, dass die

> „Leistungen […] entsprechend den Erfordernissen des Einzelfalles für die Deckung des Bedarfs außerhalb von Einrichtungen (ambulante Leistungen), für teilstationäre oder stationäre Einrichtungen (teilstationäre oder stationäre Leistungen) erbracht werden [können]. […] Vorrang haben ambulante Leistungen vor teilstationären und stationären Leistungen sowie teilstationäre vor stationären Leistungen. Der Vorrang der ambulanten Leistung gilt nicht, wenn eine Leistung für eine geeignete stationäre Einrichtung zumutbar und eine ambulante Leistung mit unverhältnismäßigen Mehrkosten verbunden ist. Bei der Entscheidung ist zunächst die Zumutbarkeit zu prüfen. Dabei sind die persönlichen, familiären und örtlichen Umstände angemessen zu berücksichtigen. Bei Unzumutbarkeit ist ein Kostenvergleich nicht vorzunehmen."

Dieser Grundsatz wird nach Aufhebung der Trennung von ambulanter, teilstationärer und stationärer Eingliederungshilfe in dieser Form keine Rolle mehr spielen. Dafür werden die stärkere Personenzentrierung und die Sozialraumorientierung gestaltende Funktionen übernehmen.

Ambulante Angebote sollten vor stationären erfolgen, um die Integration von Menschen mit Beeinträchtigungen durch eine stärkere

Gemeindenähe zu erreichen – ein Leitprinzip, welches sich aus der Psychiatriereform ergab. Kritisch zu beurteilen bleibt der Begriff der Gemeindenähe, da er nicht hinreichend klärt, ob damit nur die räumliche Nähe zur Gemeinde bezeichnet werden soll oder eine Position in der Gemeinde, quasi in ihrem Zentrum. Gemeinde- oder wie es die Soziale Arbeit kennt: Sozialraumorientierung stehen als Begriffe schon eher für Öffnung vorhandener institutioneller Angebote in das Gemeinwesen. An verschiedenen Stellen im SGB IX (§§ 76, 94, 97, 104, 106) wird „sozialraumorientiert" zu einem Gestaltungsprinzip: Hilfen sollen dort verortet sein, wo die Menschen sie brauchen, weil sie dort leben, ihren Lebensmittelpunkt haben. Methodisch wird dieser Form der Unterstützung mit dem Konzept des „Supported Living" (Lindmeier/Lindmeier 2001) bzw. dem Community Care (Schablon 2009) entsprochen.

Auch das persönliche Budget nach § 17 SGB IX könnte hierauf einen Einfluss nehmen, wenn sich dadurch flexiblere, ambulante Hilfen zu einer Komplexleistung arrangieren lassen.

In Deutschland ist bislang – betrachtet man die bundeslandspezifischen Umsetzungen der oben skizzierten Idee einer Ambulantisierung der Hilfen – fraglich, ob und inwieweit sich das Prinzip „ambulant vor stationär" flächendeckend entwickeln wird. So sind bislang lediglich in Nordrhein-Westfalen, vor allem im Landschaftsverband Rheinland (Heuser 2007) und in Hamburg (Rösner/Peiffer 2006; Franz/Beck 2015) verstärkte Bemühungen um eine Umsetzung des ambulanten Leitprinzips festzustellen. 2013 erhielten fast 64 % der Eingliederungshilfeempfänger Hilfen in Einrichtungen (Pfaff et al. 2012, 9; eigene Berechnung D.R.).

Nimmt man diese Zahlen zum Ausgangspunkt weiterer sozialpolitischer und sozialprofessioneller Überlegungen, so spricht vieles dafür, dass nicht nur ein Umdenken, sondern auch ein Umsteuern stattfinden muss.

Die Forschungsgruppe „Menschen in Heimen" der Universität Bielefeld forderte sogar eine „Enquete der Heime", um die Situation von HeimbewohnerInnen systematisch zu erforschen (Kräling 2006, 105 f.). Schon lange werden gerade in Langzeitpflegeeinrichtungen schlechte Versorgung, Betreuung und Pflege vermutet. Die „Interessensvertretung Selbstbestimmt Leben" verband dies mit einer Kampagne mit dem Titel „Lieber daheim als im Heim", in der u. a. der Baustopp neuer Heime gefordert wurde (Vieweg 2006).

Menschen mit geistigen Beeinträchtigungen sind mit 63,9 % gegenüber Menschen mit psychischen Beeinträchtigungen mit 28,3 % deutlicher häufiger Nutzende von stationären Angeboten (Bundesarbeitsgemeinschaft der überörtlichen Träger der Sozialhilfe 2016, 17).

3.4.2 Community Care/Community Living

Der Begriff der „Community Care" bezeichnet ein jüngeres Modell einer vor allem gemeinwesen- oder sozialraumorientiert verstandenen Hilfe von Menschen mit einer geistigen Beeinträchtigung bzw. psychischen Erkrankung. Er tauchte zum ersten Mal in den 1980er Jahren in Großbritannien und den USA auf und wird dort bis heute als konkretes Handlungskonzept verstanden. Dahinter verbergen sich jedoch, bei genauerem Hinsehen, verschiedene bereits entwickelte Ansätze, die z. T. aus der Sozialen Arbeit stammend, nun im Sinne einer Gemeinweseneinbindung der betroffenen Gruppen neu entdeckt werden. Knust-Potter (1998) favorisiert den Begriff des „Community Living", um den Focus des „gemeinwesenintegrierten Lebens" der Menschen, um die es geht, am ehesten reflektieren zu können, und schlägt als Ersatz für den „Care-Ansatz" den Begriff der „Enthinderungsandragogik" vor.

„Community" als direkte Übersetzung von Gemeinde/Gemeinwesen setzt dabei an bestehenden und traditionellen Konzepten der Gemeinwesenarbeit an, die als Sozialraumorientierung zunächst in der Jugendhilfe eine Renaissance erfahren haben, allerdings aus verschiedensten anderen Anwendungen bereits lange bekannt sind. Sie können auf eine Tradition bis hin zu den sogenannten Settlements der Familie Barnett im London des 19. Jahrhunderts und von Jane Addams in Chicago zurückverfolgt werden (Müller 2004). Grundlegender Gedanke dieser Ansätze ist es, die sozialräumliche Eingebundenheit der Menschen ob ihrer problematischen oder ressourcenkräftigen Faktoren zu prüfen. Nach einem vorläufigen Höhepunkt in der Rezeption durch die Gemeinwesenarbeit als innovativen und vor allem politischen Ansatz in der Zeit nach der Studentenbewegung können für die aktuelle Diskussion vor allem reformerische Ansätze festgestellt werden. Jedoch besitzt die Gemeinwesenarbeit immer noch den Anspruch eine aktivierende Methode der Sozialen Arbeit zu sein, die darauf abzielt, die Bevölkerung eines Stadtteils, eines Quartiers oder eines sonstigen Teils einer Kommune in ihrer Selbstvertretung und der selbstständigen Bearbeitung ihrer Probleme zu unterstützen (Stein 2007).

Gleichzeitig gewinnt der „Community"-Ansatz aus der philosophischen Richtung des Kommunitarismus eine Stütze.

Eine weitere Grundlage schafft die Idee der Gemeinde, die u.a. an die Forderungen der Gemeindepsychiatrie seit der Psychiatriereform in den 1980er Jahren anschließt, dem Normalisierungsprinzip nahesteht und das Wohlbefinden des Menschen als „Ergebnis des transaktionalen Zusammenwirkens von subjektiven Wünschen, Bedürfnissen und Ansprüchen eines Subjekts und den durch seine jeweiligen Lebensbedingungen gegebenen psychosozialen, sozialen und materiellen Ressourcen“ (Keupp 2006, 364) versteht.

Der zweite Teil des Modells, das „Care“, steht einerseits für eine im Zuge der Politisierung der Sozialen Arbeit und der Expertenkritik an der „fürsorglichen Belagerung“ und Entmündigung der Betroffenen formulierten Kritik an bisherigen paternalistischen, naiv-caritativen oder ordnungsstaatlich motivierten Hilfen, andererseits erfährt er heute eine ungeahnte Renaissance durch die allerorts feststellbaren neo-liberalen Forderungen an den Bürger und auch die Soziale Arbeit, die die Eigenaktivität und Selbstsorge der von bestimmten Problemen Betroffenen nicht nur fördern will, sondern auch explizit fordert.

Dabei entstammt der Sorgegedanke (Care) vor allem der christlichen Religion und er wird von Brückner (2004, 9) mit folgenden Übersetzungen in Verbindung gebracht (Kap. 3.2.6):

- „caring“ = sorgen, pflegen, sich kümmern, achtsam sein,
- „caring about“ = emotionale Sorge,
- „take care of“ = aktive, tätige Sorge,
- „take care of yourself” = Selbstsorge.

Diese kurze Skizze der bereits vorhandenen Grundlagen des Community-Care-Ansatzes soll im Weiteren durch jüngere Ansätze ergänzt werden.

Wie insbesondere Dörner (2007) fordert, ergibt sich für ein Community-Care-Modell die dringende Notwendigkeit, nicht nur die traditionell als Hilfsbedürftige identifizierten Personen mit sozialen Problemen, sondern darüber hinaus auch die „helfensbedürftigen“ Bürger anzusprechen, die einen wesentlichen Teil der Integration insbesondere von Menschen mit einer psychischen Erkrankung und geistigen Beeinträchtigung tragen müssen bzw. sollten.

Schablon (2009, 297) definiert nach einer gründlichen Analyse der bestehenden theoretischen und praktischen Ansätze „Community Care“ wie folgt:

„Der theoretisch als philosophisch-politisches Leitbild, aber auch praktisch als Handlungsmodell benutzbare Begriff ‚Community Care', beschreibt primär den Wechselbezug einer Vielfaltsgemeinschaft innerhalb einer Quartiersnachbarschaft. Veränderungen erfolgen hierbei im Sinne einer Grassroot-Bewegung, was sich u.a. durch einen politischen Einfluss aller Akteure ausdrückt. Community Care benötigt eine Subsidiarität staatlichen Handelns, die aber gleichzeitig die Lebensqualität absichert und integrative Kristallisationspunkte ermöglicht. Community Care beinhaltet eine Reduktion bzw. Auflösung großer Institutionen und ein durch Interdependenzen gekennzeichnetes Leben in der Gemeinde. Seitens der Bürger und der professionellen Mitarbeiter bedarf es dazu der Implementation einer Ethik der Anerkennung und der Gerechtigkeit gegenüber Menschen in marginalisisierten Positionen."

Hier sind einige Begriffe erklärungsbedürftig: Eine „Vielfaltsgemeinschaft" besteht dann, wenn sich die gesellschaftlichen Bedingungen so darstellen, dass sich Menschen bei gleichzeitiger Verschiedenheit in dieser Vielfalt anerkennen können. Diese auch als Diversity-Modelle bekannten Gedanken fußen auf der Vorstellung, „ohne Angst verschieden sein zu können", wie es in ähnlicher Form schon Theodor W. Adorno formulierte. Der frühere Bundespräsident Richard von Weizsäcker hat dies in einer berühmten Rede bei der Eröffnungsveranstaltung der Tagung der Bundesarbeitsgemeinschaft Hilfe für Behinderte 1993 in Bonn aufgegriffen, indem er sagte: „Es ist normal, verschieden zu sein."

Allerdings realisiert sich diese Idee nicht als grundsätzlicher moralischer Anspruch, sondern nur im konkreten Zusammenleben und durch Begegnungen von Menschen mit und ohne Beeinträchtigung. „Die Vielfältigkeit im Gemeinwesen realisiert sich in der Praxis durch die Teilhabe am Geschehen in der Gemeinde" (Schablon 2009, 302).

Im Zusammenhang damit erläutert Schablon, dass hierfür Kristallisationspunkte benötigt würden, die zu einem wesentlichen Teil als natürliche Treffpunkte verstanden werden müssen. Die Zufälligkeit und Ungezwungenheit von Kristallisationspunkten erhöhe die Normalität. Statt einmal zum Tag der offenen Tür in der Werkstatt für behinderte Menschen zu gehen, braucht es kontinuierlichere Begegnungsmöglichkeiten beim Einkaufen, in Sportvereinen, in Schwimmbädern, Cafés usw.

Weiterhin gehört hierzu eine „Ethik der Anerkennung", die sich philosophisch auf Emanuel Lévinas zurückführen lässt und die als Achtung vor der leiblichen und geistigen Verletzbarkeit des Menschen verstanden wird (Dederich 2003, 197 ff.), und eine Ethik der Gerechtigkeit, wie sie beispielsweise John Rawls vorgelegt hat. Die zentrale Bedeutung von Anerkennung hat darüber hinaus auch die Position von Axel Honneth (1994) bekräftigt, in der er drei Formen von Anerkennung herausarbeitet: Liebe, Recht, Wertschätzung. Für die Frage nach dem Umgang mit Menschen mit einer geistigen Beeinträchtigung gewinnt wohl, neben der von Honneth (1994, 153 ff.) als Liebe bezeichneten Anerkennung durch die sogenannte Primärbeziehungen mit ihrem Charakteristikum der starken Gefühlsbindungen (Eltern-Kind, erotische Zweierbeziehungen, Freundschaften), vor allem die soziale Wertschätzung und die Rechtsanerkennung eine große Bedeutung. Da der Mensch nicht nur in lebensweltlich ausgerichteten, durch Konsens- und Kommunikation gebundenen Wirklichkeiten lebt, sondern auch in zweckrational ausgerichteten Systemen, bedarf es eben auch der Anerkennung als Rechtssubjekt im Sinne einer Vertragstheorie, die Honneth darin sieht, dass mit dem Begriff der

> „rechtlichen Anerkennung zunächst nur jenes Verhältnis bezeichnet wird, in dem Alter und Ego sich deswegen wechselseitig als Rechtssubjekte achten, weil sie gemeinsam um die sozialen Normen wissen, durch die in ihrem Gemeinwesen Rechte und Pflichten legitim verteilt sind" (Honneth 1994, 176).

Ähnlich problematisch ist das dritte Modell der Anerkennung, das über die Wertschätzung verläuft, meint es doch vor allem soziale Wertschätzung, die, ähnlich wie die rechtliche Anerkennung, nach Honneth an der Fähigkeit zur Beteiligung an der Umsetzung kulturell definierter Werte bemessen wird (Honneth 1994, 198).

Man sieht an den wenigen Ausführungen zum Modell des Community-Care-Ansatzes, dass er genügend theoretisch begründet ist, jedoch praktisch, in der lebensweltlichen Erfahrung von Menschen mit und ohne Beeinträchtigung, bislang zu wenig Relevanz gefunden hat. Insbesondere Menschen mit geistigen oder psychischen Beeinträchtigungen, aber auch jene mit körperlichen- oder Sinnesbeeinträchtigungen sehen sich vielfach fehlender Anerkennung ausgesetzt (Felder 2016, 99). Ebenso wie das „ambulante Ghetto" als soziale Realität besteht, so sind für eine Ethik der Anerkennung im Honneth'schen Sinne noch einige Hürden im Anerkennungsverhältnis von Menschen mit und ohne Beeinträchtigung zu nehmen.

3.4.3 Experten in eigener Sache: Selbsthilfe, Peer Counseling und Peer Support

Seit den Forderungen der Independent-Living-Bewegung beginnt auch die Behindertenhilfe, sich verstärkt an die Kooperation mit nicht professionellen Angeboten zu gewöhnen. Selbsthilfeverbände, die bislang hauptsächlich von Eltern von Kindern mit Beeinträchtigungen gegründet wurden, wie z. B. die Lebenshilfe (gegründet 1958), werden mittlerweile ergänzt durch diverse andere Organisationen, wie z. B. „Selbstbestimmt-Leben“ oder auch „People First“ (Miles-Paul 1992; Kniel/ Windisch 2005). Neben einer Interessenvertretung bieten viele dieser Organisationen, bzw. die mit ihnen assoziierten Vereine auch eigene Beratungs- oder Selbsthilfeangebote an, Peer Counseling und Peer Support sind die dazugehörigen Konzepte, mit denen gearbeitet wird.

Im Zuge der die gesamte psychosoziale Versorgung verändernden Selbsthilfebewegung in den Jahren zwischen 1970 und 1990 und der damit verbundenen Expertenkritik (Illich 1979; Kling-Kirchner 1989) entstand, zunächst nur sehr schwach und auf die USA bezogen, das sogenannte Independent Living Movement. Sie entwickelte sich schon in den 1960er Jahren aus einer Initiative des Studenten Ed Roberts, der eine körperliche Beeinträchtigung hat, und mehrerer seiner KommilitonInnen an der Berkeley-University in Kalifornien, die sich für die Idee eines autonomen Wohnens von Studierenden mit Beeinträchtigungen in der Gemeinde stark machten und hierzu auch erste konzeptionelle Ideen entwickelten (Miles-Paul 1992).

Die Idee eines „Unabhängigen Lebens“ entspringt deshalb auch z. T. einer Kritik an professioneller, fürsorglicher Hilfe, die gerade Menschen mit Beeinträchtigungen in ihrer Unabhängigkeit hemmt. Die wohl fundamentalste Kritik hierzu stammt von Ivan Illich, der in seinen Publikationen zur Expertendominanz das professionelle Helfersystem – und allen voran die Medizin als die Profession schlechthin – in seinen Grundsätzen kritisiert. So klagte Illich (1979) die Experten in psychosozialen bzw. helfenden Berufen an, sich gegenüber den ihnen anvertrauten oder hilfesuchenden Klienten insofern unprofessionell zu verhalten, als dass sie ihre Expertenmacht unverhältnismäßig einsetzten bzw. sich über die Gefahren eines daraus resultierenden Abhängigkeitsverhältnisses nicht ausreichend im Klaren seien.

Illich verlangte die „Entlarvung des elitären Expertenethos“ und die Aufarbeitung der bis dahin „entmündigenden Expertenherrschaft“, die den Weg bereiten würden „zur freien Entfaltung nichthierarchischer, aus der Gemeinschaft hervorgegangener Kompetenz“ (Illich 1979, 7).

Ergänzend dazu liegt Illich richtig, wenn er behauptet, dass diese Rollenzuweisung durch eine allzu schnelle und willfährige Rollenübernahme der Betroffenen ergänzt und somit erleichtert wird: „Die Experten konnten erst dann ihre dominierende Stellung erreichen und ihre entmündigende Funktion ausüben, als die Menschen bereit waren, tatsächlich als Mangel zu empfinden, was der Experte ihnen als Bedürfnis dekretiert“ (Illich 1979, 21).

Dieser von Illich als „homo consumentis“ bezeichnete Klienten-Typ kann durch Befunde aus anderen Modellen wie z.B. der „Erlernten Hilflosigkeit“ (Seligman 1999) oder anderen kognitiv-psychologischen Modellen in Bezug auf Bewältigungsmuster (z.B. Antonovsky 1997) unterstützt werden.

Die Independent-Living-Bewegung traf also in dieser Hinsicht mit einem auch von Professionellen empfundenen Mangel an pädagogischer Orientierung auf die Selbstständigkeit der Hilfesuchenden, die später im Zuge der Empowerment-Theorie als Ressource aufgegriffen und zum Leitziel auch Sozialer Arbeit gemacht wurde (Herriger 1997; Theunissen 2007).

Mittlerweile haben sich in den USA viele sogenannte Independent-Living-Center gebildet, die Beratung und Unterstützung jenseits wohlfahrtsstaatlicher Programme anbieten und politisch aktiv werden (z.B. in der erfolgreichen Forderung nach einem Antidiskriminierungsgesetz). In Deutschland ist diese Entwicklung etwas zögerlicher, aber dennoch fast parallel verlaufen: Beginnend mit dem „Club 68“, der in Hamburg 1968 gegründet wurde, und der bundesweiten „Krüppelbewegung“ setzten sich fortan immer mehr Organisationen gegen Diskriminierung, Benachteiligung und schlechte Versorgung von Menschen mit Beeinträchtigungen ein. Einen vorläufigen Höhepunkt bildete der 1982 in München durchgeführte internationale Fachkongress, auf dem sich Betroffene und Fachleute das erste Mal über Realisierungsmöglichkeiten der Independent-Living-Bewegung und von Assistenz-Modellen austauschten.

Neben den Menschen mit Beeinträchtigungen des Körpers und der Sinne, die sich in der Independent-Living-Bewegung zuerst zusammenschlossen, gab es schon früh, wenn auch nicht so durchschlagend, eine eigenständige Bewegung von Menschen mit geistiger Beeinträchtigung. Diese als „People First“ bekannt gewordenen Organisationen entstammen letztlich derselben Motivation, nämlich eine Selbstvertretungsorganisation zu gründen, deren Ziel es ist, die bevormundende professionelle Dominanz zu kritisieren und ihr demgegenüber einen durch Selbstbestimmung charakterisierten Umgang der eigenen Behinderung entgegenzusetzen. Die ebenfalls ursprünglich aus den USA stammende Bewegung, deren erste Gruppen sich in einzelnen Bundesstaaten (Oregon, Nebraska) zusammenfanden, kann mittlerweile auf ein Netz von ca. 743 Gruppen in 48 Staaten der USA und insgesamt ca. 17.000 Mitglieder bauen. In Europa hat die Verbreitung dieser Gruppen erst viel später begonnen, dort zunächst in den skandinavischen Ländern. Mittlerweile ist die europäische Vereinigung People First auf einer internationalen Konferenz in Göteborg (Schweden) 2007 gegründet worden.

In Deutschland existieren seit Mitte der 1990er Jahren erste Gruppen und seit 2001 die Dachorganisation „Mensch zuerst – Netzwerk People First Deutschland e.V.“.

Neben den genannten Organisationen sind auch noch die „Bundesarbeitsgemeinschaft Selbsthilfe von Menschen mit Behinderung und chronischer Erkrankung“ sowie die „Bundesarbeitsgemeinschaft der Clubs Behinderter und ihrer Freunde“ zu erwähnen.

Zwei Konzepte der Selbsthilfebewegung, nämlich Peer Counseling und Peer Support, sollen hier noch unter methodischen Gesichtspunkten erläutert werden. Peer Counseling grenzt sich insofern von Peer Support ab, als Letzteres in einem umfassenderen Sinne Unterstützung, informelle Hilfe, allgemeine Informationen und Ratschläge enthält, also genereller ist, während Peer Counseling eine strukturierte Methode ist.

Aus diesem Grund ist Peer Support als eine Unterstützung von Betroffenen gegenüber Betroffenen oder von Gleichen zu Gleichen zu verstehen. Es entspricht am ehesten dem Laienhandeln, wie es von der Sozialen Arbeit mit ihren professionellen Methoden abgegrenzt wird. Peer Support stellt mehr eine alltägliche, lebensweltliche und daher integrative Form der Unterstützung dar, wohingegen Peer Counseling an ein bestimmtes Setting gekoppelt ist.

van Kan/Doose (1999) haben die Methode umfassend beschrieben und sie als die pädagogische Methode der Selbstbestimmt-Leben-Bewegung bezeichnet. Peer Counseling basiert theoretisch auf dem Empowerment-Konzept und lehnt sich methodisch eng an die personenzentrierte Gesprächsführung nach Rogers an. Deshalb gehören auch eine nicht direktive Gesprächsführung sowie ein humanistisches Verstandnis von Ressourcen zu den Grundannahmen. So werden die Ratsuchenden als Menschen betrachtet, die selbst dazu in der Lage sind, Probleme zu lösen, jedoch ein Gegenüber benötigen, um die Probleme zu verstehen und mit ihnen umgehen zu können. Folgende Elemente bestimmen die Methode: „Aktives Zuhören“, „Gemeinsame Erarbeitung von Problemlösungsstrategien“, „Planung der Hilfs- und Unterstützungsangebote“, „Herstellung eines Körperbewusstseins“ und „Förderung des Persönlichen Wachsens“.

3.4.4 Assistenzmodell

„Vom Betreuer zum Begleiter – Eine Neuorientierung unter dem Paradigma der Selbstbestimmung“ so titelten 1998 Hähner et al. und versammelten damit zum ersten Mal verschiedenste Beiträge von Professionellen und Betroffenen in einem Band, der die Selbstbestimmung als wesentliches Merkmal der Behindertenhilfe festschrieb. Mittlerweile liegt das Werk in neunter Auflage vor (Hähner et al. 2016).

Statt Begleiter wurde nunmehr häufig von „Persönlicher Assistenz“ gesprochen (Weber 2002). Der Begriff der Assistenz hat sich durchgesetzt und mit ihm wird eine Form der persönlichen Hilfe verbunden, die für manche alle Möglichkeiten alltäglicher Hilfe- und Unterstützungsleistungen umfasst und die Menschen mit Beeinträchtigungen einen selbstbestimmten Alltagsablauf und eine gleichberechtigte Teilhabe an für sie wichtigen gesellschaftlichen Lebensbereichen ermöglichen sollen.

> „Sie zielen im Kern übereinstimmend auf eine Überwindung der tradierten Institutionsorientierung, der Orientierung an Defiziten der behinderten Menschen und am Förderprinzip sowie der Expertenmacht zugunsten von begleitender Unterstützung“ (Windisch 2004).

Windisch (2004, 65) unterscheidet dabei vier Formen der Assistenz: direkte oder persönliche Assistenz, indirekte Assistenz, Assistenz durch ambulante Dienste mit Orientierung an den Maßstäben persönlicher Assistenz und Hilfe durch Professionelle mit Orientierung am Selbstbestimmungsprinzip.

Von Letzterer, also der üblichen Hilfe durch Professionelle mit Orientierung am Selbstbestimmungsprinzip, einmal abgesehen, sind vor allem als zukünftige Entwicklungen die anderen drei Modelle interessant, da diese i.d.R. ohne einen pädagogischen oder therapeutischen Impetus auskommen. Allerdings sollte man die Bedeutung professioneller und pädagogischer Hilfen nicht unterschätzen und es wäre falsch, sie einfach umzuetikettieren, also aus Betreuung oder Unterstützung Assistenz zu machen. Das würde die Bedeutung von Assistenz verwässern und dem Konzept insgesamt schaden. Wenn sich die professionelle Hilfe am Selbstbestimmungsmodell oder dem Empowerment orientiert, dann kann sie einen wertvollen Beitrag zu einem integrativen Modell der persönlichen Assistenz liefern, ohne so zu tun, als würde sie vollständig nach Regie des / der Betroffenen arbeiten.

Bei der direkten, indirekten und der Assistenz durch ambulante Dienste liegt anders als in der professionell-pädagogischen Form die vollständige Regie der Hilfe beim Menschen mit Beeinträchtigung selbst. Regie bedeutet in diesem Zusammenhang die Möglichkeit und Fähigkeit, die Anleitungs-, Organisations- und Personalkompetenz zu besitzen, jemanden als Assistenz nicht nur zu nutzen, sondern ihn auch anzuleiten. Viele der seit ca. Mitte der 1990er Jahre existierenden Modelle dieser Art von Menschen mit Beeinträchtigungen des Körpers und / oder der Sinne organisieren sich in der Regel als Arbeitgeber- oder Assistenzgenossenschaftsmodelle (Gleiss 2000).

Im Idealfall heißt das, dass die Assistenznehmer selbst Personal auswählen (Personalkompetenz), die AssistentInnen selbst anleiten und einlernen (Anleitungskompetenz), den Einsatz organisieren (Organisationskompetenz) und die finanziellen Mittel zur Entlohnung der AssistentInnen selbst disponieren (Finanzkompetenz) (Frevert 2000).

In Bezug auf Menschen mit geistiger Beeinträchtigung kann jedoch davon ausgegangen werden, dass dieses Assistenzmodell nicht eins zu eins greift. So ist eher davon auszugehen, dass sich die Assistenz in ein Spektrum an Unterstützungsformen einreiht, das von der Assistenz über die Unterstützung und Förderung bis hin zur Betreuung und dem stellvertretenden, advokatorischen Handeln reicht.

Übungen zu Kap. 3.4

43. Verständnisfrage: Beschreiben Sie die unter dem Leitbild „Community-Care“ subsumierten aktuellen Forderungen an die Behindertenhilfe!

44. Diskussions-/Reflexionsfrage: Welche Bedeutung kann das Leitbild „Community-Care“ angesichts der zunehmenden Forderung nach Selbstbestimmung und den wachsenden Ausgaben der Eingliederungshilfe haben?
45. Diskussions-/Reflexionsfrage: Wie ist das Verhältnis von Assistenz und Betreuung angesichts der aktuellen Entwicklungen zu bewerten?

4 Professionelles Handeln der Sozialen Arbeit in der Behindertenhilfe

4.1 Gegenstand und Funktion der Sozialen Arbeit in der Behindertenhilfe

Der Unterschied zwischen Sozialer Arbeit und anderen Professionen in der Behindertenhilfe besteht u. a. in der Konzentration auf Soziale Probleme bzw. Probleme der daseinsmächtigen Lebensführung. Diese sind der Gegenstand der Sozialen Arbeit mit Menschen mit Beeinträchtigungen und die Funktion der Sozialen Arbeit besteht in der Herstellung von Inklusion als Möglichkeit der daseinsmächtigen Lebensführung bzw. der Behebung sozialer Probleme.

Wie bereits in Kapitel 2 beschrieben, setzt sich die Soziale Arbeit mit sozialen Problemen als Konglomerat von mangelnder materieller Existenzsicherung und Lebensführungsproblemen auseinander. Deshalb wird meines Erachtens auch ein integratives Modell Sozialer Arbeit benötigt, welches gleichermaßen individuelle und soziale Einflüsse aus der Umwelt berücksichtigt. Der klassisch sozialpädagogische Zugang zur Lebenswelt der Menschen vor dem Hintergrund ihrer Lebensführung korrespondiert dabei mit dem klassisch sozialarbeiterischen Zugang zur Lebenswelt der Menschen vor dem Hintergrund sozialer Gerechtigkeit.

Gerade auch im Bereich der Arbeit mit Menschen mit Beeinträchtigungen finden wir diese beiden Seiten der Medaille wieder. So besteht Soziale Arbeit hier immer in der Förderung des Einzelnen und seiner Befähigung zu einer besseren und gelingenderen Vermittlung seiner Bedürfnisse mit den Anforderungen der Umwelt, etwa im Bereich von Wohnen oder auch Beschäftigung und Arbeit, und gleichzeitig der Beeinflussung der Umweltkomponenten Familie, Nachbarschaft, Arbeitsplatz, Gemeinwesen und Gesellschaft mit dem Ziel des Abbaus von Barrieren.

Soziale Arbeit ist daher im Handlungsfeld der Behindertenhilfe ein Inklusionshandeln par excellence. Und wenn Inklusion erfolgreich sein will, dann ist meines Erachtens die Soziale Arbeit gefordert, an den Möglichkeiten der „Daseinsmächtigkeit" zu arbeiten. Diese besteht darin,

„a) ausreichend ökonomische und ökologische Mittel zur Verfügung zu haben, um den eigenen „oikos" (gr. Haushalt) besorgen zu können (soziomaterielle Lage; sozioökologische Ressourcen),
b) anstehende Entwicklungsaufgaben mithilfe relevanter Anderer und Gemeinschaften meistern zu können (Entwicklung/Bildung, soziale Unterstützung) um damit
c) innerhalb relevanter Lebensbereiche entsprechende Rollen ausüben zu können (Inklusion/Integration)" (Röh 2013, 63).

Die besondere Expertise der Profession Soziale Arbeit besteht sicherlich darin, die Zusammenhänge zwischen Individuen und Umwelt (Gesellschaft) oder anders: zwischen dem Sozialem und dem Psychosomatischen analysieren, verstehen und darin kompetent handeln zu können. Fast keine andere Profession kann dies in einer so hervorragenden Weise wie die Soziale Arbeit, ihr generalistisches Handeln sollte deshalb auch in Zukunft ihr Markenzeichen bleiben.

Eine gelingende Hilfe durch die Soziale Arbeit, hier verstanden als Hilfe zur daseinsmächtigen Lebensführung, kann daher erst im Gleichschritt von einzelfall- oder personenbezogenen, gruppenbezogenen und strukturellen Hilfen wirksam sein.

Wüllenweber und Ruhnau-Wüllenweber (2004, 13) sprechen in diesem Zusammenhang von zwei grundlegenden Ebenen: Zum Ersten davon, dass erst „wenn eine Problematik nicht vornehmlich individuell, z. B. aus der Lebensgeschichte und der Lebenslage, verstehbar wird, sondern auf interindividuelle und gesellschaftliche Faktoren und Ungleichgewichte verweist, […] von einem sozialen Problem gesprochen werden" soll.

Dieser Definition kann aus Sicht der oben angeführten Gegenstandsbestimmung (daseinsmächtige Lebensführung) nur eingeschränkt zugestimmt werden. Denn aufgrund der besonderen Expertise der Sozialen Arbeit für die Zusammenhänge zwischen Person und Umwelt bzw. Individuum und Gesellschaft muss von einer Doppelperspektive ausgegangen werden.

- Behinderung selbst ist aus Gründen einer fehlenden Passung zwischen persönlichen Möglichkeiten des Individuums und den strukturell bedingten gesellschaftlichen Möglichkeiten als Problem der daseinsmächtigen Lebensführung aufzufassen.
- Menschen mit Beeinträchtigungen sind durch die körperliche, geistige oder psychische Funktionsstörung in ihrem persönlichen Möglichkeitsraum und damit in ihren Aktivitäten eingeschränkt.
- Zudem treten weitere Einschränkungen des persönlichen und des gesellschaftlichen Möglichkeitsraums durch ihre Lebenslage (Kap. 3.3) hinzu.
- Ihre daseinsmächtige Lebensführung wird also beidseitig beeinflusst und wenn dies restringiert geschieht, entsteht eine Behinderung bzw. eine Teilhabebehinderung als negative Wechselwirkung zwischen Person und Umwelt.

Mit diesen Feststellungen wird auch dem Umstand Rechnung getragen, dass die Soziale Arbeit als eine Handlungsform zwar der Sozialpolitik im Allgemeinen zugeordnet werden kann, auf der anderen Seite jedoch auch durch ein spezifisches, autonomes Handeln gekennzeichnet ist, das sich nicht direkt aus der sozialpolitischen Intention der generellen, abstrakten Lösung sozialer Probleme im großen Maßstab (etwa durch soziale Sicherungssysteme, wie Sozialversicherungen, Sozialhilfe usw.) ableiten lässt.

Wenn Soziale Arbeit als Expertise von individuellen Problem-, Ressourcen- und Bewältigungsmustern und den gesellschaftlichen Umweltbedingungen verstanden wird, die entweder verursachend oder verstärkend Probleme erzeugen bzw. nicht kompensierend Ressourcen und Bewältigungsmöglichkeiten zur Verfügung stellen, dann ergeben sich daraus für die Soziale Arbeit mit Menschen mit Beeinträchtigungen bestimmte Aufgaben, die in Kapitel 4.3 je einzeln anhand methodischer Ansätze dargestellt werden sollen.

Dass die damit vollzogene fachwissenschaftliche Abgrenzung z. T. quer zu den bisherigen Einsatzgebieten von SozialarbeiterInnen / SozialpädagogInnen in der Behindertenhilfe liegt, etwa deren Einsatz im Wohngruppendienst, in der Arbeitsassistenz oder auch in der Frühförderung, ist offensichtlich. Allerdings begründet sich durch einen Praxiseinsatz nicht die besondere Fachlichkeit Sozialer Arbeit in der Behindertenhilfe. Vielmehr spiegelt sich darin nur das institutionelle Arbeitsplatzangebot bzw. die persönlich vorgenommene Arbeitsplatzwahl wider, ohne hinlänglich die professionellen Differenzen etwa zwischen (Heil-)ErzieherInnen,

Heil-oder SonderpädagogInnen oder SozialpädagogInnnen zu berücksichtigen.

Dass sich in diesen beiden Bereichen, dem des Individuums und der Umwelt, spezifische soziale Probleme von Behinderung finden lassen, darauf verweisen u. a. die Beiträge in Wüllenweber (2004).

Übungen zu Kap. 4.1

46. Verständnisfrage: Wie kann Soziale Arbeit handlungstheoretisch definiert und ihr Gegenstands- und Funktionsbereich in der Behindertenhilfe verstanden werden?
47. Diskussions- / Reflexionsfrage: Welchen anderen Leitkonzepten, z. B. der Sonder- oder Heilpädagogik, steht die Soziale Arbeit damit gegenüber und wie ist deren Verhältnis zueinander?

4.2 Theorien der Sozialen Arbeit

Die folgenden Ausführungen widmen sich der (handlungs-)theoretischen Grundlegung einer Sozialen Arbeit im Allgemeinen und in der Behindertenarbeit im Besonderen. Handlungstheorien eröffnen auf einer theoretischen Basis mehr oder weniger direkt Möglichkeiten eines Anschlusses methodischer Überlegungen, d. h. relativ konkreter Handlungsanweisungen. Die jeweiligen Handlungstheorien werden im Folgenden dargestellt und auf ihre Bedeutung für die Behindertenhilfe hin untersucht.

4.2.1 Sozialökologie

Die Sozialökologie ist eine der ältesten Zentraltheorien der Sozialen Arbeit. Sie kann sowohl zur Professionsbestimmung Sozialer Arbeit als transaktionale Intervention zwischen Person und Umwelt als auch als Rahmen für das Verständnis in der Entstehung von Behinderung dienen. Sie wird im Folgenden vor allem in Bezug auf letztere Variante beschrieben und erläutert.

Die sozialökologische Theorie hat eine lange Tradition in der Sozialen Arbeit. Lange bevor sie von Urie Bronfenbrenner (1981) für die Entwicklungspsychologie erschlossen wurde, war einzelnen Pionierinnen der Sozialen Arbeit (*Alice Salomon, Jane Addams und Mary Richmond*) schon Ende des 19./Anfang des 20. Jahrhunderts, allen voran der sogenannten Settlement-Bewegung, der enge Zusammenhang von Menschen und ihrer Umwelt bekannt.

Weitere disziplinäre Überschneidungen gibt es mit der sozialökologisch zu verstehenden Chicagoer Schule der Soziologie (*Robert Park, Ernest Burgess, George Herbert Mead*), die bis in die Mitte des letzten Jahrhunderts einen großen Einfluss auf die Soziologie hatte. Ausgangspunkt ist hierbei der symbolische Interaktionismus, dessen Grundlage wiederum die Annahme bildet, menschliche Entwicklung in stammesgeschichtlicher wie individueller Weise verlaufe entlang menschlicher Kommunikation mittels signifikanter Symbole. Typisch für diese Theorierichtung sind Studien zum Zusammenhang von menschlichem Verhalten und sozialräumlichen Strukturen von Stadtteilen, Infrastruktur, ethnografischer Bevölkerungszusammensetzung u. a.m.

Die sozialökologische Theorie in der Sozialen Arbeit wurde in Deutschland spätestens mit *Wolf Rainer Wendt* Teil des disziplinären Diskurses. „Ökosozial denken und handeln", so lautete der Buchtitel des *1990* erschienen Werkes, in dem der Versuch unternommen wird, die ökologische Sichtweise, die z. T. inhaltliche Überschneidungen mit der Systemtheorie aufweist, für die Soziale Arbeit zu erschließen: „Die Soziale Arbeit erledigt innen, wofür außen der Umweltschutz da sein soll" (Wendt 1990, 22).

Zentrale Grundannahme der sozialökologischen Theorie ist die Annahme einer engen (transaktionalen) Wechselwirkung zwischen der Entwicklung von Menschen und ihrer Umwelt. Dabei werden sowohl die positiven Wechselwirkungen (gute Entwicklung der Person durch Einpassung in eine förderliche Umgebung) als auch die negativen Wechselwirkungen (Gefährdung der individuellen Lebensbewältigung durch soziale Risiken) beschreibbar.

Der Begriff „oikos" (gr. Haushalt) gewinnt dabei für Wendt ebenfalls eine grundlegende Bedeutung, da sich Haushalten als individuelle Kompetenz und gleichzeitig von Umweltvariablen (Austausch mit Gütern, sozialem Kontakt usw.) beeinflusst verstehen lässt: „Als Muster und Metapher der Orientierung, wie sozial zurechtzukommen ist, dient ökotheoretisch der Haushalt" (Wendt 2010, 11). Mit dem „oikos" sieht er auch das Wechselverhältnis zwischen „Lebensführung [ ] und sozialpolitischer Allokation für die soziale und gesundheitliche Versorgung" (Wendt 2010, 12) in einem wohlfahrtstheoretischen Sinne modellhaft aufgehoben. Ich selbst habe den Begriff des „oikos" in meine Theorie übernommen und zwar als Teil der „daseinsmächtigen Lebensführung" (Röh 2013, 63).

In der Nachfolge von Lowy beschreiben Germain/Gitterman (1999) bzw. Gitterman/Germain (2008) die Wechselbeziehungen zwischen einer handelnden Person und einem sie umgebenden Umfeld mit Handlungsbegrenzungen (Rollen und Normerwartungen) und Handlungsoptionen.

> „Wenn die Umwelt eines Menschen und ihre oder seine Bedürfnisse, Fähigkeiten, Rechte und Wünsche schlecht aufeinander abgestimmt sind, werden wahrscheinlich die Entwicklung der Person und das Zusammenwirken ihrer Funktionen behindert und die Umwelt geschädigt werden. Ein Anpassungspotential ist gegeben, wenn die Umwelt Ressourcen und Erfahrungen, die ein Optimum für eine biologische, kognitive, sensorische, perzeptuelle, psychische und soziale menschliche Entwicklung garantiert, zur richtigen Zeit und in geeigneter Form bereithält" (Germain/Gitterman 1999, 9f.).

Wendt (2010) nutzt zusätzlich den Begriff der „Nische": Eine Nische sei „der funktionelle Status und Wirkungsbereich einer Person, den sie sich einzuräumen in der Lage ist beziehungsweise der ihr in ihrer Umwelt gesellschaftlich eingeräumt wird" (Wendt 2010, 161) und sie stehe „für eine Anpassungsleistung, die eine produktive Lebensführung erlaubt" (Wendt 2010, 162).

Deshalb fokussiert das sozialökologische Konzept auch den Eigensinn von Menschen, der die notwendigen Freiheiten zur Entwicklung eines eigenständigen Daseins besitzt. Des Weiteren sind „Ressource" sowie „Bewältigung" wesentliche relevante Begriffe.

Der Ressourcenbegriff ist ebenfalls zentral für die sozialökologische Theorie der Sozialen Arbeit, da er sowohl die individuellen als auch die sozialen Umgebungsvariablen für menschliches Bewältigungsverhalten beinhaltet: Ressource als Quelle des Haushaltens und des Haushalts. Sie sind „sozial einsetzbare Mittel […] unter dem Aspekt ihrer Erschließbarkeit und Dienlichkeit. Sie sind als Quellen oder Reservoire zu verstehen, aus denen sich schöpfen lässt" (Wendt 2010, 25) und sind nicht mehr in erster Linie wie in der Ökologie als natürliche Quellen zu verstehen, sondern stellen vor allem kulturalisierte Mittel dar, die moralisch begründet (Gerechtigkeitsprinzip) und sozialpolitisch ausgestattet (Verteilungsprinzip) werden.

Was lässt sich hieraus nun systematisch für die Soziale Arbeit in der Behindertenhilfe schlussfolgern?

Selbstbestimmung bzw. Selbstständigkeit von Menschen mit Beeinträchtigung findet ihre Qualität in dem tatsächlichen Vollzug der Lebenspraxis mit mehr oder weniger professioneller und informeller sozialer Unterstützung. Die ökologischen Zusammenhänge bilden dabei – nicht erst seit der Erkenntnis eines biopsychosozialen Behinderungsmodells durch die WHO – einen bedeutsamen Rahmen für die Gestaltung dieser Lebenspraxis. Allerdings lassen sich mit der ICF nun das erste Mal analytisch die verschiedenen Umweltfaktoren in ihrem Einfluss beschreiben. Die Umwelt fördert und limitiert durch je unterschiedliche Bedingungen die Lebensqualität und Teilhabe von Menschen mit Beeinträchtigungen. Die ICF führt folgende Bereiche als Umweltmerkmale auf: Lernen und Wissensanwendung; allgemeine Aufgaben und Anforderungen; Kommunikation; Mobilität; Selbstversorgung; häusliches Leben; interpersonelle Interaktionen und Beziehungen; bedeutende Lebensbereiche; Gemeinschafts-, soziales und staatsbürgerliches Leben.

Gleichzeitig kann der vom sozialökologischen oder ökosozialen Ansatz der Sozialen Arbeit in die theoretische Diskussion eingebrachte besondere Wert von ökosozialen Nischen für die Behindertenhilfe nicht hoch genug eingeschätzt werden. Verbindet sich mit ihm doch die Hoffnung, dass sich einerseits Selbstbestimmung und Individualität ebenso fördern lassen und von einer gesellschaftlichen Akzeptanz getragen werden wie andererseits die für Inklusionsprozesse notwendigen Normen und Rollenerwartungen insbesondere funktionaler Systeme (z. B. Schule, Arbeitsmarkt) von Menschen mit Beeinträchtigungen zumindest teilweise erfüllt werden. Insbesondere die zunehmend wahrgenommene Bedeutung der sozialräumlichen Orientierung (Kap. 4.3.8) in der Behindertenhilfe weist die Notwendigkeit nach, sich in ökologischer Perspektive zu üben, um die Umweltbedingungen so zu gestalten, dass eine „relative Autonomie“ von Menschen mit Beeinträchtigungen ermöglicht werden kann.

Übungen zu Kap. 4.2.1

48. Verständnisfrage: Worin besteht die besondere Perspektive der Sozialökologie im Hinblick auf das menschliche Dasein und seine Probleme?
49. Diskussions-/Reflexionsfrage: Beschreiben Sie die inhaltliche Nähe zur prozessual-systemischen Theorie Sozialer Arbeit durch die Zürcher Schule.

4.2.2 Systemtheorien

Systemtheorien haben seit Mitte des 20. Jahrhunderts die Bedeutung von Zentraltheorien mit einem hohen Innovationspotenzial in verschiedensten Wissenschaften errungen. Für die Soziale Arbeit sind neben familiensystemischen Ansätzen v.a. die Arbeiten von Niklas Luhmann und die von Silvia Staub-Bernasconi u. a. nutzbar gemacht worden. Sie sollen im Folgenden getrennt voneinander beschrieben werden.

Der Plural in der Überschrift soll darauf hindeuten, dass sich bezüglich der Systemtheorie immer von einer Mehrzahl verschiedener Ansätze ausgehen und deshalb semantisch und inhaltlich nicht von „einer“ oder „der“ Systemtheorie sprechen lässt.

Grundsätzlich sind drei verschiedene Richtungen zu unterscheiden, die für die Soziale Arbeit relevant sind. Es handelt sich dabei um

- die aus der systemischen Therapie entstandenen Annahmen, die sich insbesondere für die Beratung, aber auch darüber hinaus – vor allem in ihrem kommunikationstheoretischen Teil – auch für andere Bereiche nutzen lassen (Hosemann/Geiling 2013),
- die funktionale Systemtheorie nach Niklas Luhmann und ihre professionstheoretischen Anschluss-Theorien und
- die prozessual-systemische oder emergente Systemtheorie der Zürcher Schule.

Da sich in dieser Arbeit die facettenreichen Aspekte der erstgenannten Systemtheorie nicht gründlich genug darstellen lassen, werden von mir nur die letzten beiden Systemtheorien für die Soziale Arbeit in der Behindertenhilfe erschlossen. Familiensystemische Ansätze sind jedoch auch für die Arbeit mit Menschen mit Beeinträchtigungen von Bedeutung und werden im Rahmen der Familienhilfe gesondert dargestellt (Kap. 4.3.6).

Die funktionale Systemtheorie nach Luhmann und die emergente Systemtheorie nach Staub-Bernasconi werden hier auch nicht in ihren professionstheoretischen Konsequenzen dargestellt, sondern lediglich in Bezug auf ihre gesellschafts- und handlungstheoretischen Annahmen bzw. Konsequenzen.

Für beide Systemtheorien gilt, dass sie hier in Bezug auf die Soziale Arbeit mit Menschen mit Beeinträchtigungen hinsichtlich ihres theoretischen Gehalts zur Beantwortung der zentralen Fragen nach Selbstbestimmung und Inklusion, aber auch nach angemessener Förderung, Begleitung und Assistenz durch professionelle Fachkräfte untersucht werden sollen.

Systemtheorie nach Luhmann

Niklas Luhmann (1927–1998) hat mit seiner Systemtheorie wesentlichen Einfluss auf die Soziologie in ihrer gesellschaftstheoretischen Fassung ausgeübt. Luhmann selbst hat sich dabei von der strukturellen Systemtheorie Talcott Parsons und der „biologischen" Systemtheorie von Maturana/Varela (1997) inspirieren lassen. Gerade von Letzteren hat er zentrale Begriffe (Autopoiesis, strukturelle Kopplung) übernommen und sie in seine Gesellschaftstheorie integriert. Im Zentrum seiner vielfältigen Publikationen und seines theoretischen Verständnisses von Gesellschaft stehen folgende Annahmen:

Moderne Gesellschaften haben sich durch eine funktionelle Differenzierung im Zuge bestimmter Prozesse, z. B. der Arbeitsteilung, in verschiedenste Teilsysteme (z. B. Wirtschaftssystem, Rechtssystem, Gesundheitssystem, Bildungssystem, usw.) ausdifferenziert. Diese erfüllen eine bestimmte Funktion für die Gesellschaft, indem sie selbstständig (autopoietisch) und gleichzeitig im Kontakt mit der Umwelt (strukturell gekoppelt) bestimmte Aufgaben erfüllen, etwa im Rechtssystem Recht sprechen und Gesetze anwenden und im Bildungssystem lehren und lernen.

Teilsysteme konstituieren sich „auf der Basis eines einheitlichen (selbstreferenziellen) Kommunikationszusammenhangs" (Luhmann 1988, 92), der dem Begriff der autopoietischen Kräfte des Systems entspricht. Autopoiese ist ein Modus, den die Biologen Maturana und Varela als das Grundprinzip von Lebewesen postulieren, da sich diese immer wieder selbst erschaffen, selbst organisieren oder selbst strukturieren. Carl Rogers – der Begründer der Gesprächspsychotherapie in ihrer non-direktiven Ausrichtung – sprach, unabhängig von diesen systemischen Ideen, von der „Aktualisierungsfähigkeit" (Rogers 1991, 21) des Menschen. Gleichzeitig sind die Teilsysteme über eine strukturelle Kopplung miteinander verbunden und können sich nur gemeinsam entwickeln, z. B. ist das Rechtssystem auf das Politiksystem in seiner gesetzgebenden Funktion angewiesen und das Politiksystem darauf, dass Gerichte und andere Justizsysteme die Gesetze anwenden.

Die Gesellschaft selbst existiert nur als Umwelt der verschiedenen sozialen Systeme. Andere Systeme sind Maschinen, Organismen und psychische Systeme. Psychische Systeme sind die Bezeichnung für Menschen, die als Beobachter von Luhmann außerhalb der Gesellschaft gesehen werden. Sie stehen deshalb außerhalb der Gesellschaft, weil angenommen wird, dass die Gesellschaft nur aus Kommunikationen besteht. Kommunikation konstituiert damit die Struktur der Gesellschaft, bestehend aus Teilsystemen, immer wieder neu durch Inklusion und Exklusion in diese Teilsysteme. Inklusion meint die teilweise oder vorübergehende Inklusion in bestimmte Teilsysteme. Exklusion kennzeichnet dagegen den Ausschluss aus diesen Systemen, wobei Luhmann annimmt, dass sich Individuen hauptsächlich als Exklusionsindividuen verstehen lassen bzw. das Leben der Menschen durch „Exklusionsindividualität" (Hillebrandt 1999) geprägt ist: Sie sind zunächst nicht – wie in vormodernen Gesellschaften – qua Traditionen, Geschlecht oder sozialem Status automatisch in bestimmte Teilsysteme inkludiert, sondern müssen aktive, selbstständige Anpassungsleistungen vollziehen, um Teil eines Systems zu werden. Die daraus resultierenden Freiheitsgrade werden durch die Tatsache begleitet, dass die Gesellschaft nach Luhmann auch als eine Instanz fungiert, die durch Beobachtung ständig mittels Erwartungskollagen (der Erwartung bestimmter Rollen- oder Funktionenübernahmen durch das Individuum) überprüft, ob und inwieweit Menschen inkludiert sind.

Nach Luhmann wird die Entscheidung über Inklusion und Exklusion mittels eines sogenannten binären Codes vollzogen, der z. B. im Bereich der Medizin gesund / krank bzw. Gesundheit/Krankheit lautet. Ist jemand gesund, so ist er nicht Teil des Medizinsystems, kann jemand lernen bzw. lernt, ist er Teil des Bildungssystems. Durch die ständige Beobachtung dieser Differenz gelangen die Systeme zu einer – gestalttheoretisch gesprochen – Figur, die sich vor dem Hintergrund der Gesamtgesellschaft als eigenständige Form abbildet.

Psychische Systeme, also Menschen, sind zwar – theoretisch gedacht – nicht Teil der Gesellschaft, aber natürlich als empirische Wesen in Teilsystemen wiederzufinden. Daher nimmt Luhmann auch an, dass sich psychische und soziale Systeme gegenseitig irritieren, d. h. sich gegenseitig zur Entwicklung oder Anpassung anregen können.

Was lässt sich hieraus nun systematisch für die Soziale Arbeit in der Behindertenhilfe schlussfolgern?

Es lassen sich zwei Gedanken finden, die einer näheren Betrachtung wert sind. Zum einen handelt es sich um die Erwartungen der Teilsysteme an die Individuen. Geht man dabei davon aus, dass die Teilsysteme an Individuen bestimmte Erwartungen stellen, die sich mit den jeweiligen Anforderungen, die zur Inklusion in diese Systeme erfüllt sein müssen, decken, so stellt sich die Frage, wie Menschen mit Beeinträchtigungen diesen Erwartungen gerecht werden und damit ihre Inklusion sichern können. Des Weiteren wirft der Inklusionsbegriff selbst Fragen auf: Wenn Menschen als empirische Wesen existieren, dann – und nur dann – sind sie eben neben ihrer Anpassungsfähigkeit und ihren Rollen und Funktionen, die sie im Sinne einer zweckrationalen Sichtweise ausüben, immer auch als bedürfnis- oder wunschfähige Wesen zu verstehen; d.h. es kommt neben der funktionalen Seite des Individuums auch immer eine eigensinnige, non-funktionale Seite zum Tragen. Der Wert des Eigensinns liegt gerade darin – nicht nur psychologisch, sondern auch soziologisch gesprochen –, dass sich Entwicklungen auch seitens der Individuen initiieren lassen und Menschen ohne Eigensinnigkeit sich schnell in Konformismus, vielleicht sogar als neurotische Variante (Zwang), verlieren und darunter leiden bzw. erkranken. Die völlige Anpassung beispielsweise an ein bestimmtes Teilsystem würde zur Aufgabe der Individualität der Menschen führen und von ihnen nur noch konforme, den Funktionen des Teilsystems entsprechende Rollenausübung erwarten.

Dies ist für die Frage nach der Bedeutung von Sozialer Arbeit insofern aufzugreifen, als sich Soziale Arbeit um gesellschaftliche Teilhabe von Menschen mit Beeinträchtigungen bemüht, d.h. die Erwartungen an Menschen mit Beeinträchtigungen normalisiert, indem in den verschiedenen Lebensbereichen durch das Werben für einen eher flexiblen Normalismus (Kap. 3.2.1) und die Eröffnung von Teilhabechancen die Bedingungen für eine Teilhabe erst ermöglicht werden.

Auf der anderen Seite ist Soziale Arbeit auch immer in ihrer sozialpädagogischen Variante darum bemüht, Menschen mithilfe des Erwerbs sozialer und kommunikativer Kompetenzen sowie alltagspraktischer Fähigkeiten den Verbleib in bestimmten Lebensbereichen (Arbeit, Wohnen usw.) zu sichern, also einer eher protonormalistischen Auffassung von Normalität zu folgen. Zusätzlich geht es jedoch auch darum, den Eigensinn von Menschen mit Beeinträchtigungen zu respektieren und ihm genügend Raum zu verschaffen.

Soziale Arbeit ist also gleichermaßen individualisierend wie sozialisierend, d.h. nimmt die Impulse des Individuums in Richtung Freiheit, Selbstbestimmung und Rechte ebenso wie die gesellschaftlichen Hinweise auf notwendige Anpassung an bestimmte Regeln und Funktionserwartungen auf. Insofern kann mithilfe der Luhmann'schen Systemtheorie durchaus davon ausgegangen werden, dass eine Inklusion in Teilsysteme (etwa die Wirtschaft) davon abhängig ist, ob die von ihr geforderten Anpassungsleistungen (z. B. ein bestimmtes Leistungsprofil) erwartet werden können oder müssen. Dies zeigt sich u. a. an der geringen Übergangsquote von Menschen mit Beeinträchtigungen aus Werkstätten für Menschen mit Beeinträchtigungen in den allgemeinen Arbeitsmarkt. Gleichzeitig ist jedoch die Anpassungs- oder Funktionserwartung selbst Teil des sozialarbeiterischen Prozesses, indem etwa mit Arbeitgebern über Abweichungen von der Leistungsnorm verhandelt wird, Arbeitsplatzanpassungen vorgenommen oder geeignetere Arbeitsplätze gesucht werden.

Zusammenfassend kann gesagt werden, dass die Luhmann'sche Systemtheorie die Mechanismen der Inklusionsprozesse drastisch verdeutlicht, indem die Funktionsorientierung hier über die Bedürfnisorientierung gestellt wird. Um nicht in eine kalte Zweckrationalität abzurutschen, wird deshalb ein weiterer theoretischer Blickwinkel auf die Soziale Arbeit mit Menschen mit Beeinträchtigungen benötigt.

Die emergente Systemtheorie oder das Systemtheoretische Paradigma der Sozialen Arbeit

Die emergente Systemtheorie entsteht aufbauend auf der philosophischen Arbeit des Argentiniers Mario Bunge (*1919), die wiederum von der sogenannten Zürcher Schule um Silvia Staub-Bernasconi, Werner Obrecht und Kaspar Geiser aufgenommen und für die Soziale Arbeit erschlossen wurde.

Das Systemtheoretische Paradigma der Sozialen Arbeit fußt im Wesentlichen auf folgenden Annahmen: Der Mensch ist ein biopsychosoziales Wesen, welches durch Bedürftigkeit und Kompetenz gleichermaßen definiert ist. Bedürfnisse auf biologischer, biopsychischer und biopsychosozialer Ebene sind die Grundkategorien, mithilfe derer sich die weiteren Implikationen dieser Systemtheorie erschließen lassen. Obrecht hat hierzu eine Liste von Bedürfnissen erstellt (Obrecht 2001; Staub-Bernasconi 2007, 172).

Unter Berufung auf den materialistischen Ansatz Bunges werden diese Bedürfnisse ebenso wie die Welt an sich als ontologische Tatsachen akzeptiert.

Staub-Bernasconi (2007, 160) stellt fest, dass „[…] alles, was existiert, ein System oder Teil eines Systems oder Interaktionsfeldes ist". Damit wird zwar eine ähnliche Position wie bei Luhmann eingenommen, jedoch sind die daraus gezogenen Konsequenzen wesentlich andere. Ebenso nehmen die Vertreter dieser Systemtheorie auch an, dass sich auf allen Systemebenen (bio, psycho, sozial und auch gesellschaftlich bzw. kulturell) Selbstvereinigungs- und Selbstorganisationsprozesse als wirkende Kräfte finden lassen (Staub-Bernasconi 2007, 161) und sich aus der Interaktion der einzelnen Teilsysteme eben eine Emergenz, ein Mehr ergibt, welches vorher nicht vorhanden war. „Generell gilt, dass die Systeme aus den Komponenten des oder der unteren Niveaus gebildet werden und auf der Basis ihrer Interaktionsprozesse entstanden sind. So sind beispielsweise die Komponenten des sozialen Systems Individuen", womit der Annahme Luhmanns, soziale Systeme seien ohne psychische Systeme denkbar, widersprochen wird.

Neben der autopoietischen Kraft wird auch in der emergenten Systemtheorie davon ausgegangen, dass sich die Teilsysteme über „stabile Bindungen" (Staub-Bernasconi 2007, 162) (bei Luhmann strukturelle Kopplungen) zu einer Struktur verbinden. Anders als Luhmann geht die emergente Systemtheorie allerdings davon aus, dass diese sich nicht nur mittels Kommunikation beschreiben lassen und damit konstruktivistisch sind, sondern durchaus auch aufgrund kausaler Gesetzmäßigkeiten und sich gegenseitig bedingender Prozesse entstehen.

Aus dieser Annahme einer feststellbaren Gesetzmäßigkeit schließt Staub-Bernasconi, dass sich Soziale Arbeit als Handlungswissenschaft auf den sogenannten transformativen Dreischritt (Staub-Bernasconi 2007, 252ff.) stützen kann. Dabei werden in einem ersten Schritt wissenschaftliche Erkenntnisse (z. B. aus Forschung) zur Kenntnis genommen und als nomologische Aussagen bzw. Theorien verstanden, d. h. deren Gesetzmäßigkeit anerkannt. Im zweiten Schritt werden aus diesen sogenannte nomopragmatische, also handlungstheoretische, Hypothesen gefolgert, die empirische Relevanz besitzen. Schließlich werden in einem dritten Schritt Handlungsleitlinien oder Regeln abgeleitet. Wenn diese dann noch mit ethischen Erwägungen konfrontiert und begründet werden, so ergibt sich nach Staub-Bernasconi die professionelle Vorgehensweise der Sozialen Arbeit.

Soziale Probleme können von dieser Variante der systemtheoretischen Betrachtung Sozialer Arbeit als Ausstattungs-, Austausch-, Macht- und Kriterienprobleme analysiert werden, die durch fehlende oder mangelnde Bedürfnisbefriedigung entstehen. Nach Staub-Bernasconi (2007, 183) führen bestimmte individuelle Ausstattungsmerkmale, z. B. eine Beeinträchtigung, eine geringe sozioökonomische Ausstat tung, fehlende Erkenntniskompetenzen sowie problematische Selbst-, Fremd- oder Gesellschaftsbilder, fehlende Handlungskompetenzen und fehlende oder verhinderte soziale Mitgliedschaften, zu Austauschproblemen, da Menschen als Interaktions- und Tauschpartner zueinanderstehen und sich selbst und andere als gute oder schlechte Tauschpartner sehen. Diese nicht im Sinne einer einfachen Konsumtheorie verstandene Annahme führt dazu, dass Ungleichgewichte in der sozialen Anerkennung auf die fehlende Attraktivität als sozialer Tauschpartner zurückgeführt werden können. So entstehen aus einer Beeinträchtigung vielleicht unbefriedigende sexuell-erotische Beziehungen oder auch der Ausschluss von bestimmten Ressourcen, die man etwa über Erwerbsarbeit erhält, also einer bestimmten sozioökonomischen Ausstattung.

Aus einem dauerhaften oder starken Ausschluss durch sozial problematische Austauschbeziehungen entsteht dann schnell auch eine Machtproblematik in der Hinsicht, dass „Ohnmacht und Hilflosigkeit in Abhängigkeitsbeziehungen“ (Staub-Bernasconi 2007, 184) zunehmen, wenn die eigene Autonomie nicht durch eine ausreichende Ausstattung im o.g. Sinne erreicht werden kann. So kann die Beeinträchtigung zu einem „Mehr an Abhängigkeit“ (Hahn 1999) führen und damit zu einem asymmetrischen Machtgefälle zwischen Helfendem und Betroffenem.

Auch soziale Regeln und Normen treffen Menschen mit geringer Ausstattung und damit Problemen in der Austauschbeziehung mit ihrer Umwelt stärker, da die normativen Erwartungen an Anpassung hier größer sind und es schwerer fällt, Eigensinn und plurale Lebensformen zu leben.

Als Methoden der Sozialen Arbeit schlägt Staub-Bernasconi (2007, 273 ff.) dann analog zu den feststellbaren sozialen Problemen vor:

- Ressourcenerschließung,
- Bewusstseinsbildung,
- Modell-, Identitäts- und Kulturveränderung,
- Handlungskompetenz-Training und Teilnahmeförderung,
- Soziale Vernetzung und der Ausgleich von Rechten und Pflichten,
- Umgang mit Machtquellen und Machtstrukturen,
- Kriterien- und Öffentlichkeitsarbeit und
- Sozialmanagement.

Was lässt sich hieraus nun systematisch für die Soziale Arbeit in der Behindertenhilfe schlussfolgern?

Wie bereits oben angeführt, ist insbesondere die bedürfnistheoretische Sichtweise der emergenten Systemtheorie interessant, da hieraus ein Raster für die Analyse sozialer Probleme gewonnen werden kann. So kann eine Beeinträchtigung ein starkes Merkmal der individuellen Ausstattung darstellen, welches restriktiv die Möglichkeiten eines gelingenden und befriedigenden Person-Umwelt-Austausch-Verhältnisses beschränkt. Sowohl aufseiten des Individuums, z.B. durch heilpädagogische Förderung, medizinische Therapie, sonderpädagogische Bildung, oder sozialtherapeutische Interventionen, als auch aufseiten der Umwelt, z.B. durch Barrierefreiheit, Öffnung von Regeleinrichtungen durch Sozialraumarbeit, durchlässige Bildungsgänge und Eröffnung von Wegen auf den allgemeinen oder beschützten Arbeitsmarkt, lassen sich deshalb soziale Hilfen definieren, die darauf abzielen, die Ausstattungsproblematik oder auch die Austauschproblematik zu beheben. Im Bereich der Macht- und Kriterienproblematik greifen hingegen Methoden der Öffentlichkeitsarbeit ebenso wie der Förderung von Selbsthilfeaktivitäten und des Empowerments.

Systematisch könnte man sich die Zuordnung bestehender Hilfen in der Behindertenarbeit aus Sicht der Systemtheorie von Staub-Bernasconi u.a. wie in Tabelle 8 gezeigt vorstellen.

Tab. 8: Handlungstheoretische Konsequenzen des SPSA in der Behindertenhilfe

Methoden nach Staub-Bernasconi	**Beispielhafte Anwendung in der Behindertenhilfe**
Ressourcenerschließung	■ Beantragung von Eingliederungshilfe, Erwerbsminderungsrente oder anderen Sozialleistungen ■ Erkundung von Teilnahmemöglichkeiten an Freizeitmöglichkeiten im Sozialraum
Bewusstseinsbildung	■ Entwicklung eines selbstbewussten Verhältnisses zum eigenen (beeinträchtigten) Körper ■ Teilnahme an Selbstvertretungsorganisationen und Selbsthilfegruppen zur Stärkung des Wir-Gefühls

Methoden nach Staub-Bernasconi	**Beispielhafte Anwendung in der Behindertenhilfe**
Modell-, Identitäts- und Kulturveränderung	▪ Öffentlichkeitsarbeit zur Veränderung des gesellschaftlichen Bildes von Beeinträchtigung und Behinderung, z. B. durch Ausstellung künstlerischer Aktivitäten oder Berichterstattung über Arbeit in Regelbetrieben ▪ Unterstützung bei der Nutzung von inklusiven Bildungsangeboten, inkl. der schulischen Bildung
Handlungskompetenztraining und Teilnahmeförderung	▪ Soziale Kompetenztraining oder Mobilitätstraining ▪ Erwerb einer beruflichen Bildungsqualifikation
Soziale Vernetzung und der Ausgleich von Rechten und Pflichten	▪ Erweiterung des sozialen Netzwerks unter Einbezug nicht-professioneller Helfer bzw. nicht-beeinträchtigter Menschen ▪ Pädagogisch-therapeutische Modifikation sozial störenden, aggressiven oder herausfordernden Verhaltens
Umgang mit Machtquellen und Machtstrukturen	▪ Innerorganisationelle Einflussnahme auf ungerechtfertigte Beschränkung der Selbstbestimmung in Wohneinrichtungen ▪ Kontaktaufnahme zu Arbeitgebern auf dem allgemeinen Arbeitsmarkt und Eröffnung von Möglichkeiten der Beschäftigung durch Unterstützte Beschäftigung oder Arbeitsassistenz
Kriterien- und Öffentlichkeitsarbeit	▪ Veröffentlichung von Auswirkungen der Veränderung von Leistungsstrukturen (z. B. Ambulantisierungsprogramme) auf die Versorgungs- und Lebensqualität besonders beeinträchtigter Personen ▪ Sorgekultur in der Nachbarschaft, im Sozialraum bzw. in der Gesellschaft thematisieren und für Engagement werben
Sozialmanagement	▪ Aufbau moderner Dienstleistungsunternehmen zur Unterstützung der Umsetzung von selbstbestimmten Wohn- und Betreuungsformen ▪ Ausschöpfung staatlicher Zuschüsse und Forderung einer angemessenen Vergütung sozialer Hilfen

Übungen zu Kap. 4.2.2

50. Verständnisfrage: Wie lassen sich eine funktions- und eine bedürfnisorientierte Fassung der Systemtheorie nach Staub-Bernasconi bzw. Luhmann unterscheiden?
51. Diskussions-/Reflexionsfrage: Welche wesentlichen Unterschiede lassen sich zwischen den beiden Systemtheorien feststellen und wie wirken sich diese auf die Soziale Arbeit in der Behindertenhilfe aus?

4.2.3 Lebensweltorientierung

Die Lebensweltorientierung stellt für die Jugendhilfe so etwas wie eine Zentraltheorie dar, diese Bedeutung hat sie für die Behindertenhilfe nicht erlangen können. In diesem Abschnitt sollen erste Ansätze zu einer lebensweltorientierten Behindertenarbeit referiert und bewertet werden.

Die Lebensweltorientierung stellt sicherlich für die Sozialpädagogik eine der bedeutsamsten Theorien zur Gegenwartsanalyse und darüber hinaus eine vielfach angewendete Handlungstheorie dar. Thiersch et al. (2012, 182 ff.) beschreiben drei Grundlinien, auf denen die Lebensweltorientierung fußt:

- Die hermeneutisch-pragmatische Traditionslinie der Erziehungswissenschaft verleiht ihr das Interesse an dem lebensweltlich gebundenen Alltagswissen der Menschen, inklusive ihrer Interpretation der Wirklichkeit und ihres Handlungsrepertoires.
- Vom phänomenologisch-interaktionistischen Zugang übernimmt die Lebensweltorientierung die Auffassung, dass die Lebenswelt „durch die erlebte Zeit, den erlebten Raum und die erlebten soziale Bezüge“ strukturiert ist. Menschen finden die Wirklichkeit einerseits schon als gegeben vor, andererseits sind sie mächtig und kompetent genug, diese auch zu verändern oder ihre Wahrnehmung zu schärfen.
- Von der kritischen Variante der Alltagstheorie übernimmt die Lebensweltorientierung, dass sich in der Lebenswelt einerseits Routinen und Alltag als entlastend auswirken, andererseits aber auch zu

Kontrolle und Konservatismus führen. Diese Doppeldeutigkeit oder auch „Pseudokonkretheit“ (Thiersch et al. 2012, 183) will die Lebensweltorientierung aufklären und möglichst im Sinne der Autonomie der Einzelnen und von Gruppen produktiv wenden.
- Dies mündet schließlich in eine dezidiert gesellschaftliche Perspektive, um die gesellschaftlichen Entwicklungen der Individualisierung, der Pluralisierung und sozialer Ungleichheit zu verstehen und diese möglichst zu verändern.

Der in der Lebensweltorientierung bedeutsame Begriff des Alltags findet sich u. a. auch in der konstruktivistischen Theorie von Berger/Luckmann (1996, 21) wieder: „Die Alltagswelt breitet sich vor uns aus als Wirklichkeit, die von Menschen begriffen und gedeutet wird und ihnen subjektiv sinnhaft erscheint.“ Daraus folgt, dass Alltag sich subjektiv wie intersubjektiv wahrgenommen gestaltet, es jedoch trotz aller Unterschiede eine gemeinsam geteilte Wirklichkeit gibt. Institutionen, als fixierte Wahrnehmungsmuster des Alltags, entstehen dabei aus Traditionen. Für die Lebensweltorientierung ist dies von großer Bedeutung. Für die lebensweltorientierte Soziale Arbeit gilt Alltag dann als problematisch, wenn Routinen nicht mehr gelingen bzw. Ressourcen nicht vorhanden sind.

Der Begriff „Lebenswelt“ geht ursprünglich auf Edmund Husserl (1859–1938), den Begründer der phänomenologischen Soziologie, zurück.

„Unter Lebenswelt versteht man die vorwissenschaftliche, dem Menschen selbstverständliche Wirklichkeit, die ihn umgibt. Die Lebenswelt erhält ihr Gepräge durch das persönliche Erleben seines alltäglichen, direkten Umfeldes durch den Menschen, aus dem er seine Primärerfahrungen bezieht, die ihm Handlungssicherheit verleihen. Der Begriff Lebenswelt gewinnt seit dem zunehmenden Interesse am Alltag in der Sozialpädagogik an Bedeutung“ (Stimmer 2000, 415).

Lebensweltorientierte Soziale Arbeit begreift Ressourcen und Defizite als Phänomene bzw. Eigenschaften, die Menschen im Laufe ihrer bisherigen Entwicklung mitsamt den sie umgebenden Umweltvariablen (Wohnumfeld, Sozialisationserfahrungen, Einkommen usw.) erworben haben. Das Ziel der Herstellung gelingenderen Lebens ist daher kein fixes, sondern immer von der jeweiligen lebensweltlichen Erfahrung und dem Wissensstand sowie den verfügbaren Handlungsressourcen des Einzelnen geprägt und kann nicht durch Experten vorgegeben werden. Die dafür notwendige „strukturierte Offenheit“ (Thiersch et al. 2012, 190) der Lebensweltorientierung stellt eine zentrale Kategorie im Denken und Handeln dar. Diese soll durch folgende Maximen erreicht werden: Prävention, Alltagsnähe, Integration, Partizipation und Dezentralisierung / Regionalisierung/Vernetzung (Thiersch et al. 2012, 188 ff.).

Was lässt sich hieraus nun systematisch für die Soziale Arbeit in der Behindertenhilfe schlussfolgern?

In der Literatur zur Behindertenhilfe ist der Lebensweltorientierung bislang nur wenig Aufmerksamkeit geschenkt worden. Lediglich Weinbach (2016, 18) versucht, „das Potenzial des Konzepts der Lebensweltorientierung von Thiersch als Reflexionsfolie professionellen Handelns in der Sozialen Arbeit mit Menschen mit Behinderung zu erschließen". Sie kann überzeugend darlegen, dass sich die Lebensweltorientierung als theoretische Begründung der ansonsten anderweitig begründeten Konzepte (wie Teilhabe, Inklusion, Selbstbestimmung, Sozialraumorientierung) nutzen lässt. Darüber hinaus findet sich im Sammelband von Grunwald / Thiersch (2016) ein Aufsatz von Grunwald / Meyer (2016, 175 ff.) zur „Lebensweltorientierung in der Arbeit mit Menschen mit Behinderung. Soziale Arbeit im Spannungsfeld zwischen Institutionalisierung und Deinstitutionalisierung". Dort beschreiben die Autoren nach einer Analyse der derzeitigen institutionellen Situation entlang der handlungs- und Strukturmaxime die Umsetzungsmöglichkeiten der Lebensweltorientierung (Grunwald / Meyer 2016, 183 f.):

- Prävention bedeutet diesbezüglich „die Bedingungen und Ressourcen des Sozialraums gleichermaßen in den Blick zu nehmen wie die Verhaltensweisen und Kompetenzen der Betroffenen" (Grunwald / Meyer 2016, 183).
- Alltagsnähe wird in Verbindung gebracht mit „den Konzepten der Offenen Hilfen und der persönlichen Zukunftsplanung".
- Dezentralisierung und Regionalisierung sehen die Autoren in den Umgestaltungsprozessen der Ambulantisierung und Deinstitutionalisierung sowie Unterstützter Beschäftigung bzw. Job Coaching umgesetzt.
- Integration wird von ihnen als durch die Inklusion erweitert interpretiert.
- Partizipation wiederum wird durch Interessensvertretungen wie Heimbeirat oder Werkstatträten aber auch durch die persönliche Zukunftsplanung verwirklicht
- Einmischung sehen die Autoren in der „stellvertretenden Parteilichkeit" und der direkten Beteiligung.

In einer früheren Auflage des Sammelbands (Thiersch 2004) finden sich zwei Aufsätze, die das Thema Behinderung und Lebensweltorientierung aufnehmen. So beschreibt Metzler (2004) anhand einer Fallgeschichte, wie sich vor allem der phänomenologische, verstehende Ansatz in der Arbeit mit Menschen mit Beeinträchtigungen produktiv nutzen lässt. Allerdings bleibt dieser Beitrag relativ vage hinsichtlich eines tieferen theoretischen Verständnisses von Lebensweltorientierung und der Einbettung dieser Theorie in die Behindertenhilfe. Etwas tiefer steigt Klein in seinem im selben Band erschienenen Aufsatz über „Frühförderung und lebensweltorientierte Sozialarbeit" in die Frage der theoretischen Verknüpfung ein. Er beschreibt die qualitativen Nachteile in der Frühförderung (Kap. 3.3.5), wenn diese nicht die lebensweltlichen Zusammenhänge der Familien aufgreift und nutzt. Die mobile Frühförderung stellt deshalb einen günstigeren Rahmen zur Verfügung, indem direkt in der Lebenswelt der Familie die Förderung angesiedelt und damit die Ressourcen wie Probleme im Alltag besser verstanden und in die Therapie integriert werden können. Klein (2004, 79 ff.) arbeitet hierzu die Überschneidungen in den Handlungsmaximen von Frühförderung und Lebensweltorientierung heraus:

- Prävention: Diese Strukturmaxime der Lebensweltorientierung deckt sich mit dem Anspruch der Frühförderung, auf präventive Maßnahmen zur primären Vorbeugung oder sekundären Erfassung von Beeinträchtigungsfolgen einerseits und Entwicklungsproblemen andererseits zu setzen.
- Alltagsorientierung: Alltagsorientierung in der Lebensweltorientierung entspricht dem Grundsatz der Ganzheitlichkeit in der Frühförderung, denn die Gesamtpersönlichkeit des Kindes in seiner sozialen Umwelt sollte möglichst durch alltagsnahes Handeln erfasst und dann entsprechend berücksichtigt werden. Auch die lebensweltorientierte Maxime der Regionalisierung von Diensten und Hilfen findet in ähnlicher Weise Berücksichtigung durch mobile, alltags- und lebensweltnahe Angebote der Frühförderung.
- Integration: Sie findet als grundsätzliche Maxime in der Frühförderung statt und entspricht auch dort der Lebensweltorientierung, auch wenn dies explizit nicht immer in der Praxis so deutlich zutage tritt.
- Partizipation: Erfährt sowohl in der Lebensweltorientierung als auch in der Frühförderung eine wesentliche Bedeutung, wobei die Frühförderung dies unter dem Prinzip der Familienorientierung subsumiert.

Über das Handlungsfeld der Frühförderung hinaus und unter Einbezug der aktuellen Entwicklungen, kann man zu folgender Schlussfolgerung gelangen: Mit der Lebensweltorientierung eröffnet sich in der Behindertenhilfe eine Perspektive, die den Strukturwandel vom stationären zum ambulanten Setting, von der Betreuung zur Assistenz und von der Segregation zur Integration unterstützt. Lebensweltorientierung fokussiert den Alltag und die Lebenswelt sowie den Sozialraum und bringt die Institutionen der Behindertenhilfe in die Position, strukturierte Offenheit zeigen zu können, indem sie sich einerseits als Hilfe in ihrer Erwartbarkeit zeigt (Programmcharakter der Hilfe), andererseits aber auch Fremdhilfe in ihrer Ersetzbarkeit durch Selbsthilfe präsentiert und sich insgesamt offen und durchlässig organisiert.

Übungen zu Kap. 4.2.3

52. Verständnisfrage: Wie lauten die Struktur- und Handlungsmaximen der Lebensweltorientierung?
53. Diskussions-/Reflexionsfrage: Wo überschneidet sich die Lebensweltorientierung mit den Bemühungen, die das Normalisierungsprinzip angestoßen hat?

4.2.4 Lebensbewältigung

Bewältigung ist dabei nicht nur als psychischer Vorgang zu verstehen, sondern enthält neben sogenannten Situationsmerkmalen auch soziale Merkmale: Auf die Bewältigung von Stress bzw. allgemeiner auf die Lebensbewältigung wirken mit Antonovsky (1997) sowohl generalisierte Widerstandsressourcen (Einkommen, Bildung, kulturelle Stabilität, soziale Netzwerke, Infrastruktur usw.) als auch eine psychologische Kompetenz, die bei Antonovsky Kohärenzsinn (sense of coherence) heißt, in der Psychologie jedoch auch unter anderen Begriffen bzw. in anderen Modellen bekannt ist (z. B. als Selbstwirksamkeitsüberzeugung), ein. Der Kohärenzsinn wird von Antonovsky als in drei Subkategorien aufgeteilt verstanden. Der „sense of comprehensibility" (Sinn für Verstehbarkeit), der „sense of manageability" (Sinn für Handhabbarkeit) und der „sense of meaningfulness" (Sinn für Bedeutsamkeit) bilden zusammen den Kohärenzsinn.

Das von Böhnisch selbst als Konzept bezeichnete Theorie-Praxis-Modell der „Lebensbewältigung“ (Böhnisch 2016) wird von ihm in Auseinandersetzung mit und in teilweiser Abgrenzung von der Lebensweltorientierung (Thiersch et al. 2012) vertreten und spiegelt sich u. a. auch in seiner Sozialpädagogik der Lebensalter (Böhnisch 2017) wider. Böhnisch selbst bezeichnet seine Theorie auch als „sozialpolitisch inspiriertes Paradigma für die Soziale Arbeit“ und verbindet die sozialwissenschaftliche Diagnose einer „latenten sozialstrukturellen Dauerkrise“ (Böhnisch 2010, 219) mit entsprechenden Integrations- bzw. Desintegrationsprozessen durch Freisetzung des Subjekts aus sichernden gesellschaftlichen Strukturen mit einer psychodynamischen Diagnose des dadurch erzeugten oder damit einhergehenden Handlungsdrucks, der „Bewältigungstatsache“, die er besonders in der modernen Gesellschaft als Konstante gesellschaftlichen Daseins ansieht. Der durch kritische Lebensereignisse und fehlende oder mangelnde soziale Anerkennung erzeugte Stress wird als Ergebnis des Versuchs gewertet, die subjektive Handlungsfähigkeit aufrechtzuerhalten, um „die tiefenpsychologisch eingelagerte Erfahrung des Selbstwertverlustes, die Erfahrung sozialer Orientierungslosigkeit, die Erfahrung fehlenden sozialen Rückhalts und sozialer Anerkennung [...]“ (Böhnisch 2010, 223) zu vermeiden und Fähigkeit zur „handlungsorientierte[n] Suche nach erreichbaren Formen sozialer Integration“ zu erhalten oder wiederzugewinnen. Die spezifischen Formen des Zusammenwirkens von subjektiven Handlungen und sozialen Strukturen fasst er als „Bewältigungskonstellationen“ auf, die dann zum Gegenstand Sozialer Arbeit werden (Böhnisch / Schröer 2013, 25).

Für die Arbeit mit Menschen mit einer geistigen Beeinträchtigung haben (Lebens-)Bewältigungsansätze eine sowohl erklärende als auch handlungsleitende Funktion. Wenn der Mensch sich in seinem Leben, bei Böhnisch im Speziellen innerhalb gesellschaftlich bedingter Desintegrationsprozesse, behaupten muss, um vor drohendem Ausschluss oder währenddessen die eigene Handlungsfähigkeit aufrechtzuerhalten, so kann dies bestimmte Formen der widerständigen, unangepassten oder eigensinnigen Reaktionen oder auch Verhaltensweisen erklären, die etwa an Arbeitsplätzen auftreten, die tendenziell eine entfremdende Wirkung entfalten und das eigene Selbstwertgefühl gefährden. Es besteht andererseits die Möglichkeit, den Kohärenzsinn der Betroffenen durch Beratung, Kompetenztraining oder auch sozialräumliche Eingebundenheit zu erhöhen und damit auch Empowermenteffekte zu erzielen.

Übungen zu Kap. 4.2.4

54. Verständnisfrage: Worin besteht die besondere Perspektive des Lebensbewältigungsansatzes im Hinblick auf Integration von Menschen mit einer geistigen Beeinträchtigung?
55. Diskussions-/Reflexionsfrage: Vergleichen Sie die Ansätze von Thiersch und Böhnisch bzgl. der theoretischen Annahmen: Welcher Ansatz ist in seiner Problemanalyse genauer, wer gibt konkretere handlungstheoretische Hinweise?

4.2.5 Theorie der daseinsmächtigen Lebensführung

Auf der Grundlage des Capabilities Approach, wie er von Martha Nussbaum vertreten wird, kann die daseinsmächtige Lebensführung von Menschen analysiert und entsprechende Handlungsoptionen zur Erweiterung des Möglichkeitsraums gewählt werden. Weder der Capabilities Approach noch dessen Adaption einer Theorie der daseinsmächtigen Lebensführung sind bislang in der Behindertenhilfe aufgenommen worden.

Soziale Arbeit ist von einer bifokalen Sichtweise auf das Subjekt und seine Umwelt geprägt. Sie analysiert und handelt auf dieser Grundlage zur Verbesserung der subjektiven Handlungsfähigkeit wie auch der sozialen Strukturen und Prozesse. Im Anschluss an diese allgemein für die Soziale Arbeit gültige Auffassung habe ich auf der Grundlage des Capabilities Approach (Nussbaum 2010, 2015) eine Handlungstheorie der daseinsmächtigen Lebensführung entwickelt (Röh 2013).

Statt die Terminologie des Capabilities Approach, der im Deutschen auch als Ansatz der Verwirklichungschancen oder Fähigkeitenansatz bezeichnet wird, zu übernehmen, definiere ich die dort bezeichneten internen Fähigkeiten (internal capabilities) als persönliche und die externen Fähigkeiten (external capabilities) als gesellschaftliche Möglichkeiten bzw. entsprechende Möglichkeitsräume. Der persönliche Möglichkeitsraum ist vor allem als die Fähigkeit beschreibbar, eine kluge Wahl angesichts bestehender oder zu suchender Chancen zu treffen. Jenseits der Schwierigkeiten im Umgang mit der basalen Fähigkeit von Menschen, als Personen ‚urteilskräftig' zu sein, was z. B. aufgrund schwerer geistiger Beeinträchtigung nicht, nicht mehr oder vorüberge hend nicht der Fall sein kann (Brumlik 2004), stellt sich sehr grundsätzlich die Frage nach der Rationalität aller Menschen. Dabei geht es um einen umfassenden Vernunftbegriff, der eine Fähigkeit beschreibt, eine gute, weil vernunftgeleitete Wahl treffen zu können. Diese Fähigkeit kann auch durch Bildungsdefizite oder durch adaptive Präferenzen beeinflusst sein. Der gesellschaftliche Möglichkeitsraum besteht einerseits aus Weltaneignungsmöglichkeiten und andererseits kann er sich im restriktiven Sinne auch als Weltaneignungsbarriere herausstellen, etwa wenn bestimmte subjektive Handlungsfähigkeiten fehlen. Weltaneignungsmöglichkeiten bestehen beispielsweise aus einer ausreichenden Ressourcenausstattung, die allerdings im interpersonellen Vergleich bei angestrebtem gleichem Niveau der Lebensführung sehr unterschiedlich ausfallen kann. Genügend Einkommen, sichere und gute Wohnverhältnisse zu haben, barrierefreien Zugang zum Bildungssystem und bedarfsgerechten Zugang zu Gesundheits- und Sozialdiensten, gleiche Rechtsansprüche, interpersonelle und staatliche Anerkennung zu erfahren und viele andere Ressourcen dienen der daseinsmächtigen Lebensführung.

Im gesellschaftlichen Möglichkeitsraum ergeben sich im besten Fall gute Chancen für eine daseinsmächtige Lebensführung, die wiederum subjektiv zu nutzen sind. Im schlechteren Fall ergeben sich aus einem limitierenden oder restriktiven gesellschaftlichen Möglichkeitsraum aber auch Behinderungen der daseinsmächtigen Lebensführung von Subjekten. Wo die Weltaneignung aber durch mangelnde Ressourcen limitiert ist, wird die Lebensführung zwar nicht komplett verhindert, aber doch im Sinne eines guten Lebens erheblich gefährdet (Röh 2013, 177 ff.).

Handlungstheoretisch gesprochen, geht es darum, Menschen darin zu unterstützen, handlungsfähig zu bleiben oder zu werden und zum anderen darum, Kritik an nicht auskömmlichen oder restriktiven Lebensverhältnissen zu formulieren (Röh 2013, 181).

Übungen zu Kap. 4.2.5

56. Verständnisfrage: Wie wird eine daseinsmächtige Lebensführung definiert?
57. Diskussions-/Reflexionsfrage: Welche Potentiale besitzt diese Theorie hinsichtlich der Erklärung von „Be-Hinderung“ bzw. Teilhabe.

4.3 Methoden

Dieser Abschnitt widmet sich den spezifischen Konzepten und Arbeitsformen, mithin auch als Methoden bezeichnet, die in der Sozialen Arbeit insgesamt und im Besonderen auch in der Arbeit mit Menschen mit Beeinträchtigungen Anwendung finden können. Dabei werden die Methoden einzeln vorgestellt und gesondert in ihrer Anwendung für die Behindertenhilfe ausgewiesen.

4.3.1 Soziale Diagnostik

Mit der Sozialen Diagnostik wird ein die anderen methodischen Ansätze z. T. übergreifendes Modell vorgestellt, mit dem soziale Probleme als Person-Umwelt-Probleme in einem dialogischen und reflexiven Sinne verstanden werden können.

Soziale Diagnostik steht für ein relativ junges methodisches Instrumentarium, welches erst seit ca. Ende der 1990er Jahre in zunehmend elaborierter Form präsentiert, methodologisch begründet sowie praktisch genutzt wird.

Nach einer Phase der Rehistorisierung von frühen professionellen Ansätzen bei Alice Salomon und Mary Richmond fanden sich in der Bundesrepublik in der Nachkriegszeit zunächst keine originär sozialarbeiterischen Ansätze zu einer Diagnostik sozialer Probleme.

In jüngster Zeit sind weitere Verfahren herausgearbeitet worden, die entscheidungsorientiert verfasst sind und die möglichst visualisierte und damit komplexitätsreduzierende Darstellung in Form von Grafiken und Übersichtstabellen setzen (Heiner 2004b; Pantucek 2012; Gahleitner/Hahn/Glemser 2013; Geiser 2017) oder entscheidungsorientiert sind (Röh/Ansen 2013).

Soziale Diagnostik fokussiert die Person-in-Umwelt-Konstellation und die dadurch entstandenen Problematiken und richtet damit ihre Aufmerksamkeit sowohl auf Menschen und ihre spezifischen Bedürfnisse und Probleme als auch auf die Probleme aus und in der Umwelt. Sie ist ein sozialkommunikativer Prozess, an dessen Ende keine fixe Soziale Diagnose steht, und sie unterscheidet sich durch wesentliche Prinzipien von anderen Arten der Diagnostik, etwa in der Medizin oder Psychologie. In der Phase der Sozialen Diagnose sammelt der/die SozialarbeiterIn gemeinsam mit den KlientInnen Informationen, die im

Zusammenhang stehen mit dem Anlass der Unterstützungsanfrage. Dabei betrachtet er/sie die Person in ihren Umwelt-Bezügen und als biopsychosoziales Wesen, welches entsprechend auf allen Ebenen durch ein soziales Problem betroffen ist.

Soziale Diagnostik setzt die Fähigkeit zur „systematischen, regelgeleiteten, empirisch fundierten Informationssammlung, -auswertung und -interpretation" (Heiner/Schrapper 2004, 204) voraus und verfolgt das Ziel, daraus in Kooperation mit den KlientInnen eine Handlungsstrategie zu generieren. Insbesondere die Integration des Diagnostizierens in den Handlungsprozess erkennt die Einheit aus Anamnese, Diagnose, Handlung und Evaluation mit evtl. neu einsetzender Anamnese, Diagnose usw. an. In Beratungs-, Behandlungs- und Unterstützungsprozessen der Sozialen Arbeit hat diese Art von zirkulärer Handlungsplanung eine immens wichtige Funktion, da sie sowohl den Prozesscharakter von Hilfe als auch den Hypothesencharakter einer Sozialen Diagnose begründet.

Im Prozess der Diagnoseerarbeitung sollen folgende fachliche Gütekriterien (Heiner 2012, 29 f.) beachtet werden:

- Partizipative Orientierung: Der Diagnostikprozess ist von Beginn an dialogisch orientiert und nimmt die Aussagen und Wertungen der betroffenen Person ernst. Er versucht, soweit es ethisch und professionell vertretbar ist, die Wünsche der betroffenen Person aufzunehmen und etwaige unterschiedliche Ziele auszuhandeln.
- Sozialökologische Gesamtschau: Die Sozialdiagnostik bezieht sowohl personelle als auch soziale Merkmale ein, um die Frage nach Notwendigkeit und Umfang der Betreuung zu beurteilen. Daher werden Fragen der sozialen Sicherung, der sozialen Unterstützung bzw. des sozialen Netzwerkes und persönliche Fähigkeiten auf ihren Ressourcen- oder Problemgehalt geprüft. Eine rein defizitorientierte und eindimensionale Betrachtung des Verhaltens einer Person wird zugunsten einer Person-in-Umwelt-Perspektive vermieden.
- Mehrperspektivische Betrachtung: Die Diagnostik betrachtet neben der aktuellen Lage auch die biografischen Erfahrungen und die perspektivischen Wünsche der betroffenen Person und beachtet die „Konstruktion von Wirklichkeit" auf Seiten der Professionellen, des Betroffenen wie seines Umfeldes.
- Reflexive Orientierung: Die Ergebnisse der Sozialen Diagnostik sind daher weitgehend Hypothesen, die das Ergebnis eigener Einschätzung und der Verarbeitung von Informationen Dritter (einschließlich

des Betroffenen) darstellen. Sie können sich im Nachhinein als Fehleinschätzung, als über- oder untertrieben oder als zutreffend herausstellen. Unter Umständen sind bestimmte Informationen nicht aufgenommen oder falsch bewertet worden, ggf. lagen zum Zeitpunkt der Sozialdiagnostik auch noch nicht alle Informationen vor.

Die Vorteile einer solchen Ausrichtung liegen auf der Hand: Diagnosen als Angebote zu formulieren und mit KlientInnen und dem weiteren Hilfesystem „auszuhandeln“, fördert die Kooperationsbereitschaft der Beteiligten, hilft Labeling-Effekte zu vermeiden, verknüpft die Experten- mit der Betroffenensicht und erhöht damit insgesamt die Erfolgsaussichten der Hilfeerbringung.

So könnte man festhalten: Soziale Diagnostik ist eine dialogische Diagnostik oder sie ist keine (soziale) Diagnostik (Jakobs/Röh 2005).

Dass die Soziale Arbeit nicht ohne ein Diagnoseverständnis auskommt, darauf haben bereits Germain/Gitterman (1999) hingewiesen, wenn sie davon ausgehen, dass „Sozialarbeiter und Klient (über die Diagnoseprozesse zu einem Verständnis der objektiven Gegebenheiten [...]“ (Germain/Gitterman 1999, 21) zu gelangen versuchen, also z. B. darüber, was das Problem ist, wie es dazu gekommen ist, wann es dazu gekommen ist. Darüber hinaus gilt es nach Ansicht der Autoren aber auch, die subjektiven Verarbeitungsprozesse und Realitäten des Klienten zu verstehen und zu erfassen. Aus beiden Quellen, also der subjektiven und objektiven Bewertung,

„zieht der Sozialarbeiter vorläufige Schlussfolgerungen und erwägt Hypothesen, die an der Rückmeldung von Seiten des Klienten, an den von Sozialarbeiter und Klient erzielten Handlungserfolgen und an ihrer wechselseitigen Interaktion zu überprüfen sind“ (Germain/Gitterman 1999, 21).

In der 1999 erschienenen dritten Auflage ihres Werkes sprechen Germain/Gitterman zwar nur noch von „assessment“, jedoch gilt für sie weiterhin, dass „in der Praxis des Life-Models [...] Klient und SozialarbeiterIn Partner [sind], die für die Dauer des Kontrakts zusammenarbeiten“ und es deshalb auch ratsam ist „das Assessment als einen von einem Augenblick zum nächsten Augenblick im Fluss befindlichen Prozess“ zu verstehen (Germain/Gitterman 1999, 62f.).

In der Sozialen Diagnostik werden diverse Instrumente genutzt, z. B.

- der biografische Zeitbalken zur Visualisierung von Lebensdaten und bedeutsamen Ereignissen (Pantucek 2012, 226 ff.),

- das Genogramm zur Visualisierung der strukturellen wie psychodynamischen Beziehungen in einer Familie,
- die Netzwerkkarte oder Eco-Map (Pantucek 2012, 184 ff.) als Möglichkeit der Erfassung und Darstellung von sozialen Netzwerken über die Familie hinaus,
- das Inklusionschart (Pantucek 2012, 239 ff.) zur Analyse der Einbezogenheit von Menschen in bestimmte Funktionssysteme,
- Funktionssysteme, die ohne Weiteres auch in der Sozialen Diagnostik von Fällen in der Behindertenhilfe eingesetzt werden können. Der besondere Zugewinn einer Sozialen zu einer sonder- oder heilpädagogischen Diagnostik liegt dann in der konsequenten Erfassung und des Einbezugs von sozialen Faktoren.

Die Soziale Diagnostik setzt auf einen verstehenden Ansatz, der versucht, mehrere Perspektiven zur Geltung kommen zu lassen, z. B. die durch bestehende Funktionseinschränkungen entstehenden Probleme beim Einzelnen, z. B. durch Rolleneinschränkungen, wie auch die umweltdeterminierten Probleme, die etwa aus einer mangelnden Ressourcenausstattung resultieren. Schließlich kann und muss Soziale Diagnostik auch das Hilfesystem und den Sozialraum selbst verstehen und abbilden können.

Übungen zu Kap. 4.3.1

58. Verständnisfrage: Von welchen Prinzipien ist Soziale Diagnostik geprägt?
59. Diskussions-/Reflexionsfrage: Diskutieren Sie, in welchem Verhältnis Standardisierung und Offenheit (Verstehen) in der Sozialen Diagnostik als sinnvoll angesehen werden können.

4.3.2 Alltagsbegleitung

Mit der Beschreibung der Alltagsbegleitung wird im Folgenden ein Einblick in eine basale Form sozialprofessionellen Handelns, die nicht nur die Soziale Arbeit für sich reklamieren kann, gegeben. Sie stellt eine unspektakuläre, aber wichtige Form der professionellen Intervention auch in der Behindertenhilfe dar.

Eine der grundlegendsten Formen der sozialarbeiterischen Intervention stellt die Alltagsbegleitung, -betreuung bzw. die (Re-)Konstruktion von Alltag her.

Theoretisch als „Alltagsorientierung" beschrieben, kommen hierin verschiedene Formen des alltäglichen Handelns von SozialarbeiterInnen/SozialpädagogInnen zum Ausdruck. Alltagshandeln gilt in der Lebensweltorientierung nach Thiersch et al. (2012) als die Möglichkeit, eine niedrigschwellige, unspezialisierte und damit gut erreichbare Hilfe anzubieten. So setzt sich die professionelle Expertise mit den „Alltagskonstruktionen" der Betroffenen auseinander. Hier wird der Begriff Alltagskonstruktion also im Sinne eines bestimmten Wahrnehmungs-, Kommunikations- und Handlungsprozesses gesehen.

In der Literatur gibt es über diese Bestimmung hinaus nur wenig Hinweise auf eine ausformulierte Methodik der Alltagsbegleitung oder -betreuung. Lediglich Pantucek (2007) benennt neben der Beratung, die Alltagsrekonstruktion sowie die Alltagsbegleitung als die beiden wichtigsten sozialarbeiterischen Interventionsformen in der Individualhilfe. Alltagsrekonstruktion tritt dann in Kraft, wenn die alltäglichen sozialen, ökologischen und ökonomischen Bezüge von Menschen zu ihrem Alltag aufgebrochen oder nicht mehr vorhanden sind. Dies kann sich u. a. in fehlender Tagesstruktur, mangelnden alltäglichen Kontakten zu Mitmenschen oder Ähnlichem ausdrücken. Im Sinne der Alltagsrekonstruktion wird der/die Sozialarbeiter/-in, der/die Sozialpädagoge/-in deshalb dann tätig, wenn Menschen die Konstruktion und Aufrechterhaltung von Alltaglichkeit nicht mehr selbst leisten können und in ihrem Alltag bzw. ihrem direkten Lebensumfeld Unterstützung benötigen.

Die Alltagsbegleitung ist die intensivste Form der sozialarbeiterischen Interventionen. Hier handelt der/die Sozialarbeiter/-in, der/die Sozialpädagoge/-in mit den Klienten gemeinsam in deren Lebensumfeld, und zwar auf längere Zeit. Der/die Sozialarbeiter/-in wird zum „dauerhaften Akteur in der Lebenswelt des Klienten", u.U. sogar zur „künstlichen Verwandten" (Pantucek 2007, 114). Die Begleitung kann von regelmäßigen Besuchen in relativ großen Abständen bis zu einer intensiven Betreuung in wesentlichen Bereichen des Alltags reichen, wie z. B. im Bereich ambulanter Unterstützung im eigenen Wohnraum. Die soziale Betreuung, wie sie auch genannt werden kann, ist gekennzeichnet dadurch, dass sie regelmäßig, meist aufsuchend und sehr nah und konkret in den alltäglichen Lebensvollzügen unterstützt.

Mit dieser Bestimmung finden wir eine wesentliche Beschreibung der Wesensart von Alltagsbegleitung bzw. Alltags-(Re-)konstruktion.

Die häufig unauffällige und unspektakuläre Erscheinung dieser professionellen Interventionsform entspricht allerdings nicht ihrer Bedeutung, da wir gerade erst in Krisenzeiten den Zusammenbruch von Alltag kennenlernen. Zum Teil ist er wichtig, um krisenhafte Erscheinungen und Aufgaben auch wirklich ernst zu nehmen und ihrem Aufforderungscharakter zu folgen, andererseits jedoch muss der Alltag nach einer Krise auch wiederhergestellt werden. Und darüber hinaus kann es quasi präventiv wirken, wenn der Alltag täglich neu erfolgreich konstruiert werden kann. Neben diesen alltäglichen Handlungen hat die Herstellung eines gelingenden Alltags im Ganzen eine wichtige Funktion: Ein geordneter, d. h. überschaubarer und z. T. routinisierter Alltag schafft Entlastung für Kreativität, für Problembewältigung in bestimmten Fragen.

Für die Soziale Arbeit mit Menschen mit Beeinträchtigungen kann eine solche Perspektive im Alltagshandeln hilfreich sein, um die in manchen Fällen lang andauernde Hilfe, z. B. in stationären Settings, aber auch in der ambulanten Betreuung, zu begründen. So finden gerade in letztgenannter Leistungsform u. a. Unterstützungsleistungen in Form von Haushaltsberatung, das Erlernen von Kompetenzen der Haushaltsführung, die Erledigung von Einkäufen, Behördengängen usw. statt. Sie machen einen nicht unerheblichen Teil der konkreten Vis-à-vis-Interaktion aus. Ein alltagsorientiertes Handeln nutzt daneben auch weitere methodische Zugänge, wie etwa Beratung oder auch Netzwerkarbeit.

Übungen zu Kap. 4.3.2

60. Verständnisfrage: Wie unterscheidet Pantucek Alltagsbegleitung und wie Alltagsrekonstruktion?
61. Diskussions-/Reflexionsfrage: Welche Rolle spielt der Alltag im Leben von Menschen, in normalen Zeiten und in Krisenzeiten?

4.3.3 Beratung

Beratung ist eine der zentralsten Methoden in der Sozialen Arbeit. Im Folgenden wird Beratung als Handlungsansatz skizziert und ihre Bedeutung für sozialprofessionelles Handeln in der Behindertenhilfe herausgestellt.

Beratung ist ein weites Arbeitsfeld, sie muss je nach Zielgruppe unterschiedlich angewandt werden und verfolgt so verschiedene Ziele und nutzt andere Methoden. Beratung findet in den verschiedensten Sozialformen (einzeln, für Familien und andere Gruppen, für Organisationen und schließlich als Supervision, Coaching oder kollegiale Beratung) und in fast allen Arbeitsfeldern der Sozialen Arbeit statt.

Beratungsprozesse setzen dann ein, wenn das Individuum, die soziale Gruppe oder Institution nicht mehr in der Lage sind, die es/sie betreffenden Lebens- oder Organisationsfragen eigenständig (aus eigenen Mitteln oder durch Rückgriff auf umweltbezogene Ressourcen) zu lösen, wobei das Beratungsbedürfnis gesamtgesellschaftlich in modernen Industriegesellschaften strukturell bedingt hoch ist.

Professionelle Beratung ist ein Interaktionsmedium der Sozialen Arbeit, mit dem informiert und motiviert, Problemlösungen entwickelt oder auch Entscheidungsfindung begleitet wird. So unterscheiden Nestmann/Sickendieck (2011, 112 ff.) lebenswelt- und alltagsorientierte, systemische, kontextorientierte, ressourcen- und netzwerkorientierte und sozialkonstruktivistisch orientierte und narrative Beratung mit je eigenen Ansätzen und Beratungsgegenständen. Stimmer/Ansen (2016, 214 ff.) unterscheiden – für die Einzelberatung – folgende Formen: Klientenzentrierte Beratung, tiefenpsychologische Beratung, Verhaltensberatung, Systemische Beratung und ressourcenorientierte Beratung.

Die einzelnen Richtungen sollen hier pointiert dargestellt und mit Hinweisen zur Relevanz in der Behindertenhilfe versehen werden:

- Die lebenswelt- und alltagsorientierte Beratung nimmt für sich in Anspruch, „Alltagsprobleme einerseits unverkürzt, andererseits professionell anzugehen, definiert ihre Aufgabe u. a. als eine an sozialen Situationen und am Handeln der Betroffenen ausgerichtete gemeinsame Erforschung von Problemen und Problembezügen" (Nestmann/Sickendieck 2011, 112). Sie bleibt damit vollständig im Rahmen eines zunächst verstehenden Ansatzes, ohne eine bestimmte Zielrichtung zu verfolgen. Diesbezügliche Beratung findet ihren Ort vor allem in der ambulanten, offenen Arbeit, in der der Alltag mit seinen vielen kleinen Aufgaben von Bedeutung ist. Hier geht es z. B. konkret um Fragen der Beziehungsgestaltung zu Nachbarn oder auch der Haushaltsführung.
- Die systemische Beratung ist an einer konstruktivistisch-kommunikationstheoretischen Perspektive der Veränderung von Wahrnehmungs-, Denk- und Kommunikationsmuster ausgerichtet. Eine damit

verbundene Variante stellt die lösungsorientierte Beratung von De-Shazer dar. Systemische Beratung wird immer dann sinnvoll sein, wenn beispielsweise Selbststigmatisierung zu internalisierten Rollenbildern führt, sich also Betroffene selbst als hilflos, schwach und inkompetent betrachten und ihr Selbstbild um ihre Stärken ergänzen sollten. Einen systemischen Beratungsansatz für die Arbeit mit Kindern mit Beeinträchtigungen oder chronischen Erkrankungen hat Büschges-Abel (2000) ausgearbeitet.

- Die kontextorientierte Beratung wird von Nestmann/Sickendieck (2011, 113) zurecht als „pragmatisches Resultat lebensweltorientierter, systemischer und gemeindepsychologischer Modellvorstellungen“ bezeichnet. Sie kommt dann zum Tragen, wenn es um eine multifaktorielle Problematik oder ein komplexes Ziel, wie z. B. die Erweiterung des sozialen Netzwerks, geht.
- Die ressourcen- und netzwerkorientierte Beratung wiederum ist mit anderen Formen verwandt, richtet ihr Augenmerk aber auf die Stärken der Personen und die Möglichkeiten, Ressourcen des sozialen Netzwerks freizulegen und zu integrieren. Sie ist z. B. dann hilfreich, wenn für die Erweiterung des sozialen Netzwerkes die Selbst- und Sozialkompetenzen überprüft und entwickelt werden sollen.
- sozialkonstruktivistisch orientierte und narrative Beratung ist ebenfalls von ihren Ursprüngen her eine Form der systemischen Beratung, stellt die Zuschreibungen von sozialen Phänomenen stärker in Frage und „reformuliert“ diese. So wird aus einer Verhaltensauffälligkeit eine kreative Bewältigungsform, um mit überfordernden Situationen zurecht zu kommen. Narrative Beratung bedeutet in diesem Zusammenhang der aktuellen wie biografischen Konstruktion von subjektiver Wirklichkeit insofern gerecht zu werden, als die individuellen Sinnstrukturen zum Ausgangspunkt der Beratung gemacht werden. Häufig erleben Menschen mit Beeinträchtigungen sich als hilflos ihren Erfahrungen gegenüber, was mit Hilfe dieser Beratung durch Reflexion biografischer oder auch aktueller Erfahrungen bearbeitet werden kann (Theunissen 2009).
- klientenzentrierte Beratung: Diese auf Carl Rogers (1991) zurückgehende Form der Beratung geht von einem humanistischen Menschenbild aus und will durch eine non-direktive Gesprächsführung die Selbstaktualisierungskraft der Subjekte stärken, indem sie darin unterstützt werden, selbst auf Lösungen ihres Problems zu kommen. Sie ist für eine stärkenorientierte Beratung, wenn es z. B. um Entscheidungen geht, die ein Mensch mit einer geistigen Beeinträchtigung in seinem

Alltag treffen soll, gut einzusetzen, wenngleich auch herausfordernd, was die Introspektionsfähigkeit betrifft. Pörtner (2017) hat die personzentrierte Haltung unabhängig von Beratung als wichtige Orientierung in der Arbeit mit Menschen mit einer geistigen Beeinträchtigung und pflegebedürftigen Menschen ausgearbeitet.

- tiefenpsychologische Beratung: Die Anleihen zu dieser Beratungsform entstammen der Psychoanalyse und sind nicht ohne Weiteres im Beratungsalltag umzusetzen. Die methodische Vorgehensweise von Beratern ist jedoch zweifelsohne auch ohne psychoanalytisches Vorgehen von Mechanismen geprägt, wie z. B. der Übertragung und Gegenübertragung (Stemmer-Lück 2012, 102 ff.; Stimmer / Ansen 230 ff.). Diese Beratungsform wird am ehesten dann zum Einsatz kommen, wenn Professionelle die Gegenübertragung spüren und dies in – angesichts der kognitiven Beeinträchtigung – angemessener Form spiegeln und gemeinsam mit der anderen Person nach einer neuen Beziehungsregulation (Nähe-Distanz) suchen.
- Verhaltensberatung: Sie ist eine Beratungsform, die sich, anders als die humanistische (Rogers) oder auch die systemische Beratung, stärker darum bemüht, direkte Verhaltensänderungen herbei zu führen. Aufbauend auf einem behavioristischen oder kognitiv-lerntheoretischen Modell setzt sie Umlernen durch instruktive Impulse, z. B. positive Verstärkung (Belohnung) oder auch Lernen am Modell (Stimmer / Ansen 2016, 240 ff.) ein. Verhaltensberatung kann insbesondere bei Verhaltensauffälligkeiten, die soziale Integration gefährden von Bedeutung sein, beispielsweise wenn zwanghafte Handlungen umgesteuert werden müssen.

Ebenfalls zu erwähnen sind die psychosoziale Beratung, die versucht, psychische und soziale Belastungen gleichermaßen zu werten und sie als Beratungsanlässe und Beratungsthemen zu verstehen (Beushausen 2016; Pauls et al. 2013) und die soziale Beratung, die „ausdrücklich auf das System der sozialen Sicherung in vor allem armutsgeprägt prekären Lebenslagen“ zurückgreift (Stimmer / Ansen 2016, 11; detailliert Ansen 2006).

Zum Aufbau einer notwendigen Beratungsbeziehung gehört es, unabhängig von den o.g. Unterschieden ein Klima zu schaffen, in dem über persönliche Probleme gesprochen werden kann. Die von Carl Rogers beschriebenen Merkmale einer hilfreichen Beratungshaltung „Empathie“, „positive Wertschätzung“ und „Kongruenz“ sind anerkannte und wichtige Grundlagen (Weinberger 2013):

- Mit Empathie soll die Fähigkeit beschrieben werden, die Gefühle und Gedanken einer Person nachvollziehen zu können.
- Positive Wertschätzung meint eine grundsätzliche, nicht an bestimmte Bedingungen (Verhaltensweisen usw.) gebundene, akzeptierende Grundhaltung des Beraters, mit der eine angstfreie Atmosphäre des Vertrauens geschaffen werden soll.
- Kongruenz oder Echtheit/Authentizität meint schließlich eine Haltung, die den direkten und offenen Umgang mit Gefühlen und Meinungen seitens des Beraters ermöglichen und damit eine fassadenhafte Maskierung und Verstellung verhindern soll.

Beratungsangebote für Menschen mit Beeinträchtigungen sind in der Bundesrepublik in der Regel nicht als spezialisierte soziale Dienste erkennbar, sondern häufig Teil von Sozialberatungsstellen der Freien Wohlfahrtspflege (insbesondere der Behindertenhilfe), der öffentlichen Sozialberatung in Jugend-, Gesundheits- und Sozialämtern, der Rehaberatung in den Arbeitsagenturen u. a. Institutionen. Durch das Bundesteilhabegesetz werden zukünftig, geregelt in § 32 Abs. 1 SGB IX, unabhängige Teilhabeberatungsstellen entstehen, die die Aufgabe haben, „eine von Leistungsträgern und Leistungserbringern unabhängige ergänzende Beratung als niedrigschwelliges Angebot, das bereits im Vorfeld der Beantragung konkreter Leistungen zur Verfügung steht" bereit zu stellen.

Soziale oder pädagogische Beratung findet in den Einrichtungen des Sozialwesens entweder als Teil der allgemeinen Sozialberatung statt oder in Form von Sprechstunden für Menschen mit Beeinträchtigungen. In den Institutionen der Behindertenhilfe findet sie einerseits als Basisangebot in Form sozialer Dienste in Werkstätten oder Wohneinrichtungen, in der ambulanten Hilfe als integrierter Teil der pädagogischen Betreuung oder insbesondere als Beratung von Eltern von Menschen mit Beeinträchtigungen statt. Auch die Fachberatung ist hier zu nennen, gerade auch als wichtige Unterstützung der schulischen Inklusion (Schlienger 2016).

Beratung ist in der Behindertenhilfe zwar inhärenter Teil vieler alltäglicher Sozialdienstleistungen in diesem Bereich, inkl. der Alltagsberatung in stationären Settings, andererseits bestehen wenige elaborierte Beratungsansätze für die spezielle Zielgruppe der Menschen mit einer (geistigen) Beeinträchtigung. Wüllenweber/Ruhnau-Wüllenweber (2004) erklären sich diese Zurückhaltung durch die Annahme, Beratung beruhe ausschließlich auf der Verbalisierungsfähigkeit der Menschen mit einer

Beeinträchtigung, was einem eng ausgelegten Beratungsverständnis entspreche, der tatsächlich die hierzu nicht fähigen Menschen ausschließe. Abgesehen von der Tatsache, dass durch angepasste Formen der Beratung, etwa durch Nutzung leichter Sprache, Beratungsthemen für eine recht große Zahl von Menschen mit einer leicht oder mittel ausgeprägten Beeinträchtigung nutzbar gemacht werden könnten, sind darüber hinaus die grundlegenden Eigenschaften einer guten Beratung (Empathie, Kongruenz und Wertschätzung/Anerkennung) auch und vielleicht sogar überwiegend non-verbaler Natur und damit auch bei diesen Personen „anwendbar".

Schnoor (2006, 15) diskutiert zu Recht, wie sich Soziale Arbeit und Rehabilitation in Bezug auf Beratungsthemen und Beratungsanlässe voneinander unterscheiden. So spielt in der Sonderpädagogik die Beratung bislang vor allem in der Schule (Schlienger 2016), in der Sozialen Arbeit darüber hinaus in den Bereichen der Angehörigenberatung, in Wohngruppen oder auch im Bereich der Integration in Arbeit eine Rolle. Weitere Handlungsfelder tun sich in den Bereichen der Pränataldiagnostik bzw. Schwangerschaftskonfliktberatung, der Frühförderung, der Erziehungsberatung und der Praxis- und Fachberatung auf. Schließlich stellt Peer Counseling eine von Betroffenen selbst ausgeführte Beratungstätigkeit dar (Kap. 3.4.3).

Methodische Variationen erfährt die Beratung gerade von Menschen mit einer geistigen Beeinträchtigung vor allem durch die stärkere Berücksichtigung handlungsorientierter Prozesse anstelle rein sprachlicher Vermittlungen. Geht man davon aus, dass nach wie vor erfahrene Stigmatisierung und Diskriminierung, mangelnde Teilhabechancen am Arbeitsleben sowie Aspekte erlernter Hilflosigkeit (Seligman 1999) eine große Rolle spielen, so sollte sich die Beratung von Menschen mit einer geistigen Beeinträchtigung auf eine eher psychosoziale, alltägliche Beratung als Betreuungsleistung einstellen. Daneben gibt es aber natürlich auch Beratungsthemen rund um Fragen der Existenzsicherung (Sozialhilfe, Grundsicherung, Rente, Wohngeld usw.), die von einer sozialen Beratung aufgegriffen werden, und persönliche Themen der Lebensführung (Konflikte, Zukunftsplanung, alltägliche Entscheidungen u. a.), die stärker durch psychosoziale Beratung bearbeitet werden können.

Übungen zu Kap. 4.3.3

62. Verständnisfrage: Welche Beratungsformen lassen sich unterscheiden?
63. Diskussions-/Reflexionsfrage: Welche Anpassungen müssen bei Beratungsformen in der Arbeit mit Menschen mit einer geistigen Beeinträchtigung erfolgen?

4.3.4 Sozialtherapie

Sozialtherapie (Soziale Therapie) stellt die bislang am wenigsten elaborierte Methode der Sozialen Arbeit dar und wird derzeit im Zusammenhang mit der Klinischen Sozialarbeit theoretisch fundiert. Die folgende Darstellung stellt eine engere und eine weitere Definition von Sozialtherapie vor, wobei erste die Gelegenheit gibt, die Soziale Therapie als Behandlungsmethode der Sozialen Arbeit auszuweisen.

Sozialtherapie wurde zunächst innerhalb der sozialpsychiatrischen Versorgung ab den 1970ern entwickelt und zwar zunächst als Grundprinzip allen therapeutischen Handelns definiert, gilt jedoch mittlerweile in einem engeren Sinne als das Behandlungskonzept der Sozialen Arbeit. Neben der Sozialtherapie im Strafvollzug und der Sozialtherapie im Suchtbereich als relativ eigenständige Ausformungen gibt es noch die Soziotherapie gemäß § 37 SGB V, wobei sie nicht als Therapie sondern vielmehr als eine Form des Case Managements zu verstehen ist, da es nach dem Wortlaut des Gesetzes um die „Koordinierung der verordneten Leistungen sowie Anleitung und Motivation zu deren Inanspruchnahme“ (§ 37a SGB V Abs. 1, Satz 2) geht.

Wenn Dörner et al. (2010, 553 f.) noch davon sprechen, Sozialtherapie sei die Grundlage jedes therapeutischen Handelns und hänge deshalb auch nicht mit bestimmten Qualifikationen oder Professionen zusammen, kann man auf der anderen Seite festhalten, dass sich an Sozialtherapie im engeren Sinne bestimmte Bedingungen und methodische Vorstellungen knüpfen lassen. Richtig ist sicherlich die Feststellung, dass Soziotherapie Lernen unter alltäglichen Bedingungen und damit kein klinisch-therapeutisches Lernen unter der „Käseglocke“ einer Therapiesitzung ist (Dörner/Plog 1994, 512 f.).

Damit wird der Fokus der Sozialtherapie entlang der sozialen Wirklichkeit der Klienten deutlich. Auch wenn von KritikerInnen der Begriff der Therapie abgelehnt wird, da er Assoziationen an Heilung und Behandlung weckt, so sollte nicht nur aus Professionalisierungserwägungen heraus an ihm festgehalten werden, da mit ihm auch die soziale Wirklichkeit als Teil von Gesundheit aufgewertet wird. Nach der Weltgesundheitsorganisation stellt Gesundheit das umfassende Wohlbefinden in körperlicher, geistiger und sozialer Hinsicht dar und nicht nur das Freisein von Krankheit und Schwäche. Damit wird deutlich, dass, wenn Therapie sich als der kurierende und damit die Gesundheit verbessernde Prozess der Behandlung verstehen lässt, die Sozialtherapie ein notwendiger Bestandteil einer umfassenden, ganzheitlichen Perspektive sein muss.

Was zeichnet dieses Verständnis aus? Entstehen bei Menschen Probleme, die ihre Selbsthilfekräfte zeitweise oder auch längerfristig übersteigen, so sind diese im Erleben der Betroffenen immer Probleme auf mehreren Ebenen. Die besondere Form der arbeitsteiligen Problembewältigung im sozialstaatlichen oder institutionellen Sinne fordert von ihnen meist eine Selektion oder Aufspaltung in verschiedene Problembereiche. So sind spirituelle Krisen, die z. B. mit einer schweren Krankheit einhergehen, meist als Aufgabe an seelsorgerische Aktivitäten gebunden, die körperlichen Symptome an ÄrztInnen, die psychologischen an PsychologInnen und die sozialen Folgen an SozialarbeiterInnen, SozialpädagogInnen. Vereinzelt, aber immer noch zu wenig, reagiert das medizinische Hilfesystem darauf mit Interdisziplinarität oder integrativen Modellen. In der Regel jedoch betreibt das Hilfesystem weiterhin die tayloristische Aufteilung der Hilfeangebote auf verschiedenste Professionen, Institutionen und schlimmstenfalls auch Leistungsträger. Das bio-psycho-soziale Modell hingegen, wie es sich auch in der ICF-orientierten Sichtweise zeigt, fordert, diese zentrifugalen Kräfte wieder zusammenzuführen, indem es eben solche integrierten Handlungsmodelle anwendet.

Da es in diesem wissenschaftstheoretischen Verständnis eine gegenseitige Beeinflussung der verschiedenen Ebenen, also des Körpers, der Psyche und des Sozialen, gibt (Uexküll/Wesiack 2003; Gahleitner/Hintenberger/Leitner 2013), kann auch in allen Bereichen der Sozialen Arbeit davon ausgegangen werden, dass alle Ebenen virulent wirken und somit betrachtet und evtl. in der Intervention berücksichtigt werden müssen. Hier könnte man auf eine Metapher zurückgreifen, die dies gut verdeutlicht: Auf einer Filmrolle sind jeweils Standbilder oder einzelne Sequenzaufnahmen und damit Teile des Filmes zu sehen. Nur beim Abspielen, also bei laufendem Film, entstehen bewegte Bilder, und damit ein Ganzes, ein Geschehen. Beim Anhalten des Filmes erscheinen zwar einzelne Sequenzen und Bilder, jedoch nicht der Zusammenhang, die Bewegung zwischen ihnen.

Wie Schwendter (2000, 7) richtigerweise ausführt, ist natürlich die formulierte Subsidiarität, d. h. die Nachrangigkeit der Sozialtherapie gegenüber Psychotherapie und Medizin, nicht haltbar, wenn tatsächlich von einem gleichrangigen Wirkungsgefüge von biologischen, geistigen und sozialen Faktoren ausgegangen wird. In diesem Sinne entspricht die Sozialtherapie auch dem Grundgedanken der ICF, in der sich auch verschiedenste, auf der körperlichen, geistigen wie sozialen Ebene zu verortende, Einflüsse auf die Gesundheit bzw.Beeinträchtigung feststellen lassen.

„Sozialtherapie ist damit eine eher der Person zugewandte Form der Bearbeitung von sozialen Problemen, wobei darüber nicht die Umwelt bzw. das Umfeld der Person außer Acht gerät. Es ist geradezu das Kennzeichen der Sozialtherapie, dass sie einerseits die Person in ihren Lebensführungskompetenzen stärken und befähigen will, andererseits aber genauso die Umfeldvariablen dieser Lebensführung, z. B. die Wohn-, Arbeits- oder Beziehungsfaktoren, bearbeitet.
Daher lohnt es sich[…], die Sozialtherapie als eine Methode zu bezeichnen, die sowohl die subjektive Handlungsfähigkeit verbessern möchte, z. B. durch Kompetenztraining, Beratung, Empowerment, Sicherung sozialer Rechte etc., als auch die sozialen Bedingungen dieser Handlungsfähigkeit, z. B. durch Verbesserung des häuslichen oder sozialräumlichen Milieus, Ermöglichung von Partizipation etc." (Ortmann/Röh 2013, 75).

Unwesentlich für die Sozialtherapie ist die Frage nach einer möglichen Sozialätiologie von Krankheiten oder Beeinträchtigungen insofern, als auch sekundärpräventiv bzw. tertiärpräventiv von einer heilenden Funktion der Sozialtherapie ausgegangen werden kann, die sich dann nicht nur auf die Ursachen, sondern auch auf die Folgen von Sozialen Problemen für Gesundheit und Behinderung bezieht.

Wenn diese Annahmen stimmen, dann ist Sozialtherapie natürlich auch hilfreich, um soziale Probleme von Menschen mit Beeinträchtigungen zu bearbeiten und einen Genesungsprozess mindestens in sozialer Hinsicht zu beeinflussen. Mit Schwendter kann daher – bei allen sonstigen Unterschieden – richtigerweise postuliert werden, dass Sozialtherapie (i.O. Soziale Therapie; Ers. D.R.) „für das Verstehen von Leiden in seinen Bezügen, in denen es entstanden ist, in denen es weiterbesteht und auf allen Ebenen vermindert werden soll“ (Schwendter 2000, 10 f.) steht.

Es wird deutlich, dass sich – will man Sozialtherapie legitimiert einsetzen – das Anerkennen von Leiden nicht vermeiden lässt. Der Gefahr einer zu starken Abhängigkeit von professionellen Experten, die das Leiden beheben sollen, wird mit einer auf Empowerment und Selbstbestimmung ausgerichteten Haltung des Sozialtherapeuten entgegenzuwirken sein. Zudem kann die Sozialtherapie selbst auf eine Emanzipation hin orientiert sein, z.B. indem sie soziale Bezüge in den Veränderungsfokus nimmt und mit den Klienten zusammen Strategien der Verhalten-Verhältnis-Änderung avisiert und damit eine einseitige Verhaltensmodifikation verhindert. Sozialtherapie im engeren Sinne zielt darauf ab (ausführlicher Ortmann/Röh 2013):

- dass Menschen ihre sozialen Rollen besser ausfüllen können,
- dass sie die dazu benötigten sozialen Kompetenzen entwickeln können,
- dass sie die dafür nötige soziale Unterstützung erhalten und ihr soziales Netzwerk „heilsame“ Ressourcen enthält.

In diesem Sinne ist die Sozialtherapie die Behandlungsmethode der Sozialen Arbeit und basiert auf dem sozialökologischen Gegenstandsverständnis und ist kein von ihr abzutrennendes Verfahren. Sozialtherapie würde dann neben Beratung, sozialer Gruppenarbeit und Gemeinwesenarbeit als eine – wenn auch der klinischen Sozialarbeit nahen – Variante methodischen Handelns zu verstehen sein.

Indiziert man Sozialtherapie nach Ortmann/Röh (2013, 86) bei folgenden Personen, so ergeben sich erstaunlich viele Überschneidungen zu psychosozialen Problemen von Menschen mit geistigen Beeinträchtigungen:

„Menschen,

- die sozial zurückgezogen bzw. sozial isoliert leben (vereinsamt sind);
- die in chronisch bzw. chronifizierten konflikthaften Beziehungen (Partner, Eltern ...) leben;
- die erhebliche Defizite in ihrer Soziabilität aufweisen, d. h. über geringe soziale Kompetenzen verfügen;

- die unter sozialen Anpassungsstörungen leiden, etwa nach Transitionen vom Arbeits- ins Rentnerleben, im Kontext von gravierenden Veränderungen in Familien nach Geburt, Tod, Trennungen;
- die aufgrund sozialer Störungen in Institutionen und Gruppen von Exklusion bedroht sind (z. B. Schulverweigerer, chronisch psychisch kranke oder geistig behinderte Menschen mit Verhaltensauffälligkeiten);
- die aufgrund sichtbarer körperlicher Beeinträchtigungen von Exklusion bedroht sind;
- deren Lebensläufe durch Straffälligkeit und gerichtliche Verurteilungen gekennzeichnet sind."

Übungen zu Kap. 4.3.4

64. Verständnisfrage: Worin besteht der Unterschied zwischen einer engen und einer weiten Auffassung von Sozialtherapie?
65. Diskussions-/Reflexionsfrage: Welche Möglichkeiten ergeben sich in der Behindertenhilfe für die Anwendung einer Sozialtherapie?

4.3.5 Case Management

Mit dem Case Management können wir im Folgenden auf eine in vielen Arbeitsfeldern angewendete Methode der Sozialen Arbeit zurückgreifen. Diese findet u. a. auch gerade in der Behindertenhilfe im Zuge von Hilfeplanung ihre Anwendung.

Die Methode des Case Managements stellt eine Weiterentwicklung der Einzelfallhilfe dar, die nach dem Zweiten Weltkrieg zunächst in den USA als Reaktion auf Dehospitalisierung von Menschen mit schweren Beeinträchtigungen, v.a. psychisch kranken Menschen und der damit einhergehenden Dezentralisierung von Angeboten entwickelt und praktiziert wurde. Case Management entwickelte sich aus der Einzelfallhilfe heraus als

a) klar wurde, dass bestimmte Problemlagen derart komplex sind, dass sie sich einer kurzfristigen und überschaubaren Intervention durch Soziale Arbeit entziehen, und

b) sozialpolitische Programme der zunehmenden De-Institutionalisierung und Ambulantisierung in den USA eine weitergehende Koordinierung von Komplexleistungen bei chronisch psychisch kranken Menschen erforderten.

Diese beiden Momente führten dazu, die einzelfallbezogene Hilfe vornehmlich als Koordinierungsaufgabe zu konzipieren. Case Management lässt sich daher wie folgt verstehen: „Case“ steht für den Fall und beinhaltet das komplexe Fallgeschehen rund um die Klienten, ihr soziales Umfeld und das professionelle Hilfesystem. „Management“ meint in einer nicht wirtschaftlichen Lesart nichts anderes als ein planvolles Handeln in komplexen Situationen und das gekonnte Arrangieren von Ressourcen sowie deren Einsatz zur bestmöglichen Zielerreichung.

Case Management

„hebt auf die Probleme ab, vor die ein Individuum oder eine Familie die vorhandenen Dienste stellt. Unter den verschiedenen genannten Gesichtspunkten können wir das Case Management in der Zwischenposition betrachten, die es im Verhältnis zum Sozial- und Gesundheitsmanagement und dessen Versorgungsauftrag einerseits und der direkten Versorgung in Diensten und Einrichtungen sowie im Verhältnis zur Selbstsorge und zu informeller Unterstützung andererseits einnimmt" (Wendt 2010, 67)

Case Management ist die durchgängige fallverantwortliche Koordinationsarbeit mit dem Ziel, die bestmöglichen Hilfeleistungen passend zum Problem und den Zielen zu arrangieren.

Aus ethischer Sicht soll es darum gehen, Personen mit komplexem Unterstützungsbedarf eine abgestimmte und bedarfsgerechte, selbst mitgesteuerte Unterstützung zu ermöglichen (individuelle Hilfeplanung), die ihnen eine selbstbestimmte Teilhabe am Leben in der Gesellschaft ermöglicht (Inklusion) und sie gleichzeitig in ihren Autonomiebestrebungen unterstützt (Empowerment).

Neben den individuellen Problemen und Ressourcen der Klienten spielen deren Zielvorstellungen, das erreichbare Spektrum an Hilfeleistungen durch sozialpolitische Leistungen und informelle Hilfen eine bedeutende Rolle. Aufseiten der Klienten geht es zunächst darum, die personenbezogenen Dimensionen des Falls herauszuarbeiten:

- Welche Wünsche hat die/der Klient/in in Bezug auf ihre/seine Lebenssituation?

- Welche persönlichen Defizite, zwischenmenschlichen Störungen oder Störungen der Person-Umwelt-Transaktion verhindern die Erfüllung dieser Wünsche bzw. die Befriedigung der Bedürfnisse?
- Welche Ziele hat die/der Klient/in, was motiviert dazu, etwas zu verändern?
- Welche Ressourcen (kognitiv, emotional, sozial) besitzt sie/er, um die Veränderung zu erzielen?

Des Weiteren werden die umfeldbezogenen Dimensionen herausgearbeitet:

- Welche Ressourcen und Belastungen kommen aus dem Umfeld?
- Welche Hilfestellungen gibt es im informellen Netzwerk?
- Welche Hilfestellungen gibt es im formellen, professionellen Angebot?
- Welche Versuche der Problemlösungen (Hilfe, Betreuung, Beratung usw.) können für die Vergangenheit festgehalten werden?

Zur Bearbeitung dieser Fragen hat sich ein bestimmtes Ablaufschema mit geringen Abweichungen unter den Autoren (Wendt 2001, 96 ff.; Neuffer 2013, 70 ff.) herausgestellt. Als größte Übereinstimmung können folgende Phasen festgehalten werden: Einstieg (In-Take) – Assessment – Hilfeplanung (Planning) – Erschließung von Hilfen (seltener: eigene Intervention) – Koordination (Monitoring) – Evaluation – Abschluss (Disengagement).

Eine differenziertere Betrachtung der Phasen kombiniert mit den wesentlichsten Aufgaben an den Casemanager und beispielhaften Tätigkeiten in der Eingliederungshilfe ist in Abbildung 6 dargestellt.

Die rechtlichen Grundlagen zur Anwendung des Case Managements sind im deutschen Sozialrecht in diversen Sozialgesetzbüchern niedergelegt, so u. a. im SGB IX (§ 19 und 117) und im SGB VIII (§ 36). Für die Behindertenhilfe sind insbesondere die im Rahmen der Eingliederungshilfe anzuwendenden Paragrafen 117 ff. SGB IX zentral, da sie den Träger der Eingliederungshilfe dazu auffordern, so frühzeitig wie möglich einen Gesamtplan zur Durchführung der einzelnen Leistungen aufzustellen. Dabei sollen neben dem Eingliederungshilfeträger, dem Menschen mit Beeinträchtigungen und ggf. einer Vertrauensperson auch alle sonst im Einzelfall Beteiligten (ggf. die Pflegekasse, andere Ämter, Ärzte, Arbeitsagentur usw.) einbezogen werden.

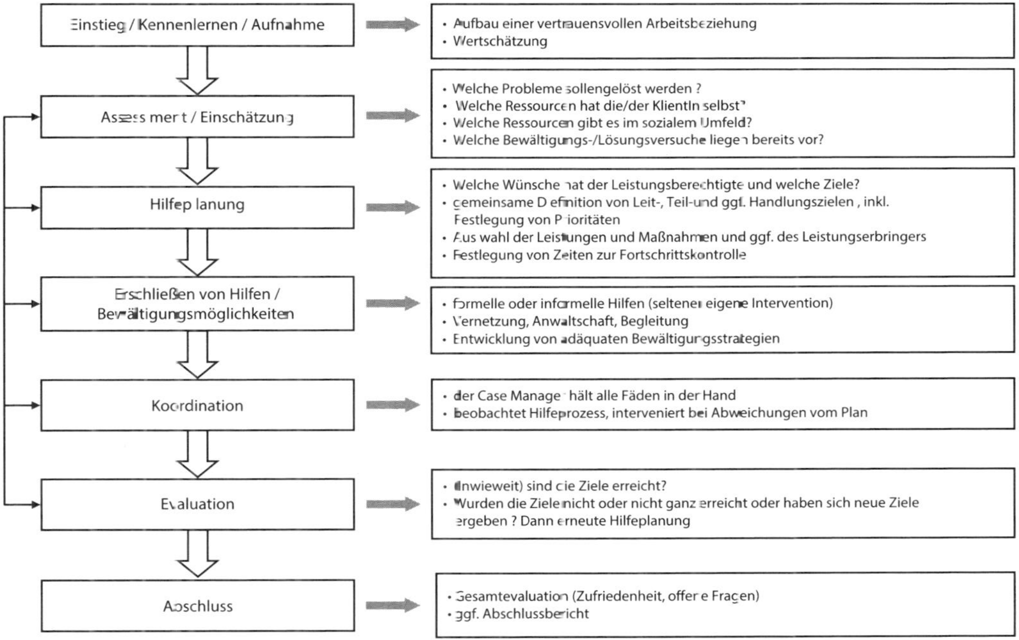

Abb. 6: Case Management in der Eingliederungshilfe

Dieses Case Management innerhalb der Sozialverwaltung stellt eine Variante dar. Daneben besitzt gerade das Case Management eine gewisse Nähe zur individuellen Hilfeplanung, deren sich die Erbringer sozialer Dienstleistungen für Menschen mit Beeinträchtigungen zunehmend annehmen, um die Unterstützungen bedarfsgerecht zu arrangieren. Weitere Bezeichnungen für Case Management, die als Varianten in der Behindertenhilfe bestehen, sind Assistenzplanung, persönliche Hilfe- und Zukunftsplanung und dialogische Entwicklungsplanung (Lübbe/Beck 2002). Diese Begriffsvariationen sind jedoch nicht äquivalent zu verstehen, da sich die eigentliche Hilfeplanung als dritte oder vierte Phase des Case Managements darstellt.

Roters/Möller (2006, 175) sahen eine große Zukunft des Case Managements in der Behindertenhilfe, was sich angesichts der Bemühungen um Individuelle Hilfeplanung in den 2010er Jahren (Schreiber 2010) und in gewissem Sinne auch bzgl. der Persönlichen Zukunftsplanung (Doose 2014; Niehoff 2016) bewahrheitet hat und seinen Niederschlag in der Teilhabeplanung (gemäß § 19 SGB IX) bzw. dem Gesamtplanverfahren (§ 117 SGB IX) findet:

> „Zum einen wird der Vorrang der ambulanten vor stationären Leistungen konsequenter betont, und stationäre wie teilstationäre Leistungen sollen hinsichtlich ihrer Notwendigkeit wie auch ihrer Wirksamkeit überprüft werden. Zum anderen stellt die Einführung Persönlicher Budgets das klassische Dreiecksverhältnis zwischen Leistungsträgern, Leistungsanbietern und Leistungsberechtigten in Frage."

Damit sind zwei wesentliche Punkte angesprochen: Es wird zum einen deutlich, dass sich die individuelle Hilfeplanung allein nicht als ausreichendes Instrument verstehen lässt, sondern in vielen Bereichen, z. B. durch die Einführung von Community-Care-Konzepten oder auch der Budgetassistenz im Rahmen des persönlichen Budgets, neue Formen der Hilfeplanung gefunden werden müssen. Zum anderen lässt sich konstatieren, dass die Hilfeplanung nur einen, wenn auch wichtigen Teil von Case Management darstellt, Letzteres aber in seinem Anspruch, neben der Fall- auch die Feldsteuerung zu übernehmen und damit zum Care-Management zu werden, weit darüber hinaus geht, den Einzelfall zu koordinieren (Roters/Möller 2006, 178 ff.).

Weiterhin geht sowohl die individuelle Hilfeplanung als auch das Case Management über die Förderplanung hinaus, die hauptsächlich defizitorientiert eine Heilung bzw. Bearbeitung mangelnder Fähigkeiten von Menschen intendierte. Unter dem Stichwort „Aushandeln statt verordnen" werden daher sowohl in der individuellen Hilfeplanung wie auch im Case Management vor allem die partizipativen, auf Selbstbestimmung abzielenden Elemente betont, die die Klienten und ihr Umfeld als Partner im Sinne des Verständnisses von „Hilfe als Koproduktion" einbeziehen. In diesem Sinne erfordert Case Management neben der Kenntnis der bestehenden Hilfsangebote und methodischer Kompetenzen zur Bedarfsfeststellung vor allem einen sensiblen Blick auf Ressourcen und Probleme und das wiederum sowohl auf der Personen- als auch auf der Umfeld- oder Sozialraumebene. Wendt (2006, 31) formuliert daher folgende Qualifikationsmerkmale:

- die Fähigkeit, Gespräche und Verhandlungen zu führen,
- eine Beratungskompetenz,
- Konfliktfähigkeit,
- interkulturelle Kompetenz,
- die Fähigkeit zur Moderation,
- die Fähigkeit zum Schnittstellenmanagement,
- eine Berichtsfähigkeit (im Dokumentations- und Auswertungsprozess),
- im „networking" mit allen Stellen und Personen, deren Ressourcen fallweise gebraucht werden.

Daneben nehmen für Wendt (2006, 33 f.) die prozeduralen Kompetenzen eine wichtige Funktion ein, da in jeder Phase des Case Managements sowohl rückblickende, resümierende als auch in die Zukunft gerichtete, optimistische, aber auch realistische Einschätzungen notwendig sind.

Löcherbach et al. (2009) stellen fest, dass sowohl Fach- bzw. Systemkompetenzen als auch Sozialkompetenzen gefordert sind. Fachkompetenzen bestehen in der Behindertenhilfe in dem notwendigen

- Erklärungswissen über die zugrundeliegende Gesundheitsstörung bzw. Beeinträchtigung,
- Handlungswissen über die Möglichkeiten der Bearbeitung von daraus resultierenden Teilhabebeeinträchtigungen,
- Organisationswissen über die Planung der Hilfen,
- Wissen über die Angebote der Teilhabeleistungen und darüber hinaus

Sozialkompetenzen bestehen in der notwendigen

- Fähigkeit, die Kommunikation aller Beteiligten zu fördern,
- Fähigkeit, mit ihnen zu kooperieren und ihre Kooperation untereinander anzuregen und zu begleiten,
- Fähigkeit, die Handlungen der Beteiligten zu koordinieren, und schließlich
- Fähigkeit, in Konfliktfällen zu intervenieren, z. B. durch Vermittlung oder Mediation.

Neben der Sozialraumorientierung bietet wohl das Case Management das höchste Innovationspotenzial für die Behindertenhilfe, und dort sind die SozialarbeiterInnen / SozialpädagogInnen mit ihrer Kompetenz gefordert, sich entsprechend einzubringen.

Übungen zu Kap. 4.3.5

66. Verständnisfrage: Welche Phasen gehören mindestens zum Ablauf von Case Management?
67. Diskussions- / Reflexionsfrage: Worin besteht der besondere Wert in der Anwendung eines Case Managements für Menschen mit Beeinträchtigungen?

4.3.6 Familienhilfe

> Soziale Arbeit mit Familien ist eine zentrale Arbeitsform / Methode der Sozialen Arbeit. Ihre Grundprinzipien sollen im Folgenden skizziert und in Verbindung gebracht werden mit der Arbeit mit Familien mit Kindern mit Beeinträchtigungen bzw. Familien mit Eltern mit einer geistigen Beeinträchtigung.

Die Arbeit mit Familien gehört zwar nicht zu den drei klassischen Methoden der Einzelfall-, Gruppen- oder Gemeinwesenarbeit, hat aber eine lange Tradition, die im Zuge des friendly visiting (Richmond 1903) schon als Teil professionellen fürsorgerischen Handelns im 19. Jahrhundert eingesetzt wurde. In der Weimarer Republik wurde sie im Zuge der Reorganisation der Wohlfahrtspflege als „Familienfürsorge" institutionalisiert. Ziel war es, „die Familie als Ganzes zu sehen", d. h. durch organisatorische Zusammenführung aller Hilfen für Familien „Hilfe aus einer Hand" zu ermöglichen. Damit waren die Allgemeinen Sozialen Dienste, die es bis heute in Jugendämtern gibt, geboren. Anders als die Bedeutung in der Praxis ist die Soziale Arbeit mit Familien methodisch eher wenig beschrieben. So nennen die einschlägigen Methodenlehrbücher sie gar nicht (Stimmer 2012) oder es findet eine arbeitsfeldbezogene Darstellung statt (z. B. zur sozialpädagogischen Familienhilfe Woog 2006 oder Wendt 2015, 214 ff.) oder kriseninterventorischer Programme, wie etwa Familie-im-Mittelpunkt (Gehrmann/Müller 2001; Galuske 2013) oder der Familientherapie (Ritscher 2006).

Theoretisch hat sich eine systemische Sichtweise und Handlungsorientierung (ursprünglich in der Familientherapie entwickelt) mit Familien durchgesetzt. Systemische Sichtweisen verstehen Gesellschaften, Gruppen, Organisationen und eben auch Familien und einzelne Menschen als Systeme, die sich wiederum aus Teilsystemen zusammensetzen. Strukturell können Familien als Systeme verstanden werden, die sich wiederum aus Teilsystemen entlang der Generationen (Geschwister, Eltern, Großeltern) oder entlang von psychodynamischen Verbindungen, z. B. in Form einer engeren Beziehung von Tochter und Vater oder Tochter und Großmutter, ergeben.

Eine dynamische Sichtweise auf Familien eröffnet sich über die Betrachtung des sogenannten Familienzyklus: von dem Zeitpunkt, da zwei Menschen ein Paar werden, über die Geburt von Kindern, die Entwicklung und Reifung der Kinder, die Ablösung der Kinder vom Elternhaus, die erneute Rückkehr des (Eltern-)Paares zu sich selbst (u. a. als Liebespaar), der Geburt von Enkelkindern und dem zunehmenden Lebensalter der Eltern bis hin zu deren Tod. In diesem Zyklus sind Familien bestimmten Risiken und Belastungen ausgesetzt, die mitunter eine Unterstützung durch das soziale Netzwerk benötigen und z. T. durch professionelle Hilfe (Familienberatung, Familienhilfe usw.) aufgefangen werden mussen. Zu diesen Risiken zählt auch das lebensverändernde Ereignis der Geburt eines Kindes mit einer Beeinträchtigung oder der Eintritt der Beeinträchtigung während der Kindheit bzw. Jugend.

Natürlich muss die systemische Betrachtungsweise durch sozialisationstheoretische, gesundheitspsychologische und sozioökonomische Erklärungsmodelle ergänzt werden. Aus diesem Grund gewinnt in jüngster Zeit auch wieder eine Betrachtung sogenannter „Früher Hilfen" an Bedeutung, die versucht, bei vorliegenden Risikofaktoren von Familien (z. B. Armut, Bindungsstörungen, Gewalt) frühzeitig zu intervenieren. Auch die Betrachtung des Risikofaktors „Armut" in Familien sowie Prozesse sozialer Benachteiligung verdienen seit jeher eine besondere Beachtung.

Die Familienhilfe oder die Soziale Arbeit mit Familien setzt darüber hinaus an der alltags- und lebensweltorientierten Sozialen Arbeit an, da sich die Hilfen für Familien weitestgehend direkt auf die Familie beziehen oder sogar – wie im Fall der sozialpädagogischen Familienhilfe – direkt in der Familie stattfinden. Für die Arbeit mit Familien, die Kinder mit Beeinträchtigungen haben, oder Familien von Eltern mit Beeinträchtigungen stellen sich aus dieser Sicht – neben den Beeinträchtigungsspezifischen Anforderungen – ähnliche Aufgabenbereiche dar. Soziale Arbeit bedient sich dabei spezifischer methodischer Kompetenzen, die bereits in anderen Kapiteln beschrieben wurden, z. B.:

- Alltagsbegleitung,
- psycho-soziale Beratung bei gesundheitlichen, vor allem psychischen Belastungen der Eltern oder der Kinder,
- pädagogische Beratung bei Erziehungsfragen und Verhaltensauffälligkeiten,
- soziale Beratung bei Einkommensproblemen oder Schulden,
- Case Management in Multiproblemfamilien oder in Familien mit mehreren Helfern.

Soziale Arbeit mit Familien findet in den Einsatzbereichen der „Familienentlastenden Dienste“, bei Hilfen für Familien mit Kindern mit Beeinträchtigungen oder ambulanter Betreuung und in Einrichtungen statt, die Eltern mit einer geistigen Beeinträchtigung stationäre Hilfen anbieten (Kap. 3.3.5).

Übungen zu Kap. 4.3.6

68. Verständnisfrage: Welches theoretische Modelle liegt der Familienhilfe methodisch zugrunde?
69. Diskussions-/Reflexionsfrage: Welche Vorteile ergeben sich, wenn man Familien systemtheoretisch versteht?

4.3.7 Netzwerkarbeit

Die Netzwerkarbeit stellt ein zentrales methodisches Konzept in der Sozialen Arbeit dar und wird in der Behindertenhilfe im Zuge des Ausbaus ambulanter und gemeindeintegrativer Angebote noch an Bedeutung gewinnen. Mit ihr sichert man die soziale Integration von Menschen mit Beeinträchtigungen.

Menschen sind soziale Wesen, d.h., sie benötigen andere Menschen, um ihr eigenes Leben zu gestalten, sie sind auf Kommunikation und Interaktion im Alltag und insbesondere bei Problemen angewiesen. Die unterstützende Funktion von sozialen Netzwerken korrespondiert mit ihrer kontrollierenden Funktion, d.h., soziale Netzwerke limitieren bestimmte Verhaltensweisen und weisen wiederum andere Verhaltensweisen als notwendige aus, um zu einer bestimmten sozialen Gruppe dazuzugehören. Wie in Kapitel 3.3.7 gezeigt, weisen die sozialen Netzwerke von Menschen mit Beeinträchtigungen bestimmte Restriktionen und Mängel auf, die mithilfe der sozialen Netzwerkarbeit z.T. behoben werden können.

Die Netzwerkarbeit stellt eine für die Soziale Arbeit zentrale methodische Herangehensweise dar, die u.a. auch als Teil anderer Methoden gesehen wird, z.B. der Beratung (Pearson 1997) und im Case Management (Neuffer 2013). Das ursprünglich aus der Gemeindepsychologie stammende Interesse an sozialen Netzwerken von Menschen wurde insbesondere von Bullinger/Nowak (1998) und von Pearson (1997) für die Soziale Arbeit übernommen und zu einem methodischen Instrumentarium ausgearbeitet. Seitdem hat die Netzwerkarbeit eine beispiellose Konjunktur hinter sich, was sicherlich auch mit den gesellschaftlichen Veränderungen der Individualisierung und steigenden biografischen Mobilität zu tun hat. Wie oben gezeigt werden konnte, sind die sozialen Netzwerke von Menschen mit einer geistigen Beeinträchtigung, unabhängig von diesen Entwicklungen in der Gesamtbevölkerung, immer schon prekär gewesen. Daher ist es von hoher Bedeutung auch hier eine gute soziale Netzwerkarbeit zu leisten.

Soziale Netzwerke hängen eng mit sozialer Unterstützung zusammen, also derjenigen menschlichen Interaktion, die im funktionalen Sinne die gegenseitige Hilfe im Alltag, aber vor allem bei Problemen oder auch in Krisensituationen beschreibt. Des Weiteren wird angenommen, dass je besser das soziale Netzwerk zusammengesetzt und je hilfreicher die soziale Unterstützung, desto höher ist auch die soziale Integration von Menschen.

Soziale Netzwerke können auf unterschiedliche Merkmale hin untersucht werden: Dauer der Netzwerkkontakte, Dichte des sozialen Netzwerkes, Häufigkeit der Netzwerkkontakte und Richtung, Form und

Inhalt der sozialen Unterstützung bzw. der Netzwerkrollen. Die soziale Unterstützung lässt sich in verschiedenen Funktionalitäten erkennen, so kann sie unterschieden werden in emotionale, instrumentelle und informationelle Unterstützung. Laireiter (1993) unterscheidet in allgemeine/alltagsbezogene und belastungs-/krisenbezogene Unterstützung. Soziale Unterstützung vermittelt nach Diewald (1991)

- Anerkennung der eigenen Person,
- Verhaltensmodelle und soziale Normen,
- Zugehörigkeitsbewusstsein,
- Gewissheit, dass man Hilfe erwarten kann, und
- soziale Kompetenzen.

Des Weiteren werden als Effekte von sozialen Netzwerken bzw. sozialer Unterstützung zwei Bereiche unterschieden, nämlich zum einen ein direkter und zum anderen ein Puffer-Effekt: Der direkte Effekt stellt sich dann ein, wenn die Eingebundenheit in ein befriedigendes soziales Netzwerk sich allgemein wohltuend und unterstützend auf die Lebenssituation der Menschen auswirkt. Dieser sehr allgemeine Effekt von sozialer Unterstützung wird begleitet von dem sogenannten Puffer-Effekt, der das Ausmaß der Verringerung von Belastungssituationen bzw. deren subjektive Realisierung und Bewältigung festlegt.

Das Erfahren oder Erwarten von sozialer Unterstützung stellt darüber hinaus einen sehr wesentlichen Faktor im Prozess der Problembewältigung oder der Bewältigung von Krisen dar. Neben der personellen Konstitution (wie bewertet jemand auftretende Stressoren) ist eine entsprechende soziale Konstitution eine hilfreiche Quelle.

Netzwerke werden grob unterschieden in formelle (durch öffentliche Handlungen erzeugte) oder informelle (durch private Handlungen erzeugte) Netzwerke. Sie weisen jeweils die in Tabelle 9 genannten Vor- und Nachteile auf, die es im Sinne eines Netzwerkmix und der oben beschriebenen Probleme im Netzwerk von Menschen mit einer geistigen Beeinträchtigung gibt, zu berücksichtigen gilt.

Bullinger/Nowak (1998, 70 ff.) unterteilen in

- primäre oder mikrosoziale Netze („lokal-gemeinschaftliche Netzwerke"), wie z. B. Familie, Nachbarschaften, Arbeitsplatz, Freundeskreis oder Peergroups,
- sekundäre oder makrosoziale Netzwerke („global-gesellschaftliche Netzwerke"), wie z. B. Organisationen, Bürokratien, Produktions-

Tab. 9: Vor- und Nachteile formeller und informeller Netzwerke in der Behindertenhilfe

	Vorteile	Nachteile
Formelle Netzwerke	▪ bieten professionelle Unterstützung ▪ sind kontinuierlich erreichbar ▪ erwarten keine Reziprozität (allerdings Mitwirkung)	▪ sind mitunter schwer(er) erreichbar ▪ sind in ihrer Organisiertheit weniger durchschaubar ▪ besitzen in der Regel keine Alltagsverankerung ▪ weisen Stigmatisierungsgefahr durch erkennbare professionelle Organisation von Hilfen auf ▪ sind häufig indirekt „kostenpflichtig" (z. B. über Heranziehung des Einkommens"
Informelle Netzwerke	▪ sind vielseitig in ihren Unterstützungsformen ▪ sind niedrigschwellig und leicht erreichbar, da alltagsverankert ▪ sind häufig „kostenlos" ▪ sind realitäts-, weil alltagsnah	▪ erwarten Reziprozität ▪ weisen die Gefahr einer falschen oder Inadäquaten Unterstützung auf ▪ weisen Stigmatisierungsgefahr durch (sozial)psychologische Ausschlussprozesse auf

und Reproduktionsbereich, marktwirtschaftliche Netzwerke (z. B. Konsummarkt) oder auch weitere öffentliche Netzwerke (z. B. politische Organisationen), und

- tertiäre oder mesosoziale Netzwerke, die „zwischen den primären und sekundären Netzwerken auf einer mittleren Ebene anzusiedeln" sind, also z. B. Selbsthilfegruppen oder Nicht-Regierungs-Organisationen. Auch die Soziale Arbeit zählt als intermediäre Instanz zwischen Lebenswelt und System (Rauschenbach 1999) zu den mesosozialen Netzwerken.

Aufgaben der Sozialen Arbeit bezüglich der Netzwerkarbeit bestehen u. a. in folgenden Punkten:

- Erstellung einer Netzwerkdiagnose (u. a. mittels der Netzwerkkarte, dem Netzwerkbrett und anderen Instrumenten),
- einer Netzwerkberatung für einzelne Personen oder Gruppen,

- einem Case Management, welches die Netzwerkressourcen systematisch berücksichtigt,
- der Unterstützung von Selbsthilfegruppen oder -Initiativen,
- der Unterstützung von Menschen mit Beeinträchtigungen zur Erweiterung ihres Netzwerkes über ebenfalls Betroffene, die eigene Herkunftsfamilie oder professionelle Helfer hinaus,
- dem Organisieren von gemeindenahen Hilfen, der Förderung von Bürgerinitiativen, dem Kennenlernen auf öffentlichen Festen usw. (Community Organizing).

Ziele der Netzwerkarbeit sollten darin liegen, pathogene Einflüsse des Netzwerkes zu verringern (z. B. durch Diskriminierung), positive zu fördern, die Anteile informeller und formeller Hilfen in ein Gleichgewicht zu bringen (Netzwerkmix), Kompetenzen zur Inanspruchnahme von Netzwerken und Unterstützung zu fördern und die Vernetzung auf individueller Ebene, zwischen Gruppen und zwischen Diensten anzuregen. Für die Arbeit mit Menschen mit Beeinträchtigungen stellen sich deshalb folgende Ziele und Funktionen dar:

- Soziale Netzwerke von Menschen mit Beeinträchtigungen entstehen häufig nicht von selbst, sie sind durch professionelle Angebote zu initiieren.
- Soziale Netzwerke basieren auf der Bekanntheit der Menschen untereinander, deshalb sind Formen der Begegnung zu schaffen.
- Soziale Unterstützung kann durch Menschen ohne Beeinträchtigung ebenso wie durch Menschen mit Beeinträchtigung erfolgen: Entsprechende Konzepte etwa im Sinne von Community Care oder auch dem Peer Counseling bzw. Peer Support müssten ausgebaut werden.
- Soziale Unterstützung für Menschen ohne Beeinträchtigung kann von Menschen mit Beeinträchtigung ausgehen, wenn die Möglichkeit der Hilfe, z. B. in Bezug auf Unterstützung in der Wohnung oder im Garten, nicht als „Behindertenarbeit“, sondern als Dienstleistung gewertet wird.
- Für die Begegnung unterschiedlicher Menschen, die zu sozialer Unterstützung führen kann, braucht es eine antidiskriminierende und entstigmatisierende Haltung, die es durch öffentlichkeitswirksame Aktionen wie durch gemeindeintegrative Angebote zu erreichen gilt.
- Soziale Netzwerke von Menschen mit Beeinträchtigungen müssen eine Mischung aus formellen Kontakten (z. B. zu professionellen Helfern) und informellen Kontakten (z. B. ebenfalls zu Menschen mit und auch ohne Beeinträchtigung) aufweisen.

- Die Idee von Unterstützerkreisen („circles of support“) stellt eine weitere Form der Netzwerkarbeit dar (Kirschniok 2010; Fietkau 2017).
- Der Begriff „enabling niches“ (Kap. 4.2.1) steht für Netzwerke mit einem haltgebenden, schützenden und zugleich persönlichkeitsfördernden Charakter (Theunissen 2006c, 73).
- Selbsthilfegruppen und -organisationen sind eine gute Möglichkeit, Netzwerke unter Menschen mit Beeinträchtigungen zu stärken, aus denen dann auch Selbstvertrauen und Selbstwertgefühl entstehen können.

Übungen zu Kap. 4.3.7

70. Verständnisfrage: Nach welchen Kriterien kann man soziale Netzwerke und soziale Unterstützung untersuchen?
71. Diskussions-/Reflexionsfrage: Wie sieht ein hilfreiches, integrierendes und unterstützendes Netzwerk im idealtypischen Sinne aus?

4.3.8 Sozialraumorientierung

An dieser Stelle wird die Gemeinwesenarbeit im Sinne des Fachkonzepts der Sozialraumorientierung als eine weitere Methode der Sozialen Arbeit beschrieben, die in der Behindertenhilfe auf eine breitere Anwendung in Deutschland wartet. Der Sozialen Arbeit ist der Blick auf den das Individuum umgebenden Sozialraum schon lange bekannt, in der Behindertenhilfe wird er gerade entdeckt.

Die Gemeinwesenarbeit (GWA) gilt als eine der drei klassischen Methoden (neben der Einzelfallhilfe und der Gruppenarbeit). Gemeinwesenarbeit fußt im Wesentlichen auf einer sozialräumlichen und strukturellen Betrachtungsweise. Gemeinwesenarbeit intendiert eher eine Verhältnisänderung, eine Beeinflussung der sozialen Milieus, der Umwelt bzw. des Umfeldes von Individuen. Es werden sozial strukturelle Veränderungen angestrebt, um die Lebensbedingungen von Menschen zu verbessern. Dazu soll möglichst keine asymmetrische Helfer-Klient-Beziehung entstehen und die alleine Reduktion auf eine individuelle Fallarbeit wird vermieden.

„Gemeinwesenarbeit ist eine sozialräumliche Strategie, die sich ganzheitlich auf ein Quartier, einen Stadtteil und nicht pädagogisch auf einzelne Individuen richtet. Sie arbeitet mit den Ressourcen des Stadtteils und seiner Bewohnerinnen und Bewohner, um seine Defizite aufzuheben. Damit verändert sie dann allerdings auch Lebensverhältnisse seiner BewohnerInnen" (Oehlschlägel 2001, zitiert nach Wendt 2015, 302).

Grundsätze und Methoden der Gemeinwesenarbeit finden in der Behindertenhilfe zunehmend Gehör und Anwendung, allerdings stärker im Sinne einer Sozialraumorientierung (vgl. zum Unterschied Hinte 2014), die gemeinsam mit der Personzentrierung am Projekt der Inklusion bzw. der Verbesserung der Integration von Menschen mit Beeinträchtigungen arbeitet (Franz/Beck 2007; Theunissen 2012; Beck 2016).

Die von Franz/Beck (2007) zusammenfassend aus der Literatur extrahierten Prinzipien der Gemeinwesenarbeit sind:

- Interdisziplinäres Arbeiten: Beiträge zu adäquaten Lösungen können aus verschiedenen Disziplinen stammen (Soziale Arbeit, Gemeindepsychologie, Städtebau, Architektur etc.),
- Doppelung der Handlungsebenen: individuelle und auf das Gemeinwesen bezogene Hilfeleistungen,
- Lebensweltorientierung: Hilfen sollen an den Interessen und Bedürfnissen der Betroffenen ansetzen,
- Orientierung an Ressourcen: statt ausschließlicher Problemschau werden vor allem die Ressourcen des Sozialraums in den Blick genommen,
- Aktivierung und Beteiligung: steht als Intervention im Kern der Gemeinwesenarbeit und meint den partizipatorischen Einbezug der Bevölkerung,
- Zielgruppenübergreifende Arbeit: Ziel ist es, möglichst breiten Nutzen für verschiedene Personengruppen zu erzeugen,
- Kooperative Arbeitsformen: Vernetzung mit im Sozialraum aktiven Gruppen und Organisationen und gemeinsames Handeln.

Methodisch nutzt die sozialraumorientierte Behindertenhilfe die Sozialraumanalyse (Boettner 2007), die im Sinne der Aktionsforschung eine aktivierende und partizipative Ausrichtung besitzt (Hinte/Karas 2003), und die Netzwerkarbeit (Straus/Höfer 2005) als zentrale methodische Ansätze zur Verbesserung der Chancen von Menschen mit Beeinträchtigungen, ein Leben in und mit der Gemeinde leben zu können.

Die Sozialraumanalyse kann nach Boettner (2007) in eine strukturelle und eine lebensweltliche unterteilt werden. Die strukturelle Sozialraumanalyse untersucht Variablen und Ausprägungen verschiedener Dimensionen, die als vertikale (Einkommen, berufliche Stellung, Bildungsstand) und horizontale (Geschlecht, Singlehaushalte, Alter, Wohndauer usw.) auch in der Lebenslagenforschung untersucht werden. Hier wird allerdings keine einzelne Bevölkerungsgruppe, sondern ein bestimmter Sozialraum (Stadtteil, Bezirk, Quartier, Dorf usw.) untersucht.

Mögliche Untersuchungsthemen könnten auch Ereignisse (wie z.B. Straftaten), die Häufigkeit sozialpolitischer Leistungen (z.B. Jugendhilfefälle) oder klassische soziale Probleme, wie die Inanspruchnahme von SGB II/III-Leistungen, das Vorkommen von Armutshaushalten o.Ä. sein. Die lebensweltliche Sozialraumanalyse untersucht z.B. bestimmte Orte oder Gelegenheiten, an denen Begegnungen zwischen den Bevölkerungsteilen stattfinden. Boettner (2007, 274) bezeichnet diese Orte als den sozialen Sinn der Topografie. In diesen Bereich fallen auch Territorien, d.h. informell oder formell gegen andere abgegrenzte Bereiche und bestimmte Regeln der Orte, an denen ein bestimmter Verhaltenskodex gilt. Weitere Möglichkeiten der Sozialraumanalyse bestehen in Stadtteilbegehungen, Befragung von Schlüsselpersonen oder Autofoto- bzw. Autovideografie (Spatscheck/Wolf-Ostermann 2016) oder auch in sozialraumorientiert ausgerichteten Netzwerkanalysen (Früchtel et al. 2013, 86 ff.)

Nach einer gründlichen Analyse des Sozialraums kann die Netzwerkarbeit beginnen, sowohl individuums- oder personzentriert als auch organisationell-umfeldorientiert. Ersteres manifestiert sich in Netzwerkarbeit, wie sie in Kapitel 4.3.7 beschrieben wurde, und letzteres in netzwerkorientierten Verfahren der Kontaktaufnahme und Kontaktpflege zu Angehörigen des Gemeinwesens (i.d.R. Anwohner, Geschäftsleute, Politiker, Kirchenmitglieder usw.), Vernetzung und Erschließung normalisierender, inklusiver Ressourcen und Verfahren zur Meinungsbildung in Gruppen und zur politischen Einflussnahme (Bürgerversammlungen, Demonstrationen, öffentliche Aktionen).

In Analogie zu einer Matrix von Budde et al. (2006) können die fall- und die fallunspezifische Dimension sozialräumlichen Handelns in der Behindertenhilfe wie in Tabelle 10 skizziert werden.

Teilhabe und Partizipation sind die Schlagwörter der Zukunft, die ohne eine gelungene Gemeinwesenarbeit, also ein professionell initiiertes Zusammenleben von Menschen mit und ohne Beeinträchtigungen, nicht möglich sein werden (Theunissen/Schirbort 2006, 141–192).

Soziale Arbeit ist hier – wie in fast keiner anderen Form – gefordert, ihre spezifische Kompetenz in der Gemeinwesenarbeit einzubringen, um den wachsenden Anforderungen an eine sozialräumliche Perspektive im

Tab. 10: Fallspezifische und fallunspezifische Arbeit in der Behindertenhilfe

	Fallspezifische Dimension	**Fallunspezifische Dimension**
Methodische Ebene der Arbeitsformen	▪ direkte Unterstützung bezüglich der Nutzung von Infrastruktur und zivilgesellschaftlichen Angeboten im Sozialraum ▪ Beratung zur Nutzung der o.g. Angebote ▪ Gruppenangebote zur Entwicklung von Kompetenzen zur Angebotsnutzung	▪ Erstellung einer Sozialraumanalyse zur Dokumentation von sozialräumlichen Potentialen und Problemen ▪ Eröffnung von sozialräumlichen Ressourcen, z. B. durch institutionelle Netzwerkarbeit ▪ Öffentlichkeitsarbeit, Lobbying für die Interessen geistig beeinträchtigter Menschen im Sozialraum
Organisatorische Ebene der Steuerung	▪ sozialraumorientierte Ausrichtung aller Dienste und Einrichtungen ▪ Verbesserung der Auswahlmöglichkeiten für Nutzende durch Angebotsentwicklung ▪ Vernetzung mit anderen Diensten und Einrichtungen sowie zivilgesellschaftlichen Organisationen	▪ Gestaltung des Sozialraums durch Beteiligung an Quartiersentwicklung oder Schaffung inklusiver Angebote ▪ Beteiligung an der Sozialplanung in Arbeitsgemeinschaften zur Durchsetzung der Belange geistig beeinträchtigter Menschen

Zuge des vermehrten Angebots an ambulanten bzw. offenen, gemeindeintegrativen Hilfen zu entsprechen. Die Sonder- oder Heilpädagogik kann diese Aufgabe einer inklusiven Gemeindearbeit nicht alleine leisten und vielfach fehlt es ihr an entsprechenden Konzepten und Methoden.

Übungen zu Kap. 4.3.8

72. Verständnisfrage: Wie wird Gemeinwesenarbeit definiert?
73. Diskussions-/Reflexionsfrage: Diskutieren Sie die Bedeutung der sozialraumorientierten Behindertenhilfe mit den methodischen

Implikationen, insb. die Bedeutung einer fallunspezifischen Arbeitsweise. Welche neuen Aufgaben ergeben sich daraus für Fachkräfte in der Behindertenhilfe?

4.3.9 Selbsthilfeförderung

Selbsthilfe ist paradoxerweise auch eine Aufgabe professioneller Hilfe, wenn es darum geht, Menschen zur Nutzung von Selbsthilfe durch Fremdhilfe zu motivieren, ihnen Ressourcen zu Verfügung zu stellen und Selbsthilfeaktivitäten zu moderieren. Die Selbsthilfeförderung spielt in der Behindertenhilfe neben den institutionellen Angeboten eine wichtige Rolle.

Unter Selbsthilfe wird im Wörterbuch der Gebruder Grimm von 1900 definiert, dass diese eine Hilfe sei, „die man sich leistet, besonders eigenmächtige Hilfe mit Umgehung oder im Widerspruch zu der Obrigkeit“ (Rohrmann 1999, 16) oder im Brockhaus Konversationslexikon von 1889: „Selbsthilfe [ist] im geordneten Staatswesen im allgemeinen nicht gestattet“ (Rohrmann 1999, 16).

Diesen Definitionen liegt ein Verständnis zugrunde, das annimmt, dass in einem geordneten Nationalstaat die Obrigkeit, d. h. die Machtinhaber, alle Wünsche und Bedürfnisse, die ein Bürger haben darf, auch erfüllt.

Entgegen diesen klassischen Definitionen, nach denen z. B. die Arbeiterselbsthilfe des 19. Jahrhunderts tatsächlich eine politische Opposition darstellte, steht die Selbsthilfe seit ihren Anfängen in den 1970er Jahren vor allem im Kontext einer Expertenkritik. Die zusätzlich durch ökonomischen und gesellschaftlichen Einfluss in nichtpersönliche Hilfe umgewandelten professionellen Hilfen hinterlassen dabei eine Lücke im gesellschaftlichen Zusammenhalt. Selbsthilfe schafft dort wieder Nähe und überschaubare soziale Netze, wo diese sozialen Beziehungen derart verändert sind, dass sie nicht länger soziale Unterstützung bieten können. Für den Bereich der Selbsthilfe bestätigen Forschungen die These des Verlustes der Überschaubarkeit und der „sozialen Vitamine“ (Kindler 1992).

Selbsthilfe „steht für unterschiedliche sozialpolitische Strömungen, Bewegungen (und Gegenbewegungen), für Forderungen von Jugendlichen und

Erwachsenen für neue, eigene, den Menschen nahe Gestaltungs- und Selbstbestimmungsmöglichkeiten, gegen überkommene, einschränkende, unterdrückende, unzulässige (öffentliche) Angebotsstrukturen" (Mielenz 2013, 744 f.).

Zwei Merkmale von Selbsthilfe werden in der Literatur durchgängig beschrieben. Dies ist zum einen das „uno-acto-Prinzip", welches das gleichzeitig stattfindende Geben und Nehmen von Hilfe und Unterstützungsleistungen in Gruppen beschreibt. Zum anderen ist es das Autonomisierungsprinzip, welches viele verschiedene Begriffe, die analog verwendet werden, zusammenfasst. Autonomisierung meint den Versuch der Teilnehmer von Selbsthilfegruppen, sich selbstständig zu organisieren, durch eigenes Erleben zu lernen und eigene Leistung dafür einzusetzen (Moeller 1978).

Die Selbsthilfebewegung kann zusammen mit anderen Bewegungen (Feminismus, Ökologie, Friedensbewegung) als soziale Bewegung verstanden werden. Als solche bezog sie ihre Kraft aus der zunehmenden Unzufriedenheit mit einer staatlich organisierten, autoritären und entmündigenden Behandlung und Versorgung kranker bzw. hilfsbedürftiger oder sozial schwacher Menschen. Einer weitgehenden Fügung in eine hierarchische, vom expertokratischen System ausgehende Abhängigkeit wurde ein Modell entgegengesetzt, das diese Art der Hilfe durch eigene, demokratische Prinzipien ersetzen wollte. Betroffene wollen nun „Experten in eigener Sache" (Geislinger 1998; Steiner 1999) sein.

Selbsthilfe findet in großem Umfang in Gruppen statt (Haller/Gräser 2012), geschätzt in ca. 70.000 bis 100.000 unterschiedlichen Gruppen (Hill et al. 2013, 15). „People-First" bezeichnet eine Selbsthilfebewegung für Menschen mit einer geistigen Beeinträchtigung (Kniel/Windisch 2005). Viele Selbsthilferichtungen und -gruppen sind in der Deutschen Arbeitsgemeinschaft Selbsthilfegruppen e.V. oder auch im Dachverband psychosozialer Hilfevereinigungen zusammengeschlossen. Auf Bundesebene fördert die „Nationale Kontakt- und Informationsstelle zur Anregung und Unterstützung von Selbsthilfegruppen" Selbsthilfeaktivitäten und auf kommunaler Ebene geschieht dies durch die Kontakt- und Informationsstellen.

Selbsthilfeförderung wird in den Methodenbüchern der Sozialen Arbeit nur selten als Methode beschrieben. Wendt (2015, 382) sieht die Rolle der Sozialen Arbeit in der Begleitung der Selbsthilfegruppen, sie „sorgt für organisatorische Entlastung, Beratung jenseits des Fachthemas der Gruppe", moderiert den Gruppenprozess und stellt die Vernetzung thematisch, strukturell sowie politisch sicher: Soziale Arbeit als

Empowerment zeichnet sich neben der individuellen Förderung von Selbsthilfefähigkeiten (verstanden als Enablement oder Befähigung) so vor allem durch die eigentliche Selbsthilfeförderung in Gruppen aus.

Die systematische Förderung von Selbsthilfefähigkeiten, die etwa zum Peer Support oder Peer Counseling führen, geschieht z. B. durch Erwachsenenbildungsmaßnahmen, Kompetenztrainings als in vitro stattfindende Interventionen auf der einen und die Integration in bzw. Schaffung von Selbsthilfegruppen und Interessenvertretungen als in vivo stattfindende Maßnahmen auf der anderen Seite. Daneben zählt die partizipative Beteiligung in Einrichtungen, Organisationen und Politikfeldern zu den Möglichkeiten einer Selbsthilfeförderung.

Soziale Arbeit in der Behindertenhilfe als eine solche Selbsthilfeförderung setzt also auf individueller, institutioneller wie politischer Ebene gleichermaßen an. Die eigentliche pädagogisch-professionelle Aufgabe besteht darin, einerseits die notwendige Fremdhilfe zur Selbsthilfe zu geben, andererseits den richtigen Zeitpunkt für einen Rückzug der professionellen Fachkraft sowie, wenn noch keine Trennung möglich ist, das richtige Nähe-Distanz-Verhältnis zu finden, um Autonomie zu ermöglichen und nicht mit zu viel professionellem Engagement zu behindern.

Ein Beispiel ist die Frage nach der Leitung von Selbsthilfegruppen: Manche Gruppen wünschen sich ausdrücklich eine Moderation durch einen Professionellen, andere benötigen sie mindestens für die Anfangsphase und schließlich andere lehnen eine Beteiligung von Professionellen schon zu Beginn der Gruppe vehement ab.

Ein weiteres Beispiel liegt sicher in der Förderung von „self-advocacy“, also dem „für sich selbst sprechen“ (Knust-Potter 1997, 519 f.) z. B. in People First-Gruppen. Dort kann man als Professioneller für Selbsthilfe sorgen, indem man z. B. mit Menschen, deren Kommunikation beeinträchtigt ist, Befähigungsstrategien entwickelt, Selbstkompetenztrainings durchführt oder auch entsprechenden Gruppen Räume und Organisation durch ein Büro bereitstellt.

Übungen zu Kap. 4.3.9

74. Verständnisfrage: Mit welchen beiden Merkmalen können Selbsthilfegruppen beschrieben werden?
75. Diskussions-/Reflexionsfrage: Welche Bedeutung haben Selbsthilfeaktivitäten für Menschen mit einer geistigen Beeinträchtigung?

Literatur

Albers, T. (2012): Mittendrin statt nur dabei. Inklusion in Krippen und Kindergarten. 2. Aufl. Ernst Reinhardt, München/Basel

American Association on Intellectual and Development Disabilities (AAIDD) (2016): Definiton of Intellectual Disability. In: http://aaidd.org/intellectual-disability/definition, 13.04.2017

Albus, S., Michael, H.-G., Polutta, A. (2011): Wirksamkeit. In: Otto, H.-U., Thiersch, H. (Hrsg.): Handbuch Soziale Arbeit. 4. Aufl. Ernst Reinhardt, München/Basel, 1727–1734

Ansen, H. (2006): Soziale Beratung bei Armut. Ernst Reinhardt, München/Basel

Antonovsky, A. (1997): Salutogenese. Zur Entmystifizierung der Gesundheit. dgvt, Tübingen

Arendt, H. (1996): Vita activa oder: Vom Tätigen Leben. Piper, München

Arlt, I. (1958): Wege zu einer Fürsorgewissenschaft. Verlag Notring der wissenschaftlichen Verbände Österreichs, Wien

Autorengruppe Bildungsberichterstattung (2016): Bildung in Deutschland 2016. Bertelsmann, Bielefeld

Autorengruppe Bildungsberichterstattung (2014): Bildung in Deutschland 2014. Bertelsmann, Bielefeld

Baecker, D. (2000): „Stellvertretende" Inklusion durch ein „sekundäres" Funktionssystem: Wie „sozial" ist die soziale Hilfe? In: Merten, R. (Hrsg.): Systemtheorie Sozialer Arbeit. Leske und Budrich, Opladen, 39–46

Baumgartner, A. (2004): Personalität. In: Heimbach-Steins, M. (Hrsg.): Christliche Sozialethik. Ein Lehrbuch, Bd. 1. Pustet, Regensburg, 265–269

Beck, I. (2016): Historische und aktuelle Begründungslinien, Theorien und Konzepte. In: Beck, I. (Hrsg.): Inklusion im Gemeinwesen. Kohlhammer, Stuttgart, 17–84

Beck, I. (2003): Lebenslagen im Erwachsenenalter angesichts behindernder Bedingungen. In: Leonhardt, A. Wember, F. (Hrsg.): Grundfragen der Sonderpädagogik. Beltz, Weinheim, 848–874

Beck, I. (1998): Das Konzept der Lebensqualität: eine Perspektive für Theorie und Praxis der Hilfen für Menschen mit einer geistigen Behinderung. In: Jacobs, H., König, A., Theunissen, G. (Hrsg.): Lebensräume – Lebensperspektiven. Erwachsene mit geistiger Behinderung in der Bundesrepublik. AFRA-Verlag, Butzbach-Griedel, 348–388

Beck, I., Greving, H. (2012): Lebenslage und Lebensbewältigung. Kohlhammer, Stuttgart

Benner, D. (2001): Allgemeine Pädagogik. Eine systematisch-problemgeschichtliche Einführung in die Grundstruktur pädagogischen Denken und Handelns. Beltz Juventa, Weinheim

Berger, P., Luckmann, T. (1996): Die gesellschaftliche Konstruktion der Wirklichkeit. Eine Theorie der Wissenssoziologie. Fischer, Frankfurt

Beushausen, J. (2016): Beratung lernen. Budrich, Opladen

Biewer, G. (2017): Grundlagen der Heilpädagogik und Inklusiven Pädagogik. Klinkhardt, Bad Heilbrunn

Biewer, G., Schütz, S. (2016): Inklusion. In: Hedderich, I., Biewer, G., Hollenweger, J., Markowetz, R. (Hrsg.), 123–127

Birgmeier, B. (2014): Handlungswissenschaft Soziale Arbeit. Springer VS, Wiesbaden

Birgmeier, B., Mührel, E. (2011): Wissenschaftliche Grundlagen der Sozialen Arbeit. Wochenschau, Schwalbach

Bischkopf, J., Deimel, D., Walter, Chr., Zimmermann, R.-B. (Hrsg.) (2017): Soziale Arbeit in der Psychiatrie. Psychiatrie-Verlag, Bonn

Blasius, D. (1994): Einfache Seelenstörung: Geschichte der deutschen Psychiatrie 1800–1945. Fischer, Frankfurt

Blasius, D. (1980): Der verwaltete Wahnsinn. Eine Sozialgeschichte des Irrenhauses. Fischer, Frankfurt

Bleidick, U. (2003): Der Personbegriff in der Behindertenpädagogik. In: Dederich, M. (Hrsg.), 20–48

Bleidick, U. (1999): Behinderung als pädagogische Aufgabe. Behinderungsbegriff und behindertenpädagogische Theorien. Kohlhammer, Stuttgart

Bobzien, M. (1993): Kontrolle über das eigene Leben gewinnen. Empowerment als professionelles Konzept in der Selbsthilfeunterstützung – Aspekte aktivierender Beratung. Blätter der Wohlfahrtspflege. Deutsche Zeitschrift für Sozialarbeit 2, 46–49

Böhnisch, L. (2017): Sozialpädagogik der Lebensalter: Eine Einführung. Beltz Juventa, Weinheim

Böhnisch, L. (2016): Lebensbewältigung. Ein Konzept für die Soziale Arbeit. Beltz Juventa, Weinheim

Böhnisch, L. (2010): Lebensbewältigung. Ein sozialpolitisch inspiriertes Paradigma für die Soziale Arbeit. In: Thole, W. (Hrsg.): Grundriss Soziale Arbeit. Ein einführendes Handbuch. VS-Verlag, Wiesbaden, 219–333

Böhnisch, L., Lösch, H. (1973): Das Handlungsverständnis des Sozialarbeiters und seine institutionelle Determination. In: Otto, H.-U., Schneider, S. (Hrsg.): Gesellschaftliche Perspektiven der Sozialarbeit, Bd. 2. Luchterhand, Neuwied, 21–40

Böhnisch, L., Schröer, W. (2013): Soziale Arbeit – eine problemorientierte Einführung. Klinkhardt, Bad Heilbrunn

Boettner, J. (2007): Sozialraumanalyse – soziale Räume vermessen, erkunden, verstehen. In: Michel-Schwartze, B. (Hrsg.): Methodenbuch Soziale Arbeit. Verlag für Sozialwissenschaften, Wiesbaden, 259–292

Bommes, M., Scherr, A. (2000): Soziale Arbeit, sekundäre Ordnungsbildung und die Kommunikation unspezifischer Hilfsbedürftigkeit. In: Merten, R. (Hrsg.): Systemtheorie Sozialer Arbeit. Leske und Budrich, Opladen, 67–86

Borrmann, S., Spatscheck, C., Pankofer, S., Sagebiel, J., Michel-Schwartze, B. (Hrsg.) (2016): Die Wissenschaft Soziale Arbeit im Diskurs. Auseinandersetzungen mit den theoriebildenden Grundlagen Sozialer Arbeit. Budrich, Opladen

Borrmann, S., Thiessen, B. (Hrsg.) (2016): Wirkungen Sozialer Arbeit. Potentiale und Grenzen der Evidenzbasierung für Profession und Disziplin. Budrich, Opladen

Bösl, E., Klein, A., Waldschmidt, A. (Hrsg.) (2010): Disability History. Konstruktionen von Behinderung in der Geschichte – eine Einführung. transkript, Bielefeld

Bronfenbrenner, U. (1981): Die Ökologie der menschlichen Entwicklung. Klett-Cotta, Stuttgart

Brückner, M. (2004): Der gesellschaftliche Umgang mit menschlicher Hilfsbedürftigkeit. Österreichische Zeitschrift für Soziologie 29 (2), 7–23

Brumlik, M. (2004): Advokatorische Ethik. Zur Legitimation pädagogischer Eingriffe. Philo, Berlin

Buchkremer, H. (1990): Heil-/Sonderpädagogik und Sozialpädagogik. In: Speck, O., Martin, K.-R. (Hrsg.): Sonderpädagogik und Sozialarbeit. Ed. Marhold im Wiss.-Verl. Spiess, Berlin, 46–73

Budde, W., Früchtel, F., Hinte, W. (Hrsg.) (2006): Sozialraumorientierung. Wege zu einer veränderten Praxis. Verlag für Sozialwissenschaften, Wiesbaden

Bullinger, H., Nowak, J. (1998): Soziale Netzwerkarbeit. Lambertus, Freiburg

Bundesagentur für Arbeit (Hrsg.) (2016): Der Arbeitsmarkt in Deutschland – Die Arbeitsmarktsituation von schwerbehinderten Menschen. In: http://statistik.arbeitsagentur.de/Statischer-Content/Arbeitsmarktberichte/Personengruppen/Broschuere/Brosch-Die-Arbeitsmarktsituation-schwerbehinderter-Menschen-2015.pdf, 29.05.2017

Bundesarbeitsgemeinschaft der Integrationsämter und Hauptfürsorgestellen (2014): ABC Behinderung & Beruf. Handbuch für die betriebliche Praxis. In: https://www.integrationsaemter.de/files/11/ABC_2014.pdf, 19.09.2017

Bundesarbeitsgemeinschaft der überörtlichen Träger der Sozialhilfe (BAGüS) (2016): Kennzahlenvergleich Eingliederungshilfe der überörtlichen Träger der Sozialhilfe. In: http://kennzahlenvergleich-eingliederungshilfe.de/images/berichte/2017-02-02_BAG%C3%BCS_Bericht_2015_final.pdf, 06.06.2017

Bundesarbeitsgemeinschaft der überörtlichen Träger der Sozialhilfe (BAGüS) (2006): Wohnformen und Teilhabeleistungen für behinderte Menschen. BAGüS Eigenverlag, Münster

Bundesarbeitsgemeinschaft für Unterstützte Beschäftigung – BAG UB e.V. (Hrsg.) (2005): Handbuch Arbeitsassistenz. Eigendruck, Hamburg

Bundesarbeitsgemeinschaft Werkstätten für behinderte Menschen (2016a): Durchschnittliche monatliche Arbeitsentgelte 2012–2015. In: http://www.bagwfbm.de/file/1053/, 02.07.2017

Bundesarbeitsgemeinschaft Werkstätten für behinderte Menschen (2016b): Anzahl der wesentlichen Behinderungsarten in den Mitgliedswerkstätten zum 1. Januar 2016. In: http://www.bagwfbm.de/file/1055/, 19.09.2017

Bundesministerium für Arbeit und Soziales (2017): Lebenslagen in Deutschland. Der Fünfte Armuts- und Reichtumsbericht der Bundesregierung. In: http://www.bmas.de/DE/Service/Medien/Publikationen/a125-16-teilhabebericht.html, 19.09.2017

Bundesministerium für Arbeit und Soziales (2016): Teilhabebericht der Bundesregierung über die Lebenslagen von Menschen mit Beeinträchtigungen 2016. In: http://www.bmas.de/SharedDocs/Downloads/DE/PDF-Pressemitteilungen/2017/zweiter-teilhabebericht.pdf?_blob=publicationFile&v=4, 04.06.2017

Bundesministerium für Arbeit und Soziales (2013): Teilhabebericht der Bundesregierung über die Lebenslagen von Menschen mit Beeinträchtigungen. Teilhabe – Beeinträchtigung – Behinderung. In: http://www.bmas.de/DE/Service/Medien/Publikationen/a125-13-teilhabebericht.html, 02.07.2017

Bundesministerium für Familie, Senioren, Frauen und Jugend (2015): Fünfter Bericht zur Evaluation des Kinderförderungsgesetzes. Bericht der Bundesregierung 2015 über den Stand des Ausbaus der Kindertagesbetreuung für Kinder unter drei Jahren für das Berichtsjahr 2014 und Bilanzierung des Ausbaus durch das Kinderförderungsgesetz. In: http://www.fruehe-chancen.de/fileadmin/user_upload/kifoeg-2015-langfassung.pdf, 25.05.2017

Bundesministerium für Familie, Senioren, Frauen und Jugend (2005): Gender Datenreport. Kapitel 9: Zur Situation von Frauen und Männern mit Behinderung. In: http://www.bmfsfj.de/bmfsfj/generator/Publikationen/genderreport/9-behinderung.html, 18.11.2008

Bundesministerium für Gesundheit und soziale Sicherung (2004): Die Lage der behinderten Menschen und die Entwicklung ihrer Teilhabe. In: http://www.bmas.de/SharedDocs/Downloads/DE/bericht-der-bundesregierung-ueber-die-lage-der-behinderten-menschen-und-die-entwicklung-ihrer-teilhabe.pdf, 19.09.2017

Bundesvereinigung Lebenshilfe für Menschen mit geistiger Behinderung e. V. (Hrsg.) (1996): Selbstbestimmung: Kongressbeiträge. Dokumentation des Kongresses „Ich weiß doch selbst, was ich will!“. Lebenshilfe Verlag, Marburg

Büschges-Abel, W. (2000): Systemische Beratung in Familien mit behinderten oder chronisch kranken Angehörigen: ein lösungsorientierter Ansatz für Heilpädagogik und klinische Sozialpädagogik. Luchterhand, Neuwied

Cloerkes, G. (2009): Stigma/Vorurteil. In: Dederich, M., Jantzen, W. (Hrsg.), 208–212

Cloerkes, G. (2007): Soziologie der Behinderten. Universitätsverlag Winter, Heidelberg

Cloerkes, G. (2000): Erkenntnisse und Erfahrungen aus integrativen Ferien- und Freizeitmaßnahmen. In: Markowetz, R., Cloerkes, G. (Hrsg.), 342–349

Cloerkes, G. (Hrsg.) (2003): Wie man behindert wird. Texte zur Konstruktion einer sozialen Rolle und zur Lebenssituation betroffener Menschen. Universitätsverlag Winter, Heidelberg

Cloerkes, G., Neubert, D. (2001): Behinderung und Behinderte in verschiedenen Kulturen: eine vergleichende Analyse ethnologischer Studien. Universitätsverlag Winter, Heidelberg

Conradi, E. (2001): Take Care. Grundlagen einer Ethik der Achtsamkeit. Campus, Frankfurt

Dederich, M. (2006): Geistige Behinderung – Menschenbild, Anthropologie und Ethik. In: Wüllenweber, E., Theunissen, G., Mühl, H. (Hrsg.), 542–557

Dederich, M. (2003): Bioethik und Behinderung. Klinkhardt, Bad Heilbrunn

Dederich, M. (2001): Menschen mit Behinderung zwischen Ausschluss und Anerkennung. Klinkhardt, Bad Heilbrunn

Dederich, M., Jantzen, W. (Hrsg.) (2009): Behinderung und Anerkennung. Kohlhammer, Stuttgart

Degener, Th., Diehl, E. (Hrsg.) (2015): Handbuch Behindertenrechtskonvention. Teilhabe als Menschenrecht – Inklusion als gesellschaftliche Aufgabe. Bundeszentrale für politische Bildung, Bonn

Deller, U., Brake, R. (2014): Soziale Arbeit: Grundlagen für Theorie und Praxis. Budrich, Opladen

Detmar, W., Gehrmannm M., König, F., Momper, D., Pieda, B., Radatz, J. (2008): Entwicklung der Zugangszahlen zu Werkstätten für behinderte Menschen.In: http://www.bmas.de/SharedDocs/Downloads/DE/PDF-Publikationen/forschungsbericht-f383.pdf?__blob=publicationFile, 29.05.2017

Deutsche Rentenversicherung (2016): Rentenversicherung in Zeitreihen. In: https://www.deutsche-rentenversicherung.de/cae/servlet/contentblob/238700/publicationFile/62588/03_rv_in_zeitreihen.pdf, 27.05.2017

Deutscher Bildungsrat (1973): Empfehlungen der Bildungskommission. Zur pädagogischen Förderung behinderter und von Behinderung bedrohter Kinder und Jugendlicher. Bundesdruckerei, Bonn

Deutscher Bundestag (2009): Gesetz zu dem Übereinkommen der Vereinten Nationen vom 13. Dezember 2006 über die Rechte von Menschen mit Behinderungen sowie zu dem Fakultativprotokoll vom 13. Dezember 2006 zum Übereinkommen der Vereinten Nationen überdie Rechte von Menschen mit Behinderungen. Bundesgesetzblatt Jahrgang 2008 Teil II Nr. 35

Deutscher Verein für öffentliche und private Fürsorge (2014): Empfehlungen des Deutschen Vereins für eine praxisgerechte Unterstützung von Eltern mit Beeinträchtigungen und deren Kinder. In: https://www.deutscher-verein.de/de/download.php?file=uploads/empfehlungen-stellungnahmen/2014/dv-32-13-elternassistenz.pdf, 01.06.2017

Deutsches Institut für medizinische Dokumentation und Information (DIMDI) (2005): Internationale Klassifikation der Funktionsfähigkeit, Behinderung

und Gesundheit. In: http://www.dimdi.de/dynamic/de/klassi/download-center/icf/endfassung, 18.11.2008
Dieckmann, F. (2012): Wohnen. In: Beck, I., Greving, H. (Hrsg.), 234–241
Diewald, M. (1991): Soziale Beziehungen. Verlust oder Liberalisierung? Soziale Unterstützung in informellen Netzwerken. Ed. Stigma, Berlin
Doose, S. (2014): „I want my dream!“: persönliche Zukunftsplanung; neue Perspektiven und Methoden einer personenzentrierten Planung mit Menschen mit und ohne Beeinträchtigungen. AG-SPAK-Bücher, Neu-Ulm
Doose, S. (2012): Berufliche Integration auf lange Sicht; Theorie, Methodik und Nachhaltigkeit der Unterstützung von Menschen mit Lernschwierigkeiten auf dem allgemeinen Arbeitsmarkt; eine Verbleibs- und Verlaufsstudie. Lebenshilfe-Verlag, Marburg
Dörner, K. (2007): Leben und sterben, wo ich hingehöre. Dritter Sozialraum und neues Hilfesystem. Paranus, Neumünster
Dörner, K. (2006): Der Nationalsozialismus. In: Wüllenweber, E., Theunissen, G., Mühl, H. (Hrsg.), 23–29
Dörner, K. (1995): Bürger und Irre. Zur Sozialgeschichte und Wissenschaftssoziologie der Psychiatrie. Europäische Verlagsanstalt, Hamburg
Dörner, K. (1994a): Wir verstehen die Geschichte der Moderne nur mit den Behinderten vollständig. Leviathan- Zeitschrift für Sozialwissenschaft, Heft 3, 367–390
Dörner, K. (Hrsg.) (1994b): Jeder Mensch will notwendig sein. Neue Chancen für das Recht auf Arbeit aller psychisch Kranken und Behinderten. Jakob van Hoddis, Gütersloh
Dörner, K., Plog, U. (1994): Irren ist menschlich. Lehrbuch der Psychiatrie/Psychotherapie. Psychiatrie-Verlag, Bonn
Döttinger, I., Hollenbach-Biele, N. (2015): Auf dem Weg zum gemeinsamen Unterricht? Aktuelle Entwicklungen zur Inklusion in Deutschland. Bertelsmann, Gütersloh
Dworschak, W. (2010): Schulbegleiter, Integrationshelfer, Schulassistent? Begriffliche Klärung einer Maßnahme zur Integration in die Allgemeine Schule bzw. die Förderschule. Teilhabe 49 (3), 131–135.
Dworschak, W. (2004): Lebensqualität von Menschen mit geistiger Behinderung. Theoretische Analyse, empirischer Erfassung und grundlegende Aspekte qualitativer Netzwerkanalyse. Klinkhardt, Bad Heilbrunn
Eberwein, H. (1997): Integrationspädagogik als Weiterentwicklung (sonder) pädagogischen Denken und Handelns. In: Eberwein, H., Knauer, S. (Hrsg.), 45–53
Eberwein, H., Knauer, S. (Hrsg.) (2002): Integrationspädagogik. Kinder mit und ohne Beeinträchtigung lernen gemeinsam. Ein Handbuch. 6. Aufl. Beltz, Weinheim
Eisenmann, P. (2006): Werte und Normen der Sozialen Arbeit. Kohlhammer, Stuttgart

Elias, N. (1997): Über den Prozess der Zivilisation. Soziogenetische und psychogenetische Untersuchungen. 2 Bd. Suhrkamp, Frankfurt

Engelbert, A. (2012): Familie. In: Beck, I., Greving, H. (Hrsg.), 96–104

Engelbert, A. (2003): Behinderung im Hilfesystem: Zur Situation von Familien mit behinderten Kindern. In: Cloerkes, G. (Hrsg.), 209–224

Engelke, E., Spatscheck, Chr., Borrmann, S. (2016): Die Wissenschaft Soziale Arbeit. Lambertus, Freiburg

Engelke, E., Spatscheck, C., Borrmann, S. (2014): Theorien der Sozialen Arbeit. Lambertus, Freiburg

Erath, P., Balkow, K. (2016): Einführung in die Soziale Arbeit. Kohlhammer, Stuttgart

Euler, D., Severing, E. (2014): Inklusion in der Berufsbildung. Daten, Fakten, offene Fragen. Bertelsmann, Gütersloh

Eurich, J. (2008): Gerechtigkeit für Menschen mit Behinderung. Ethische Reflexionen und sozialpolitische Perspektiven. Campus, Frankfurt

Felder, F. (2016): Anerkennung. In: Hedderich, I., Biewer, G., Hollenweger, J., Markowetz, R. (Hrsg.), 96–101

Feuser, G. (1996): Geistigbehinderte gibt es nicht! – Projektionen und Artefakte in der Geistigbehindertenpädagogik. Geistige Behinderung 35, 18–25

Fietkau, S. (2017): Unterstützer*innenkreise für Menschen mit Behinderungen im internationalen Vergleich. Beltz Juventa, Weinheim

Fornefeld, B. (2013): Grundwissen Geistigbehindertenpädagogik. Ernst Reinhardt, München / Basel

Franz, D., Beck I. (2015): Evaluation des Ambulantisierungsprogramms in Hamburg. Hrsg. von der Arbeitsgemeinschaft der Freien Wohlfahrtspflege (AGFW) Hamburg e. V., Hamburg

Franz, D., Beck, I. (2007): Umfeld- und Sozialraumorientierung in der Behindertenhilfe. Empfehlungen und Handlungsansätze für Hilfeplanung und Gemeindeintegration. Eigenverlag DHG, Hamburg

Frevert, U. (2000): Selbstbestimmt leben behinderter Menschen im Sinne der Internationalen Independent Living Bewegung. In: Verein für Behindertenhilfe (Hrsg.): Von der Betreuung zur Assistenz? Professionelles Handeln unter der Leitlinie der Selbstbestimmung. Tagungsbericht, Hamburg, 65–69

Früchtel, F., Budde, W., Cyprian, G. (2013): Sozialer Raum und Soziale Arbeit. Textbook und Fieldbook. Springer VS, Wiesbaden

Gahleitner, S., Hahn, G., Glemser, R. (2013): Psychosoziale Diagnostik. Psychiatrie-Verlag, Bonn

Gahleitner, S., Hintenberger, G., Leitner, A. (2013): Biopsychosozial – zur Aktualität des interdisziplinären Modells in Psychotherapie, Beratung und Supervision. Resonanzen, 1(1), 1–14. In: http://www.resonanzen-journal.org/index.php/resonanzen/article/view/188/122, 06.06.2013

Galiläer, L. (2011): Auf dem Weg zur Inklusion? Übergänge und Ausbildung von Jugendlichen mit Behinderung. In: bwp@ Spezial 5 – Hochschultage Berufliche Bildung 2011, Fachtagung 05, 1–14

Galuske, M. (2013): Methoden der Sozialen Arbeit. Eine Einführung. Beltz Juventa, Weinheim

Gehrmann, G., Müller, K. (2001): Praxis Sozialer Arbeit. Familie im Mittelpunkt. Effektives Krisenmanagement für Familien. Walhalla, Regensburg

Geiser, K. (2017): Problem- und Ressourcenanalyse in der Sozialen Arbeit. Eine Einführung in die Systemische Denkfigur und ihre Anwendung. Interact, Luzern

Geislinger, R. (1998): Experten in eigener Sache – Psychiatrie, Selbsthilfe und Modelle der Teilhabe. Zenit, München

Geißler, K., Hege, M. (2001): Konzepte sozialpädagogischen Handelns. Ein Leitfaden für soziale Berufe. Beltz, Weinheim

Germain, C. B., Gitterman, A. (1999): Praktische Sozialarbeit. Das ‚Life Model' der sozialen Arbeit. 3. Aufl. Enke, Stuttgart

Ginnold, A. (2004): Wege und Sackgassen ins Arbeitsleben. Kritische Betrachtungen zum System der beruflichen Förderung für Jugendliche mit Lernschwierigkeiten. In: Schnell, I., Sander, A. (Hrsg.): Inklusive Pädagogik. Klinkhardt, Bad Heilbrunn, 289–302

Gitterman, A., Germain, C. B. (2008): The Life Model of Social Work Practice. Advances in Theorie & Practice. Columbia University Press, New York

Glatzer, W., Zapf, W. (Hrsg.) (1984): Lebensqualität in der Bundesrepublik. Objektive Lebensbedingungen und subjektives Wohlbefinden. Campus, Frankfurt

Gleiss, G. (2000): Selbstbestimmtes Leben mit Assistenz zwischen Pflegeversicherung und Globalrichtlinien. In: Verein für Behindertenhilfe (Hrsg.): Von der Betreuung zur Assistenz? Professionelles Handeln unter der Leitlinie der Selbstbestimmung. Tagungsbericht, Hamburg, 70–78

Goffman, E. (1992): Stigma. Über Techniken der Bewältigung beschädigter Identität. Suhrkamp, Frankfurt

Goffman, E. (1973): Asyle: über die soziale Situation psychiatrischer Patienten und anderer Insassen. Suhrkamp, Frankfurt

Graumann, Sigrid (2009): Bioethik / Biomedizin. In: Dederich, M., Jantzen, W. (Hrsg.), 278–284

Großmaß, R. (2006): Die Bedeutung der Care-Ethik für die Soziale Arbeit. In: Dungs, S., Gerber, U., Schmidt, H., Zitt, R. (Hrsg.): Soziale Ethik im 21. Jahrhundert. Ein Handbuch. Evangelische Verlagsanstalt, Leipzig, 319–328

Grunwald, K., Meyer, T. (2016): Lebensweltorientierung in der Arbeit mit Menschen mit Behinderung. Soziale Arbeit im Spannungsfeld von Institutionalisierung und Deinstitutionalisierung. In: Grunwald, G., Thiersch, H. (Hrsg.), 175–188

Grunwald, K., Thiersch, H. (2016): Praxishandbuch lebensweltorientierte Soziale Arbeit: Handlungszusammenhänge und Methoden in unterschiedlichen Arbeitsfeldern. Beltz Juventa, Weinheim

Gruschka, A. (2015): Normalschule vor Inklusion: ratlos. In: Huf, C., Schnell, I. (Hrsg.): Inklusive Bildung in Kita und Grundschule. Kohlhammer, Stuttgart, 23–32

Grotkamp, S., Cibis, W., Nüchtern, E. (2010): Personbezogene Kontextfaktoren der ICF – Stellungnahme mit Anmerkungen zum Entwurf der AG 2 ICF2 des Fachbereichs II der Deutschen Gesellschaft für Sozialmedizin und Rehabilitation. Gesundheitswesen 72, 908–916

Haack, G. (2002): Zur behindertenpolitischen Ausgangslage in den Bundesländern. In: Thimm, W., Wachtel, G. (Hrsg.): Familien mit behinderten Kindern. Beltz Juventa, Weinheim, 29–44

Hahn, M. (1999): Anthropologische Aspekte der Selbstbestimmung. In: Wilken, E., Vahsen, F. (Hrsg.): Sonderpädagogik und Soziale Arbeit. Luchterhand, Neuwied, 14–30

Hähner, U., Niehoff, U., Sack, R., Walther, H. (2016): Vom Betreuer zum Begleiter: eine Handreichung zur Leitidee der Selbstbestimmung. Lebenshilfe-Verlag, Marburg

Hähner, U., Niehoff, U., Sack, R., Walther, H. (1998): Vom Betreuer zum Begleiter. Eine Neuorientierung unter dem Paradigma der Selbstbestimmung. Lebenshilfe-Verlag, Marburg

Haller, F., Gräser, H. (2012): Selbsthilfegruppen. Beltz Juventa, Weinheim

Hamel, T., Windisch, M. (1993): Soziale Integration. Vergleichende Analyse von sozialen Netzwerken nichtbehinderter und behinderter Erwachsener. neue praxis 5, 425–439

Hammerschmidt, P., Aner, K., Weber, S. (2017): Zeitgenössische Theorien Sozialer Arbeit. Beltz Juventa, Weinheim

Hanslmeier-Prockl, G. (2009): Teilhabe von Menschen mit einer geistigen Behinderung. Empirische Studie zu Bedingungen der Teilhabe im Ambulant betreuten Wohnen in Bayern. Klinkhardt, Bad Heilbrunn

Häßler, G., Häßler, F. (2005): Geistig Behinderte im Spiegel der Zeit. Vom Narrenhäusl zur Gemeindepsychiatrie. Thieme, Stuttgart

Hausdörfer-Reinert, S. (2005): Von der Krüppelfürsorge zur Rehabilitation für Körperbehinderte: ein Beitrag zur Verortung sozialer Arbeit. Jacobs-Verlag, Lage

Hauss, F. (1989): Von der Zwangsjacke zur Fördergruppe: geistig Behinderte in der Geschichte der Psychiatrie: medizinhistorische Untersuchung über das sich wandelnde Krankheitsverständnis anhand von Psychiatrielehrbüchern ab 1850. Lang, Frankfurt

Heckmann, C. (2004): Die Belastungssituation von Familien mit behinderten Kindern: soziales Netzwerk und professionelle Dienste als Bedingungen für die Bewältigung. Universitätsverlag Winter, Heidelberg

Hedderich, I., Biewer, G., Hollenweger, J., Markowetz, R. (Hrsg.) (2016): Handbuch Inklusion und Sonderpädagogik. Klinkhardt, Bad Heilbrunn

Heimlich, U. (2016): Integration. In: Hedderich, I., Biewer, G., Hollenweger, J., Markowetz, R. (Hrsg.), 119–123

Heimlich, U. (2013): Kinder mit Behinderung – Anforderungen an eine inklusive Frühpädagogik. In: Deutsches Jugendinstitut/Weiterbildungsinitiative Frühpädagogische Fachkräfte (Hrsg.): Inklusion – Kinder mit Behinderung.

Grundlagen für die kompetenzorientierte Weiterbildung. WiFF Wegweiser Weiterbildung, München, 24–50
Heiner, M. (2012): Wege zu einer integrativen Grundlagendiagnostik in der Sozialen Arbeit. In: Gahleitner, S., Hahn, G., Glemser, R. (Hrsg.): Psychosoziale Diagnostik. Psychiatrie-Verlag, Bonn, 18–34
Heiner, M. (2010): Soziale Arbeit als Beruf. Fälle – Felder – Fähigkeiten. 2. Aufl. Ernst Reinhardt, München / Basel
Heiner, M. (2004a): Professionalität in der Sozialen Arbeit. Theoretische Konzepte, Modell und empirische Perspektiven. Kohlhammer, Stuttgart
Heiner, M. (2004b): PRO-ZIEL Basisdiagnostik. Ein prozessbegleitendes, zielbezogenes, multiperspektivisches und dialogisches Diagnoseverfahren im Vergleich. In: Heiner, M. (Hrsg.): Diagnostik und Diagnosen in der Sozialen Arbeit. Ein Handbuch. Eigenverlag Deutscher Verein, Berlin, 218–238
Heiner, M., Schrapper, C. (2004): Diagnostisches Fallverstehen in der Sozialen Arbeit. In: Schrapper, Chr. (Hrsg.): Sozialpädagogische Diagnostik und Fallverstehen in der Jugendhilfe. Beltz Juventa, Weinheim, 201–221
Hensle, U., Vernooij, M. A. (2002): Einführung in die Arbeit mit behinderten Menschen I. Psychologische, pädagogische und medizinische Aspekte. Quelle & Meyer, Wiebelsheim
Hermes, G. (2004): Behinderung und Elternschaft leben. Kein Widerspruch. Eine Studie zum Unterstützungsbedarf körper- und sinnesbehinderter Eltern in Deutschland. AG-Spak, Neu-Ulm
Herriger, N. (2002): Empowerment in der Sozialen Arbeit. Eine Einführung. Kohlhammer, Stuttgart
Herriger, N. (1997): Das Empowerment-Ethos. Sozialmagazin 11, 29–35
Herriger, N. (1995): Empowerment und das Modell der Menschenstärken. Bausteine für ein verändertes Menschenbild der Sozialen Arbeit. Soziale Arbeit 5, 155–162
Herriger, N. (1992): Empowerment – eine neue Zauberformel der Sozialen Arbeit? Soziale Arbeit 7, 231–234
Heuser, K. (2007): „Gemeinsam zum Erfolg verurteilt“. Die Zukunft der Eingliederungshilfe. Soziale Psychiatrie 1, 39–43
Heyer, P. (2002): Grundschule – Schule für alle Kinder. Grundsätze zur Entwicklung integrativer Arbeit. In: Eberwein, H., Knauer, S. (Hrsg.), 191–200
Hill, B., Kreling, E., Hönigschmid, C. (2013): Selbsthilfe und Soziale Arbeit – Das Feld neu vermessen. In: Hill, B., Kreling, E., Hönigschmid, C., Zink, G., Eisenstecken, E., Grothe-Bortlik, K. (Hrsg.): Selbsthilfe und Soziale Arbeit. Das Feld neu vermessen. Beltz Juventa, Weinheim und Basel, 14–25
Hillebrandt, F. (1999): Exklusionsindividualität. Leske und Budrich, Opladen
Hinte, W. (2014): Das Fachkonzept „Sozialraumorientierung“ – Grundlage und Herausforderung für professionelles Handeln. In: Fürst, R., Hinte, W. (Hrsg.): Sozialraumorientierung. Ein Studienbuch zu fachlichen, institutionellen und finanziellen Aspekten. Facultas, Wien, 9–28

Hinte, W., Karas, F. (2003): Die Aktionsforschung in der Gemeinwesenarbeit. In: Lüttringhaus, M., Richers, H. (Hrsg.): Handbuch Aktivierende Befragung. Konzepte, Erfahrungen, Tipps. Stiftung Mitarbeit, Bonn, 36–54

Hinz, A. (2006): Integration und Inklusion. In: Wüllenweber, E., Theunissen, G., Mühl, H. (Hrsg.), 251–263

Honneth, A. (1994): Kampf um Anerkennung. Zur Grammatik sozialer Konflikte. Suhrkamp, Frankfurt

Hosemann, W., Geiling, W. (2013): Einführung in die systemische Soziale Arbeit. Ernst Reinhardt, München / Basel

Huf, Chr., Kelle, H. (2015): Selektionspraktiken und Inklusionspotentiale in Grundschulen und flexiblen Schuleingangsstufen. In: Huf, Chr., Schnell, I. (Hrsg.): Inklusive Bildung in Kita und Grundschule. Kohlhammer, Stuttgart, 71–94

ICF Research Branch (2017): Erzeugung eines ICF-basierten Dokumentationsbogens. In: http://www.icf-core-sets.org/de/page0.php, 30.08.2017

Ife, J. (2012): Human rights and social work. Towards a rights-based practice. University Press, Cambridge

Illich, I. (1979): Entmündigung durch Experten. Zur Kritik der Dienstleistungsberufe. Rowohlt, Reinbek bei Hamburg

International Federation of Social Workers (IFSW) (2014): Global Definition of Social Work. In: http://ifsw.org/get-involved/global-definition-of-social-work/, 02.07.2017

International Federation of Social Workers (IFSW) (2012): Statement of Ethical Principles. In: http://ifsw.org/policies/statement-of-ethical-principles/, 02.07.2017

Jakobs, H. (1997): Heilpädagogik zwischen Anthropologie und Ethik. Eine Grundlagenreflexion aus kritisch-theoretischer Sicht. Haupt, Bern

Jantzen, W. (1974): Sozialisation und Behinderung. Studien zu sozialwissenschaftlichen Grundlagen der Behindertenpädagogik. Focus, Gießen

Jantzen, W. (1987): Allgemeine Behindertenpädagogik. Sozialwissenschaftliche und psychologische Grundlagen. Beltz, Weinheim

Jantzen, W. (1985): Materialistische Theorie der Behindertenpädagogik. In: Bleidick, U. (Hrsg.): Theorie der Behindertenpädagogik. Marhold, Berlin, 322–342

Jakobs, S. Röh, D. (2005): Über die (Un-)Möglichkeit einer Sozialen Diagnose. Soziale Arbeit 8, 282–287

Jonas, H. (1984): Das Prinzip Verantwortung. Versuch einer Ethik für die technologische Zivilisation. Suhrkamp, Frankfurt

Kan, P. van, Doose, S. (1999): Zukunftsweisend: Peer Counseling & Persönliche Zukunftsplanung. Bildungs- u. Forschungsinstitut zum selbstbestimmten Leben Behinderter, Kassel

Kant, I. (2004): Grundlegung zur Metaphysik der Sitten. Reclam, Stuttgart

Kastl, J. M. (2017): Soziologie der Behinderung. Springer VS, Wiesbaden

Katzenbach, D. (2015): De-Kategorisierung inklusive? Über Risiken und Nebenwirkungen des Verzichts auf Etikettierungen. In: Huf, C., Schnell, I. (Hrsg.): Inklusive Bildung in Kita und Grundschule. Kohlhammer, Stuttgart, 33–55

Keupp, H. (2006): Gemeindeorientierung. In: Antor, G., Bleidick, U. (Hrsg.): Handlexikon Behindertenpädagogik. Kohlhammer, Stuttgart, 364–368

Kindler, K. (1992): Wohlfahrtsverbände und Selbsthilfegruppen zwischen Interessensegoismus und Altruismus. Hartung-Gorre, Konstanz

Kirschniok, A. (2010): Circles of support. Eine empirische Netzwerkanalyse. VS-Verlag, Wiesbaden

Klauß, T. (2015): Menschen mit geistiger Behinderung – Ablösung vom Elternhaus. In: https://www.ph-heidelberg.de/fileadmin/wp/wp-klauss/Abl%C3%B6sung_von_Eltern_bei_Menschen_mit_geistiger_Behinderung_Winnenden_2015.pdf, 19.09.2017

Klee, E. (1983): „Euthanasie" im NS-Staat. Die „Vernichtung lebensunwerten Lebens". Fischer, Frankfurt

Klein, G. (2004): Frühförderung und lebensweltorientierte Sozialarbeit. In: Grunwald, K., Thiersch, H. (Hrsg.), 281–296

Klein, G. (2002): Frühförderung für Kinder mit psychosozialen Risiken. Kohlhammer, Stuttgart

Kling-Kirchner, C. (1989): Institutionelle Beratung als Herrschaft von Expert/innen – Das Ende der Autonomie und Selbsthilfe von Klient/innen? Soziale Arbeit 8, 298–302

Kniel, A., Windisch, M. (2005): People First. Selbsthilfegruppen von und für Menschen mit geistiger Behinderung. Ernst Reinhardt, München/Basel

Kniel, A., Windisch, M. (1993): Lebensbedingungen behinderter Erwachsener. Eine Studie zu Hilfebedarf, sozialer Unterstützung und Integration. Deutscher Studienverlag, Weinheim

Knuf, A., Seibert, U. (2000): Selbstbefähigung fördern – Empowerment und psychiatrische Arbeit. Psychiatrie-Verlag, Bonn

Knust-Potter, E. (1998): Behinderung – Enthinderung. Die Community-Living-Bewegung gegen Ausgrenzung und Fremdbestimmung. Klaus-Novy-Institut, Köln

Knust-Potter, E. (1997): Self-Advocacy oder: Wie sprechen für uns selbst. In: Bundesvereinigung Lebenshilfe für Menschen mit geistiger Behinderung e. V. (Hrsg.), 519–535

Kornmann, R. (2013): Die Überrepräsentation ausländischer Kinder und Jugendlicher in Sonderschulen mit dem Schwerpunkt Lernen. In: Auernheimer, G. (Hrsg.): Schieflagen im Bildungssystem. Die Benachteiligung der Migrantenkinder. Kohlhammer, Stuttgart, 71–86

Kräling, K. (2006): Ambulant vor stationär? Chance oder Risiko? In: Theunissen, G., Schirbort, K. (Hrsg.), 103–115

Kron, M. (2002): Gemeinsame Erziehung von Kindern mit und ohne Behinderung im Elementarbereich. Theorieansätze und Praxiserfahrungen. In: Eberwein, H., Knauer, S. (Hrsg.), 178–190

Kronenberg, B. (2016): Frühförderung: In: Hedderich, I., Biewer, G., Hollenweger, J., Markowetz, R. (Hrsg.), 472–479

Kuhse, H., Singer, P. (1993): „Muss dieses Kind am Leben bleiben? – Das Problem schwerstgeschädigter Neugeborener“. Harald Fischer Verlag, Erlangen

Kulig, W. (2006): Soziologische Anmerkungen zum Inklusionsbegriff in der Heil- und Sonderpädagogik. In: Theunissen, G., Schirbort, K. (Hrsg.), 49–58

Kulig, W., Theunissen, G. (2006): Selbstbestimmung und Empowerment. In: Wüllenweber, E., Theunissen, G., Mühl, H. (Hrsg.), 237–250

Kulig, W., Theunissen, G., Wüllenweber, E. (2006): Geistige Behinderung. In: Wüllenweber, E., Theunissen, G., Mühl, H. (Hrsg.), 116–127

Kultusministerkonferenz (2016): Statistische Veröffentlichungen Dokumentation Nr. 210 – Februar 2016. In: https://www.kmk.org/dokumentation-und-statistik/statistik/schulstatistik/sonderpaedagogische-foerderung-an-schulen.html, 17.05.2017

Laireiter, A. (1993): Soziales Netzwerk und soziale Unterstützung. Konzepte, Methoden und Befunde. Huber, Bern

Lambers, H. (2013): Theorien der Sozialen Arbeit: ein Kompendium und Vergleich. Budrich, Opladen

Lenz, A. (2002): Empowerment und Ressourcenaktivierung – Perspektiven für die psychosoziale Praxis. In: Lenz, A., Stark, W. (Hrsg.): Empowerment. Neue Perspektiven für psychosoziale Praxis und Organisation. Fortschritte der Gemeindepsychologie und Gesundheitsförderung. Band 10. Dgvt, Tübingen, 13–54

Lindmeier, C. (2004): Biografiearbeit mit geistig behinderten Menschen. Beltz Juventa, Weinheim

Lindmeier, Chr. (2000): Integrative Erwachsenenbildung im Interesse von Menschen mit (geistiger) Behinderung. In: Markowetz, R., Cloerkes, G. (Hrsg.), 171–184

Lindmeier, C., Lindmeier, B. (2006): Aufbau und Entwicklung der Pädagogik bei geistiger Behinderung von 1950–1989 in der BRD. In: Wüllenweber, E., Theunissen, G., Mühl, H. (Hrsg.), 41–53

Lindmeier, C., Lindmeier, B. (2001): Supported Living. Ein neues Konzept des Wohnens und Lebens in der Gemeinde für Menschen mit (geistiger) Behinderung. Behinderte in Familie, Schule und Gesellschaft 24 (3), 39–49

Löcherbach, P., Klug, W., Remmel-Faßbender, R., Wendt, W. R. (Hrsg.) (2009): Case Management. Fall- und Systemsteuerung in der Sozialen Arbeit. 4. Aufl. Ernst Reinhardt, München/Basel

Loeken, H., Windisch, M. (2013): Behinderung und Soziale Arbeit. Beruflicher Wandel – Arbeitsfelder – Kompetenzen. Kohlhammer, Stuttgart

Lübbe, A., Beck, I. (2002): Individuelle Hilfeplanung – Anforderung an die Behindertenhilfe. Deutsche Heilpädagogische Gesellschaft, Bremen

Lüders, C. (1989): Der wissenschaftlich ausgebildete Praktiker: Entstehung und Auswirkung des Theorie-Praxis-Konzeptes des Diplomstudienganges Sozialpädagogik. Dt. Studien-Verlag, Weinheim

Luhmann, N. (1997): Die Gesellschaft der Gesellschaft. Suhrkamp, Frankfurt

Luhmann, N. (1989): Individuum, Individualität, Individualismus. In: Luhmann, N.: Gesellschaftsstruktur und Semantik. Suhrkamp, Frankfurt, 149–258

Luhmann, N. (1988): Soziale Systeme. Grundriß einer allgemeinen Theorie. Suhrkamp, Frankfurt

Maikowski, R. (2002): Gemeinsames Lernen in der Sekundarstufe I: Eine Standortbestimmung. In: Eberwein, H., Knauer, S. (Hrsg.), 201–208

Markowetz, R. (2016): Freizeit. In: Hedderich, I., Biewer, G., Hollenweger, J., Markowetz, R. (Hrsg.), 459–465

Markowetz, R. (2007): Freizeit behinderter Menschen. In: Cloerkes, G. (Hrsg.), 307–340

Markowetz, R. (2000): Freizeit von Menschen mit Behinderungen. In: Markowetz, R., Cloerkes, G. (Hrsg.), 9–38

Markowetz, R., Cloerkes, G. (Hrsg.) (2000): Freizeit im Leben behinderter Menschen. Theoretische Grundlagen und sozialintegrative Praxis. Universitätsverlag Winter, Heidelberg

Marquard, O. (2003): Über die Unvermeidlichkeit der Geisteswissenschaften. In:. Marquard, O: Zukunft braucht Herkunft. Philosophische Essays. Reclam, Stuttgart, 169–187

Maschke, M. (2003): Die sozioökonomische Lage behinderter Menschen in Deutschland. In: Cloerkes, G. (Hrsg.), 165–182

Mattner, D. (2000): Behinderte Menschen in der Gesellschaft. Zwischen Ausgrenzung und Integration. Kohlhammer, Stuttgart

Maturana, H., Varela, F. (1997): Der Baum der Erkenntnis. Die biologischen Wurzeln des Erkennens. Goldmann, München

May, M. (2010): Aktuelle Theoriediskurse Sozialer Arbeit. Eine Einführung. Verlag für Sozialwissenschaften, Wiesbaden

Merten, R. (Hrsg.) (2000): Systemtheorie Sozialer Arbeit. Leske und Budrich, Opladen

Metzler, H. (2004): Behinderte Teilhabe. Eine Fallgeschichte. In: Grunwald, K., Thiersch, H. (Hrsg.), 297–304

Metzler, H., Rauscher, Chr. (2004): Wohnen inklusive. Wohn- und Unterstützungsangebote für Menschen mit Behinderungen in Zukunft. Diakonisches Werk, Stuttgart

Michel, M., Häußler-Sczepan, M. (2005): Die Situation von Frauen und Männern mit Behinderung. In: Bundesministerium für Frauen, Familie, Senioren und Jugend: Gender Datenreport. Kommentierter Datenreport zur Gleichstellung von Frauen und Männern in der Bundesrepublik Deutschland. Kapitel 9. In: http://www.genderkompetenz.info/genderkompetenz-2003-2010/w/files/gkompzpdf/gender_datenreport_2005.pdf, 19.09.2017

Mielenz, I. (2013): Selbsthilfe/Selbsthilfeorganisationen. In: Kreft, D., Mielenz, I. (Hrsg.): Wörterbuch Soziale Arbeit. Aufgaben, Praxisfelder, Begriffe und Methoden der Sozialarbeit und Sozialpädagogik. Beltz Juventa, Weinheim, 744–747

Miles-Paul, O. (1992): Wir sind nicht mehr aufzuhalten. Behinderte auf dem Weg zur Selbstbestimmung. AG-SPAK-Publikationen, München

Mißling, S., Ückert, O. (2014): Inklusive Bildung: Schulgesetze auf dem Prüfstand. Deutsches Institut für Menschenrechte, Berlin

Moeller, M. L. (1978): Selbsthilfegruppen. Selbstbehandlung und Selbsterkenntnis in eigenverantwortlichen Gruppen. Rowohlt, Reinbek bei Hamburg

Moosecker, J. (2004): ‚Selbstbestimmung' in anthropologischem und pädagogischem Blickwinkel. Sonderpädagogik, 34 (2), 107–117

Mühl, H. (2006): Pädagogische Angebote im Vorschulalter. In: Wüllenweber, E., Theunissen, G., Mühl, H. (Hrsg.), 281–285

Mühlum, A. (2001): Sozialarbeit und Sozialpädagogik: ein Vergleich. Dt. Verein für öffentliche und private Fürsorge, Frankfurt/M.

Mühlum, A. (1999): Rehabilitation im Lebenslauf. Die Ganzheitsperspektive als Herausforderung für Sonderpädagogik und Soziale Arbeit. In: Wilken, E., Vahsen, F. (Hrsg.): Sonderpädagogik und Soziale Arbeit. Luchterhand, Neuwied, 44–60

Mührel, E. (2005): Verstehen und Achten. Philosophische Reflexionen zur professionellen Haltung in der Sozialen Arbeit. Die Blaue Eule, Essen

Mührel, E., Birgmeier, B. (Hrsg.) (2013): Menschenrechte und Demokratie. Perspektiven für die Entwicklung der Sozialen Arbeit als Profession und wissenschaftliche Disziplin. Springer VS, Wiesbaden

Mührel, E., Birgmeier, B. (Hrsg.) (2011): Theoriebildung in der Sozialen Arbeit. Entwicklungen in der Sozialpädagogik und der Sozialarbeitswissenschaft. VS-Verlag, Wiesbaden

Mührel, E., Birgmeier, B. (Hrsg.) (2009): Die Sozialarbeitswissenschaft und ihre Theorie(n). Positionen, Kontroversen, Perspektiven. Verlag für Sozialwissenschaften, Wiesbaden

Mührel, E., Röh, D. (2008): Menschenrechte als Bezugsrahmen in der Sozialen Arbeit – eine kritische Diskussion der ethisch-anthropologischen, fachwissenschaftlichen, sozialpolitischen und sozialphilosophischen Dimensionen. Widersprüche. Zeitschrift für sozialistische Politik im Bildungs-, Gesundheits- und Sozialbereich 107, 47–64

Müller, C. W. (2004): Wie Helfen zum Beruf wurde. Eine Methodengeschichte der Sozialen Arbeit. Beltz, Weinheim

Musenberg, Oliver (2016): Geistige Entwicklung. In: Hedderich, I.; Biewer, G., Hollenweger, J., Markowetz, R. (Hrsg.), 213–218

Nestmann, F., Sickendieck, U. (2011): Beratung. In: Otto, H.-U., Thiersch, H. (Hrsg.): Handbuch Soziale Arbeit. 4. Aufl. Ernst Reinhardt, München/Basel, 109–119

Neuffer, M. (2013): Case Management. Soziale Arbeit mit Einzelnen und Familien. Beltz Juventa, Weinheim

Niehaus, M, Kaul, T., Friedrich-Gärtner, L., Klinkhammer, D., Menzel, F. (2012): Zugangswege junger Menschen mit Behinderung in Ausbildung und

Beruf. Band 14 der Reihe Berufsbildungsforschung. BMBF (Hrsg.), Bonn/ Berlin

Niehoff, U. (2016): Persönliche Zukunftsplanung. In: Hedderich, I., Biewer, G., Hollenweger, J., Markowetz, R. (Hrsg.), 522–527

Niehoff, U. (2006): Menschen mit geistiger Behinderung in der Freizeit – Versuch einer Standortbestimmung, In: Wüllenweber, E., Theunissen, G., Mühl, H. (Hrsg.), 408–415

Nirje, B. (1994): Das Normalisierungsprinzip – 25 Jahre danach. Vierteljahresschrift für Heilpädagogik und ihre Nachbargebiete 63, 12–32

Nussbaum, M. (2015): Fähigkeiten schaffen. Neue Wege zur Verbesserung menschlicher Lebensqualität. Karl Alber, Freiburg

Nussbaum, M. (2010): Die Grenzen der Gerechtigkeit. Behinderung, Nationalität und Spezieszugehörigkeit. Suhrkamp, Frankfurt

Nussbaum, M. (2003): Langfristige Fürsorge und soziale Gerechtigkeit. Deutsche Zeitschrift für Philosophie 51, 179–198

Nussbaum, M. (1999): Gerechtigkeit oder das gute Leben. Suhrkamp, Frankfurt

Obrecht, W. (2001): Das Systemtheoretische Paradigma der Disziplin und der Profession der Sozialen Arbeit. Eine transdisziplinäre Antwort auf das Problem der Fragmentierung des professionellen Wissens und die unvollständige Professionalisierung der Sozialen Arbeit. Hochschule für Soziale Arbeit, Zürich

Opaschowski, H. W. (1990): Pädagogik und Didaktik der Freizeit. Leske Budrich, Opladen

Opp, G. (2005a): Gesellschaftliche Entwicklungslinien der Heilpädagogik. In: Opp, G., Kulig, W., Puhr, K. (Hrsg.), 11–17

Opp, G. (2005b): Frühförderung. In: Opp, G., Kulig, W., Puhr, K. (Hrsg.), 97–105

Opp, G. (2005c): Schulische Förderung. In: Opp, G., Kulig, W., Puhr, K. (Hrsg.), 106–112

Opp, G., Kulig, W., Puhr, K. (2005): Einführung in die Sonderpädagogik. Verlag für Sozialwissenschaften, Wiesbaden

Orthmann Bless, D. (2016): Erwachsenenalter und Elternschaft. In: Hedderich, I., Biewer, G., Hollenweger, J., Markowetz, R. (Hrsg.), 496–500

Ortmann, K.H., Röh, D. (2013): Sozialtherapie als Konzept der Klinischen Sozialarbeit – eine sozialarbeitswissenschaftliche Fundierung. In. Gahleitner, S., Hahn, G., Glemser, R. (Hrsg.): Klinische Sozialarbeit. Psychosoziale Interventionen. Psychiatrie-Verlag, Bonn, 71–91

Osbahr, S. (2000): Menschen mit geistiger Behinderung verwirklichen Selbstbestimmung. Überlegungen aus der Sicht einer konstruktivistisch-systemtheoretischen Sonderpädagogik. Vierteljahresschrift für Heilpädagogik und ihre Nachbargebiete 69 (1), 58–69

Oser, F., Althof, W. (1992): Moralische Selbstbestimmung. Modelle der Entwicklung und Erziehung im Wertebereich. Klett-Cotta, Stuttgart

Pantucek, P. (2012): Soziale Diagnostik. Verfahren für die Praxis Sozialer Arbeit. Böhlau, Wien

Pantucek, P. (2007): Lebensweltorientierte Individualhilfe. Lambertus, Freiburg

Pauls, H., Stockmann, P., Reicherts, M. (Hrsg.) (2013): Beratungskompetenzen für die psychosoziale Fallarbeit: ein sozialtherapeutisches Profil. Lambertus, Freiburg

Pearson, R. E. (1997): Beratung und soziale Netzwerke. Eine Lern- und Praxisanleitung zur Förderung sozialer Unterstützung. Beltz, Weinheim

Peiffer, St., Weber, P., Jahncke-Latteck, Ä.-D., Röh, D. (2009): Wohnen wie andere – Menschen mit Behinderungen verändern ihre Lebensbedingungen. Zwischenergebnisse vom Ambulantisierungsprozess in Hamburg. In: Nachrichtendienst des Deutschen Vereins. Oktober 2009, 393–397

Pixa-Kettner, U. (2012): Elternschaft. In: Beck, I., Greving, H. (Hrsg.), 229–233

Pixa-Kettner, U. (2007): Elternschaft von Menschen mit geistiger Behinderung. Ergebnisse einer zweiten bundesweiten Fragebogenerhebung. Geistige Behinderung 4, 309–321

Pixa-Kettner, U., Bargfrede, S. (2004): Elternschaft von Menschen mit geistiger Behinderung – ein soziales Problem? In: Wüllenweber, E. (Hrsg.), 78–88

Pixa-Kettner, U., Bargfrede, S., Blanken, I. (1996): „Dann waren sie sauer auf mich, dass ich das Kind haben wollte …“. Eine Untersuchung zur Lebenssituation geistigbehinderter Menschen mit Kindern in der BRD. Nomos, Baden-Baden

Pfaff, H. u. Mitarbeiter (2012): Lebenslagen der behinderten Menschen. Ergebnisse des Mikrozensus 2009. In: Statistisches Bundesamt (destatis.de): Auszug aus Wirtschaft und Statistik. In: https://www.destatis.de/DE/Publikationen/WirtschaftStatistik/Sozialleistungen/Lebenslagenbehinderte032012.pdf?__blob=publicationFile, 19.05.2017

Plessner, Helmut (1982): Mit anderen Augen. Aspekte einer philosophischen Anthropologie. Reclam, Stuttgart

Pörtner, M. (2017): Ernstnehmen, Zutrauen, Verstehen. Personzentrierte Haltung im Umgang mit geistig behinderten und pflegebedürftigen Menschen. Klett Cotta, Stuttgart

Prengel, A. (2010): Inklusion in der Frühpädagogik. Bildungstheoretische, empirische und pädagogische Grundlagen. WiFF Expertisen Band 5. München. In: www.weiterbildungsinitiative.de/publikationen/inklusion.html?PHPSESSID=7b 62f975c4cde3183e6dbd7bff67dfab, 25.05.2017

Rathmayr, B. (2014): Armut und Fürsorge. Einführung in die Geschichte der Sozialen Arbeit von der Antike bis zur Gegenwart. Budrich, Opladen

Rauschenbach, T. (1999): Das sozialpädagogische Jahrhundert. Analysen zur Entwicklung sozialer Arbeit in der Moderne. Beltz Juventa, München

Rauschenbach, T. (1994): Inszenierte Solidarität: Soziale Arbeit in der Risikogesellschaft. In: Beck, U., Beck-Gernsheim, E. (Hrsg): Riskante Freiheiten. Suhrkamp, Frankfurt, 89–114

Rawls, J. (1975): Eine Theorie der Gerechtigkeit. Suhrkamp, Frankfurt

Reese-Schäfer, W. (2005): Niklas Luhmann – zur Einführung. Junius Verlag, Hamburg

Richmond, M. (1903): Friendly Visiting among the Poor – A Handbook for Charity Workers. McMillan & Co., London

Richter-Kornweitz, A., Weiß, H. (2014): Armut, Gesundheit und Behinderung im frühen Kindesalter, Weiterbildungsinitiative Frühpädagogische Fachkräfte, WiFF Expertisen, Band 42. Deutsches Jugendinstitut, München

Ritscher, W. (2006): Einführung in die systemische Soziale Arbeit mit Familien. Carl-Auer, Heidelberg

Rogers, C. (1991): Person-zentriert. Grundlagen von Theorie und Praxis. Grünewald, Mainz

Röh, D. (2016a): Soziale Arbeit, Gerechtigkeit und das gute Leben. Eine Handlungstheorie zur daseinsmächtigen Lebensführung auf Basis des Capabilities Approachs. In: Borrmann, S., Spatscheck, C., Pankofer, S., Sagebiel, J., Michel-Schwartze, B. (Hrsg.): Die Wissenschaft Soziale Arbeit im Diskurs. Auseinandersetzungen mit den theoriebildenden Grundlagen Sozialer Arbeit. Budrich, Opladen, 217–232

Röh, D. (2016b): Grundbegriffe und Grundlagen: Gesellschaft, Partizipation und Benachteiligung. In: Hedderich, I., Biewer, G., Hollenweger, J., Markowetz, R. (Hrsg.), 387–396

Röh, D. (2013): Soziale Arbeit, Gerechtigkeit und das gute Leben. Eine Handlungstheorie zur daseinsmächtigen Lebensführung auf Basis des Capabilities Approachs. Springer VS, Wiesbaden

Röh, D. (2008): Apologie der Sozialen Arbeit. Soziale Arbeit 1, 8–14

Röh, D., Ansen, H. (2013): Sozialdiagnostik in der Betreuungspraxis – Ein Leitfaden für den Sozialbericht der Betreuungsbehörden. Bundesanzeiger-Verlag, Bonn

Rohrmann, E. (1999): Was ist überhaupt Selbsthilfe? Zum Begriff und Verständnis Sozialer Selbsthilfe. In: Günther, P., Rohrmann, E. (Hrsg.): Soziale Selbsthilfe: Alternative, Ergänzung oder Methode sozialer Arbeit? Universitätsverlag C. Winter, Heidelberg, 15–36

Rohrmann, E., Schädler, J., McGovern, K. (2000): Chancen und Hindernisse der Offenen Behindertenhilfe am Beispiel Familienunterstützender Dienste. Geistige Behinderung 2, 150–164

Rösner, M., Peiffer, S. (2006): Verlässliche und lebendige Grundlagen für den Alltag. Neue Wohnformen in der Behindertenhilfe. Blätter der Wohlfahrtspflege 1, 19–22

Roters, M., Möller, S. (2006): Case Management in der Eingliederungshilfe für behinderte Menschen. In: Wendt, W. R., Löcherbach, P. (Hrsg.), 173–190

Sachße, Chr., Tennstedt, F. (1980). Geschichte der Armenfürsorge in Deutschland. Band 1. Kohlhammer, Stuttgart

Sarimski, K. (2017): Handbuch interdisziplinäre Frühförderung. Ernst Reinhardt, München/Basel

Schablon, K.-U. (2009): Community Care: Professionell unterstützte Gemeinweseneinbindung erwachsener geistig behinderter Menschen. Lebenshilfe-Verlag, Marburg

Schädler, J. (2002): Paradigmenwechsel in der Behindertenhilfe unter Bedingungen institutioneller Beharrlichkeit: Strukturelle Voraussetzungen der Implementation Offener Hilfen für Menschen mit geistiger Behinderung. Dissertation. Uni Siegen

Schäfers, M. (2017): Lebensqualität. In: Hedderich, I., Biewer, G., Hollenweger, J., Markowetz, R. (Hrsg.), 132–137

Schäfers, M. (2008): Lebensqualität aus Nutzersicht. Wie Menschen mit geistiger Behinderung ihre Lebenssituation beurteilen. VS-Verlag, Wiesbaden

Scheu, B., Autrata, O. (2011): Theorie Sozialer Arbeit. VS-Verlag, Wiesbaden

Schlienger, I. (2016): Beratung. In: Hedderich, I., Biewer, G., Hollenweger, J., Markowetz, R. (Hrsg.), 353–358

Schmid, W. (1998): Philosophie der Lebenskunst: eine Grundlegung. Suhrkamp, Frankfurt

Schnoor, H. (2006): Psychosoziale Beratung in der Sozial- und Rehabilitationspädagogik. Kohlhammer, Stuttgart

Schreiber, T. (2010): Individuelle Hilfeplanung in der Praxis. Psychiatrie-Verlag, Bonn

Schröder, U. (2000): Lernbehindertenpädagogik. Grundlagen und Perspektiven sonderpädagogischer Lernhilfe. Kohlhammer, Stuttgart

Schuchardt, E. (2003): Krisenmanagement und Integration. Bd. 1, Biografische Erfahrung und wissenschaftliche Theorie. Bertelsmann, Bielefeld

Schuntermann, M. (2013): Einführung in die ICF: Grundkurs – Übungen – offene Fragen. EcoMed, Heidelberg

Schütze, F. (1992): Sozialarbeit als bescheidene Profession. In: Dewe, B. (Hrsg.): Erziehen als Profession. Zur Logik professionellen Handelns in pädagogischen Feldern. Leske und Budrich, Opladen, 132–170

Schwarte, N., Oberste-Ufer, R. (2001): LEWO II. Lebensqualität in Wohnstätten für erwachsene Menschen mit geistiger Behinderung. Lebenshilfe Verlag, Marburg

Schwendter, R. (2000): Einführung in die Soziale Therapie. dgvt, Tübingen

Seifert, M. (2016): Wohnen. In: Hedderich, I., Biewer, G., Hollenweger, J., Markowetz, R. (Hrsg.), 454–458

Seifert, M. (2004): Wenn Anforderungen zur Überforderung werden. Ablösung vom Elternhaus – im Interesse des behinderten Kindes. Geistige Behinderung 43 (4), 312–321

Seifert, M. (2002): Menschen mit schwerer Behinderung in Heimen. Ergebnisse der Kölner Lebensqualität-Studie. Geistige Behinderung 41 (3), 202–222

Seifert, M. (1997): Lebensqualität und Wohnen bei schwerer geistiger Behinderung. Theorie und Praxis. Diakonie-Verlag, Reutlingen

Seligman, M. (1999): Erlernte Hilflosigkeit. Beltz, Weinheim

Singer, P. (2013): Praktische Ethik. 3. Aufl. Reclam, Stuttgart

Singer, P. (1994): Praktische Ethik. Reclam Verlag, Stuttgart

Sommerfeld, P., Dällenbach, R., Rüegger, C., Hollenstein, L. (2016): Klinische Sozialarbeit in der Psychiatrie. Entwicklungslinien einer handlungstheoretisch Wissensbais. Springer VS, Wiesbaden

Sommerfeld, P., Hollenstein, L., Calzaferri, R. (2011): Integration und Lebensführung. Ein forschungsgestützter Beitrag zur Theoriebildung der Sozialen Arbeit. VS-Verlag, Wiesbaden

Sommerfeld, P., Hüttemann, M. (2007): Evidenzbasierte Soziale Arbeit. Nutzung von Forschung in der Praxis. Schneider, Baltmannsweiler

Spatscheck, C., Wolf-Ostermann, K. (2016): Sozialraumanalysen. Budrich, Opladen

Speck, O. (2016): Menschen mit geistiger Behinderung. Ein Lehrbuch zur Erziehung und Bildung. 12. Aufl. Ernst Reinhardt, München / Basel

Speck, O. (2008): System Heilpädagogik. Eine ökologisch reflexive Grundlegung. 6. Aufl. Ernst Reinhardt, München / Basel

Spiegel, H. v.:(2013): Methodisches Handeln in der Sozialen Arbeit. Ernst Reinhardt, München / Basel

Statistisches Bundesamt (2015): Statistik der schwerbehinderten Menschen. In: https: // www.destatis.de / DE / Publikationen / Thematisch / Gesundheit / BehinderteMenschen/SozialSchwerbehinderteKB5227101159004.pdf?__blob=publicationFile, 27.07.2017

Staub-Bernasconi, S. (2016): Soziale Arbeit und Menschenrechte: Vom beruflichen Doppelmandat zum professionellen Tripelmandat. Budrich, Opladen

Staub-Bernasconi, S. (2007): Soziale Arbeit als Handlungswissenschaft: systemtheoretische Grundlagen und professionelle Praxis – ein Lehrbuch. Haupt, Bern

Staub-Bernasconi, S. (2003): Soziale Arbeit als (eine) Menschenrechtsprofession. In: Sorg, R. (Hrsg.): Soziale Arbeit zwischen Politik und Wissenschaft. Lit, Münster, 17–54

Stein, A.-D. (2007): Was ist Community Living? In: Maas, T., Bayer, W., Götz, D., Heimler, J, Kraft, W., Nernheim, K., Schulz, B., Schulze-Steinmann, L. (Hrsg.): Community Living. Bausteine für eine Bürgergesellschaft. Alsterdorf, Hamburg, 16–25

Steiner, G. (1999): Experten in eigener Sache. In: Günther, P.; Rohrmann, E. (Hrsg.): Soziale Selbsthilfe: Alternative, Ergänzung oder Methode sozialer Arbeit? Universitätsverlag Winter, Heidelberg, 181–190

Stemmer-Lück, M. (2012): Beziehungsräume in der sozialen Arbeit: psychoanalytische Theorien und ihre Anwendung in der Praxis. Kohlhammer, Stuttgart

Stimmer, F., Ansen, H. (2016): Beratung in psychosozialen Arbeitsfeldern. Kohlhammer, Stuttgart

Stimmer, F. (2012): Grundlagen des Methodischen Handelns in der Sozialen Arbeit. Kohlhammer, Stuttgart

Stimmer, F. (2000): Lexikon der Sozialpädagogik und Sozialarbeit. Oldenbourg, München

Stinkes, U. (2004): Responsive Leiblichkeit. In: Kannewischer, S., Wagner, M., Winkler, Ch., Dworschak, W., Wegler, H. (Hrsg.): Verhalten als subjektiv-sinnhafte Ausdrucksform. Klinkhardt, Bad Heilbrunn, 78–90

Störmer, N. (2006): Die Entwicklung der Erziehung, Bildung und Betreuung von Menschen mit geistiger Behinderung von den Anfängen bis zur Zeit des Nationalsozialismus. In: Wüllenweber, E. et al. (Hrsg.), 12–22

Straus, F., Höfer, R. (2005): Netzwerk und soziale Projekte. In: Kessl, F., Reutlinger, Chr., Maurer, S., Frey, O. (Hrsg.): Handbuch Sozialraum. VS-Verlag, Wiesbaden, 471–492

Strubel, W. (2004): Menschen mit Behinderungen gehören zu ihren Gemeinden. Jahrbuch Neue Caritas. Freiburg, 154–157

Struve, K. (2012): Erwerbstätigkeit, Leben ohne Arbeit und berufliche Bildung. In: Beck, I., Greving, H. (Hrsg.), 241–251

Sulzer, A., Wagner, P. (2011): Inklusion in Kindertageseinrichtungen – Qualifikationsanforderungen an die Fachkräfte. WiFF Expertisen Band 15. München. In: www.weiterbildungsinitiative.de / publikationen/inklusion.html?PH PSESSID=7b62f975c4cde3183e6dbd7bff67dfab, 25.05.2017

Thesing, Th. (2009): Betreute Wohngruppen und Wohngemeinschaften für Menschen mit geistiger Behinderung. Lambertus, Freiburg

Theunissen, G. (2012): Lebensweltbezogene Behindertenarbeit und Sozialraumorientierung. Lambertus, Freiburg

Theunissen, G. (2009): Biografisches Arbeiten mit geistig behinderten Menschen. In: Theunissen, G., Wüllenweber, E. (Hrsg.): Zwischen Tradition und Innovation. Methoden und Handlungskonzepte der Heilpädagogik und Behindertenhilfe. Ein Lehrbuch und Kompendium für die Arbeit mit geistig behinderten Kindern, Jugendlichen und Erwachsenen. Lebenshilfe-Verlag, Marburg, 385–392

Theunissen, G. (2007): Empowerment behinderter Menschen. Inklusion – Bildung – Heilpädagogik – Soziale Arbeit. Lambertus, Freiburg

Theunissen, G. (2006a): Inklusion – Schlagwort oder zukunftsweisende Perspektive? In: Theunissen, G., Schirbort, K. (Hrsg.), 13–40

Theunissen, G. (2006b): Geistigbehindertenpädagogik in der DDR. In: Wüllenweber, E., Theunissen, G., Mühl, H. (Hrsg.), 30–40

Theunissen, G. (2006c): Zeitgemäße Wohnformen – Soziale Netze – Bürgerschaftliches Engagement. In: Theunissen, G., Schirbort, K. (Hrsg.), 59–96

Theunissen, G. (1997): Pädagogik bei geistiger Behinderung und Verhaltensauffälligkeiten. Ein Kompendium für die Praxis. Klinkhardt, Bad Heilbrunn

Theunissen, G., Mattner, D., Neubauer, G., Niehoff, U. (2000): Zur Situation geistig behinderter Menschen in ihrer Freizeit. Eine Umfrage bei der Lebenshilfe in Deutschland. Geistige Behinderung 39 (4), 360–372

Theunissen, G., Plaute, W. (2002): Handbuch Empowerment und Heilpädagogik. Lambertus, Freiburg

Theunissen, G., Schirbort, K. (Hrsg.) (2006): Inklusion von Menschen mit geistiger Behinderung. Zeitgemäße Wohnformen – Soziale Netze – Unterstützungsangebote. Kohlhammer, Stuttgart

Thiersch, H. (2004): Praxis lebensweltorientierter sozialer Arbeit. Handlungszugänge und Methoden in unterschiedlichen Arbeitsfeldern. Beltz Juventa, Weinheim

Thiersch, H., Grunwald, K., Köngeter, S. (2012): Lebensweltorientierte Soziale Arbeit. In: Thole, W. (Hrsg.): Grundriss Soziale Arbeit. VS Verlag für Sozialwissenschaften, Wiesbaden, 175–196

Thimm, W. (2005): Das Normalisierungsprinzip. Eine Einführung. In: ders. (Hrsg.): Das Normalisierungsprinzip. Ein Lesebuch zu Geschichte und Gegenwart eines Reformkonzepts. Lebenshilfe-Verlag, Marburg, 12–31

Thimm, W. (2003): Epidemiologie und soziokulturelle Faktoren. In: Neuhäuser, G., Steinhausen, H.-C. (Hrsg.): Geistige Behinderung. Kohlhammer, Stuttgart, 9–25

Thimm, W. (2002): Familien mit behinderten Kindern in Deutschland – Wege der Unterstützung. In: Thimm, W., Wachtel, G. (Hrsg.): Familien mit behinderten Kindern. Wege der Unterstützung und Impulse zur Weiterentwicklung regionaler Hilfesysteme. Beltz Juventa, Weinheim, 11–28

Thimm, W. (1997): Kritische Anmerkungen zur Selbstbestimmungsdiskussion in der Behindertenhilfe. Zeitschrift für Heilpädagogik 6, 222–232

Thimm, W., Schiller, B., Beck, I. (1987): Soziale Netzwerke behinderter Menschen. Bericht an die Deutsche Forschungsgemeinschaft. Universität Oldenburg

Thoma, R. (2004): Lebenslagen behinderter Menschen im 19. Jahrhundert. In: Baumgartner, I., Landersdorfer, A. (Hrsg.): Jeder Mensch ist kostbar. Dominikus Ringeisen (1835–1904). Ein Anwalt des Lebens. Dietmar-Klinger-Verlag, Passau, 83–98

Uexküll, T. v., Wesiack, W. (2003): Integrierte Medizin als Gesamtkonzept der Heilkunde. In: Uexküll, T. v.: Psychosomatische Medizin. Urban und Fischer, München, 3–42

UNESCO (1994): The Salamanca Statement and Framework for Action on Special Needs Education. Paris

Vereinte Nationen, Zentrum für Menschenrechte/Internationaler Verband der Sozialarbeiterinnen (IFSW)/Internationale Vereinigung der Ausbildungsstätten für Soziale Arbeit (IASSW) (2002): Menschenrechte und Soziale Arbeit. Ein Handbuch für Ausbildungsstätten der Sozialen Arbeit und für den Sozialarbeitsberuf. Arbeitsmaterialien Heft 1/1997 (5. Aufl.)

Vieweg, B. (2006): Für Heimbau-Moratorium und ambulante Strukturen. Standpunkt Sozial 3, 53

Wacker, E., Wetzler, R, Metzler, H., Hornung, C. (1998): Leben im Heim. Angebotsstruktur und Chancen selbständiger Lebensführung in Wohneinrichtungen der Behindertenhilfe. Bericht zu einer bundesweiten Untersuchung im Forschungsprojekt „Möglichkeiten und Grenzen selbständiger Lebensführung in Einrichtungen“. Nomos-Verlag, Baden-Baden

Waldschmidt, A. (2003a): Ist Behindertsein normal? Behinderung als flexibelnormalistisches Dispositiv. In: Cloerkes, G. (Hrsg.), 83–102

Waldschmidt, A. (2003b): Selbstbestimmung als behindertenpolitisches Paradigma – Perspektiven der Disability Studies. Aus Politik und Zeitgeschichte 8, 13–20

Wansing, G. (2016): Wohnen. In: Hedderich, I., Biewer, G., Hollenweger, J., Markowetz, R. (Hrsg.), 454–458

Wansing, G. (2015): Was bedeutet Inklusion? Annäherungen an einen vielschichtigen Begriff. In: Degener, Th., Diel, E. (Hrsg.): Handbuch Behindertenrechtskonvention. Teilhabe als Menschenrecht – Inklusion als gesellschaftliche Aufgabe. Bundeszentrale für politische Bildung, Bonn, 43–54

Warnke, A. (1990): Elternarbeit. In: Speck, O., Martin R, (Hrsg.): Sonderpädagogik und Sozialarbeit. Ed. Marhold im Wiss.-Verl. Spiess, Berlin, 410–426

Weber, E. (2002): Persönliche Assistenz-assistierende Begleitung. Veränderungsforderungen für die professionelle Betreuung und für Einrichtungen der Behindertenhilfe. In: Deutsche Heilpädagogische Gesellschaft (Hrsg.): Schriften Band 8. Eigenverlag, Köln

Weiß, H. (2016): Armut. In: Hedderich, I., Biewer, G., Hollenweger, J., Markowetz, R. (Hrsg.), 417–422

Weiß, H., Neuhäuser, G., Sohns, A. (2004): Soziale Arbeit in der Frühförderung und Sozialpädiatrie. Ernst Reinhardt, München / Basel

Weinbach, H. (2016): Soziale Arbeit mit Menschen mit Behinderungen. Das Konzept der Lebensweltorientierung in der Behindertenhilfe. Beltz Juventa, Weinheim

Weinberger, S. (2013): Klientenzentrierte Gesprächsführung: Lern- und Praxisanleitung für psychosoziale Berufe. Beltz Juventa, Weinheim

Wertgen, A. (2009): Empörung und Hilflosigkeit. Zur Kritik deutschsprachiger Sonderpädagogen an der moralphilosophischen Position Peter Singers. Lit-Verlag, Münster

Wendt, P.-U. (2015): Lehrbuch Methoden der Sozialen Arbeit. Beltz Juventa, Weinheim

Wendt, W. R. (2010): Das ökosoziale Prinzip. Soziale Arbeit, ökologisch verstanden. Lambertus, Freiburg

Wendt, W. R. (2006): State of the art: Das entwickelte Case Management. In: Wendt, W. R., Löcherbach, P. (Hrsg.), 43–54

Wendt, W. R. (2001): Case Management im Sozial- und Gesundheitswesen. Lambertus, Freiburg

Wendt, W. R. (1990): Ökosozial denken und handeln. Grundlagen und Anwendungen in der Sozialarbeit. Lambertus, Freiburg

Wendt, W. R. (1988): Das Konzept der Lebenslage. Seine Bedeutung für die Praxis der Sozialarbeit. Blätter der Wohlfahrtspflege 4, 79–83

Wendt, W. R., Löcherbach, P. (Hrsg.) (2006): Case Management in der Entwicklung. Stand und Perspektiven in der Praxis. Economica, Heidelberg

Wikler, D. (2010): Cognitive Disability, Paternalism, and the Global Burden of Disease. In: Kittay, E., Carlson, L. (Ed.): Cognitive Disability and its Challenge to Moral Philosophy. Wiley-Blackwell, Oxford, 183–200

Wilken, E. (2000): Urlaub, Reisen und Tourismus für behinderte Menschen. In: Markowetz, R., Cloerkes, G. (Hrsg.), 185–194

Windisch, M. (2004): Assistenzorientierung in der sozialen Arbeit mit behinderten Menschen. Gemeinsam leben. 12 (2), 64–70

Winkler, M. (2014): Inklusion – Nachdenkliches zum Verhältnis pädagogischer Professionalität und politischer Utopie. neue praxis 2, 108–123

Winkler, M. (1997): Herman Nohl – Sozialpädagogik im Horizont der Geisteswissenschaften. Eine Interpretationsperspektive. In: Niemeyer, C., Schröer, W., Böhnisch, L. (Hrsg.): Grundlinien historischer Sozialpädagogik. Traditionsbezüge, Reflexionen und übergangene Sozialdiskurse. Beltz Juventa, Weinheim, 143–164

Wolfensberger, W. (2005): Die Entwicklung des Normalisierungsgedankens in den USA und in Kanada. In: Thimm, W. (Hrsg.): Das Normalisierungsprinzip. Ein Lesebuch zu Geschichte und Gegenwart eines Reformkonzepts. Lebenshilfe-Verlag, Marburg, 168–186

Woog, A. (2006): Soziale Arbeit mit Familien. Theoretische und empirische Ansätze zur Entwicklung einer pädagogischen Handlungslehre. Beltz Juventa, Weinheim

World Health Organizations (WHO) (2011): World Report on Disability. In: http://www.who.int/disabilities/world_report/2011/en/, 27.06.2017

World Health Organization (WHO) (2001): International Classification of Functioning, Disability and Health. Genf

Wüllenweber, E. (2004) (Hrsg.): Soziale Probleme von Menschen mit geistiger Behinderung. Fremdbestimmung, Benachteiligung, Ausgrenzung und soziale Abwertung. Kohlhammer, Stuttgart

Wüllenweber, E., Ruhnau-Wüllenweber, M. (2004): Soziale Probleme und geistige Behinderung – Einleitung in die Thematik. In: Wüllenweber, E. (Hrsg.), 12–17

Wüllenweber, E., Theunissen, G., Mühl, H. (Hrsg.) (2006): Pädagogik bei geistigen Behinderungen. Kohlhammer, Stuttgart

Zimpel, A. (1994): Entwicklung und Diagnostik. Diagnostische Grundlagen der Behindertenpädagogik. Lit, Münster

Sachregister